Berliner Platz

Deutsch im Alltag für Erwachsene

Lehr- und Arbeitsbuch 2

von
Christiane Lemcke
Lutz Rohrmann
Theo Scherling

in Zusammenarbeit mit
Anne Köker

Langenscheidt

Berlin · München · Wien · Zürich · New York

Von
Christiane Lemcke, Lutz Rohrmann und Theo Scherling

in Zusammenarbeit mit Anne Köker

Redaktion: Hedwig Miesslinger und Lutz Rohrmann
Gestaltungskonzept und Layout: Andrea Pfeifer und Theo Scherling
Umschlaggestaltung: Andrea Pfeifer unter Verwendung eines Fotos von IFA Bilderteam, München
Illustrationen: Nikola Lainović
Fotoarbeiten: Vanessa Daly
Satz und Litho: Tausend Premedia GmbH, München

Verlag und Autoren danken Hannele Jalonen (Volkshochschule Ludwigshafen), Ralf Sonntag (Volkshochschule Leipzig), Michael Schroen (Goethe-Institut Zagreb), Regina Paoletti (Bildungswerk des Bielefelder Schulvereins) und allen weiteren Kollegen und Kolleginnen, die „Berliner Platz" erprobt, begutachtet sowie mit wertvollen Anregungen zur Entwicklung des Lehrwerks beigetragen haben.

Berliner Platz 2

Materialien

Lehr- und Arbeitsbuch	3-468-47851-8
2 Audiokassetten zum Lehrbuchteil	3-468-47853-4
2 Audio-CDs zum Lehrbuchteil	3-468-47854-2
1 Audiokassette zum Arbeitsbuchteil	3-468-47855-0
1 Audio-CD zum Arbeitsbuchteil	3-468-47856-9
Intensivtrainer	3-468-47852-6
Lehrerhandreichungen	3-468-47857-7
Glossar Deutsch-Englisch	3-468-47858-5
Glossar Deutsch-Französisch	3-468-47859-3
Glossar Deutsch-Türkisch	3-468-47860-7
Glossar Deutsch-Russisch	3-468-47861-5
CD-ROM	3-468-47864-x

Symbole:

Zu dieser Aufgabe gibt es eine Tonaufnahme.

Hier soll ins Heft geschrieben werden.

Hier gibt es Vorschläge für Projektarbeit.

▶ S. 152 Auf dieser Seite im Arbeitsbuchteil gibt es weitere Übungen.

▶ 2 Nach Aufgabe 2 im Lehrbuchteil können Sie diese Aufgabe(n) im Arbeitsbuchteil bearbeiten.

Bei diesem Symbol gibt es in den Lehrerhandreichungen Hinweise zur Arbeit mit dem Internet.

Umwelthinweis: Gedruckt auf chlorfrei gebleichtem Papier.

© 2003 Langenscheidt KG, Berlin und München

Das Werk und seine Teile sind urheberrechtlich geschützt. Jede Verwendung in anderen als den gesetzlich zugelassenen Fällen bedarf der vorherigen schriftlichen Einwilligung des Verlags.

Druck: Landesverlag, Linz
Printed in Austria – ISBN 3-468-**47851**-8

Besuchen Sie auch unsere Homepage www.langenscheidt.de/berliner-platz

Das lernen Sie in **Berliner Platz 2**

13   Meine Familie und ich   S. 6

Im Alltag	Gespräche über Familie und Verwandtschaft
Kommunikation	Ist das dein Bruder? · Ist Familie für dich wichtig? · Wir treffen uns oft. · Meine Großmutter konnte nicht Fahrrad fahren.
Grammatik	Personalpronomen im Akkusativ · Reflexivpronomen im Akkusativ · Modalverben im Präteritum
Aussprache	Satzakzent: Gegensatzbetonung
Deutsch verstehen	Lesen: Texte und Grafiken zu Familie in Deutschland · Hören: Interviews · Strukturen verstehen: Genitiv
Arbeitsbuchteil S. 152	Wiederholung: Modalverben · Übungen zum Kapitel · Hören: Interview · Schreiben: einen Brief ordnen · Effektiv lernen: Redemittel wiederholen

14   Alles Gute!   S. 16

Im Alltag	Feste und Feiern in Deutschland Projekte: Feste in der Region, Kurskalender
Kommunikation	Welche Feste sind wichtig? · Ich wünsche mir … · Meiner Schwester schenke ich … · Heute ist der 23. März. · Wann hast du Geburtstag?
Grammatik	Nebensätze mit *weil* · Personalpronomen im Dativ · Ordinalzahlen: Datumsangabe · Verben mit Dativ und Akkusativ: *wünschen*/*schenken*
Aussprache	Satzmelodie · Sprechpausen
Deutsch verstehen	Lesen: Texte zum 1 Mai · Lied: Der Mai ist gekommen · Strukturen verstehen: Präteritum unregelmäßiger Verben
Arbeitsbuchteil S. 158	Wiederholung: Konjunktionen *und*, *aber*, *denn* · Übungen zum Kapitel · Lesen: Briefe · Hören: Interview · Schreiben: offizieller/ privater Brief, Entschuldigung · Schwierige Wörter

15   Die neue Wohnung   S. 26

Im Alltag	Wohnungen und Wohnungseinrichtungen Projekt: Möbel und Haushaltsgeräte günstig kaufen
Kommunikation	Das Regal steht an der Wand. · Den Schreibtisch stelle ich … · Wie gefällt dir die …? · Ich habe zwei Zimmer … · Mein Lieblingsmöbelstück ist …
Grammatik	Präpositionen mit Akkusativ/Dativ · Nebensätze mit *wenn*
Aussprache	Assimilation: zwei Buchstaben, ein Laut
Deutsch verstehen	Lesen/Hören: Heimwerkertipps · Strukturen verstehen: Passiv
Arbeitsbuchteil S. 164	Wiederholung: Präpositionen mit Dativ · Übungen zum Kapitel · Hören: Telefongespräch · Schreiben: auf eine Wohnungsanzeige antworten · Effektiv lernen: Übungen selbst machen

5   Raststätte   S. 36

Wiederholung	Wiederholungsspiel: Kopf oder Zahl · Lied · Geschichte · Projekt: Ein Kursfest planen
Effektiv lernen	Aussprache selbständig üben
Selbstkontrolle	„Was kann ich schon?"
Arbeitsbuchteil S. 170	Testtraining 5

16   Schule und danach …   S. 42

Im Alltag	Schule und Ausbildung · Zukunftspläne Projekt: Schule und Weiterbildung in unserer Stadt
Kommunikation	Es ist wichtig, dass … · Ich finde gut, dass … · Bei uns muss man … · Ich habe eine Ausbildung als … gemacht. Nächstes Jahr werde ich den Führerschein machen.
Grammatik	Nebensätze mit *dass* · Zukunft ausdrücken · Futur mit *werden*
Aussprache	Satzakzent
Deutsch verstehen	Lesen: Sachtexte (Sprachen und Beruf / Schulkosten) · Hören: ein Interview „Computer ersetzen den Lehrer" · Strukturen verstehen: Relativsätze
Arbeitsbuchteil S. 174	Wiederholung: Verbformen · Übungen zum Kapitel · Hören: Interviews · Schreiben: einen Brief ordnen, Antwortbrief schreiben · Schwierige Wörter

17	**Du siehst gut aus!**	S. 52
Im Alltag	Aussehen · Schönheit · Mode Projekt: Collage „Menschen, Mode, Schönheit"	
Kommunikation	Sie trägt eine weiße Bluse. · Ich suche einen warmen Mantel. · Die Hose gefällt mir. · Ich interessiere mich für… · Ich benutze nie … · Das steht dir gut.	
Grammatik	Adjektivdeklination Typ 1: *ein, kein, mein* … (N, A, D), Typ 2: *der, das, die* … (N, A, D)	
Aussprache	Satzakzent	
Deutsch verstehen	Hören: Personenbeschreibungen · Lesen: Kontaktanzeigen · Strukturen verstehen: Adjektivdeklination Typ 3 (ohne Artikel)	
Arbeitsbuchteil S. 180	Wiederholung: Possessivartikel · Übungen zum Kapitel · Hören: Berufsporträt · Effektiv lernen: Hören trainieren	

18	**Endlich Ferien!**	S. 62
Im Alltag	Ferien · Jahreszeiten · Wetter · Bahnfahrkarten kaufen Projekt: Angebote für einen Ausflug einholen	
Kommunikation	Wir machen in … Urlaub. · Es ist kalt. · Der Himmel war wolkenlos. · Im Sommer ist es bei uns heiß. · Ich möchte eine Fahrkarte von … nach … · Gibt es Ermäßigungen?	
Grammatik	Verbindungen mit *es*	
Aussprache	Emotionales Sprechen	
Deutsch verstehen	Lesen: Anzeigen (Kurzreisen) mit Auswertung · Hören: Telefongespräch · Strukturen verstehen: Wortbildung (Komposita)	
Arbeitsbuchteil S. 186	Wiederholung: Imperativ · Übungen zum Kapitel · Hören: Wetterbericht, Dialoge am Fahrkartenschalter · Lesen: Werbetext · Schreiben: Urlaubspostkarte · Schwierige Wörter	

6	**Raststätte**	S. 72
Wiederholung	Wiederholungsspiel: Drei in einer Reihe · Geschichte	
Landeskunde	Das Drei-Länder-Eck Deutschland-Österreich-Schweiz	
Effektiv lernen	Briefe schreiben systematisch üben	
Selbstkontrolle	„Was kann ich schon?"	
Arbeitsbuchteil S. 192	Testtraining 6	

19	**Komm doch mit!**	S. 78
Im Alltag	Freizeitaktivitäten · Menschen kennen lernen · Vereine Projekt: Freizeitmöglichkeiten in Ihrer Region	
Kommunikation	Wie viel Freizeit hast du? · Machst du Sport? · Bist du in einem Verein? · Ich kümmere mich gern um … · Im Park trifft man immer jemanden.	
Grammatik	Indefinita: *man, etwas, alle* … · Pronomen: *eins, keins, meins* … · Verben mit Präpositionen	
Aussprache	Assimilation: Wörter verbinden	
Deutsch verstehen	Lesen: Text über Vereine · Hören: Interview mit einem Kommunalpolitiker · Strukturen verstehen: Konjunktionen mit zwei Teilen: *weder … noch* usw.	
Arbeitsbuchteil S. 196	Wiederholung: Dialoge schreiben (Dialogplan) · Übungen zum Kapitel · Schreiben: Notiz · Lesen: einen Stadtkalender auswerten · Effektiv lernen: Übungen selbst machen	

20	**Jobsuche**	S. 88
Im Alltag	Arbeit und Arbeitssuche Projekt: Recherche über Stellenangebote	
Kommunikation	Was war dein bester Job? · Ich habe als … gearbeitet. · Er hat gesagt, ich soll … · Ist die Stelle noch frei? · Wann kann ich mich vorstellen?	
Grammatik	Modalverb *sollen* · Relativsätze im Nominativ und Akkusativ	
Aussprache	Konsonantenhäufung	
Deutsch verstehen	Lesen: Texte zum Thema „Arbeit" / Texte zu Berufsbiografien · Hören: Interview Beruf Feuerwehrmann" · Strukturen verstehen: Nebensätze mit *obwohl*	
Arbeitsbuchteil S. 202	Wiederholung: Wortschatz „Arbeit" · Übungen zum Kapitel · Hören: Bewerbungsgespräch · Schreiben: Bewerbungsbrief ordnen · Schwierige Wörter	

21		**Wenn ich Politiker wäre …**	S. 98
Im Alltag		Politik in Deutschland · Wünsche an die Politik · Projekt: Wie funktioniert unsere Stadt / unser Dorf? ·	
Kommunikation		Ich finde … am wichtigsten · Wenn ich Kanzler wäre … · Bei uns wird … gewählt.	
Grammatik		Konjunktiv II: Modalverben/*würde*-Form	
Aussprache		Akzente und Pausen	
Deutsch verstehen		Lesen: Eine Geschichte „Die Karriere des Arthur Krull" · Strukturen verstehen: Plusquamperfekt	
Arbeitsbuchteil		Wiederholung: Vergleiche · Modalverben · Übungen zum Kapitel · Hören: ein Lied · Lesen:	
S. 208		politische Meinungsäußerungen · Effektiv lernen: Lesestrategien	

7		**Raststätte**	S. 108
Wiederholung		Wiederholungsspiel: Drei in einer Reihe · Leute	
Landeskunde		Leipzig: ein Porträt	
Effektiv lernen		Deutsch im Alltag – Ein Fragebogen	
Selbstkontrolle		„Was kann ich schon?"	
Arbeitsbuchteil		Testtraining 7	
S. 214			

22		**Mobil in der Stadt**	S. 114
Im Alltag		Verkehr und Verkehrsmittel · Projekt: Gebrauchtwagen	
Kommunikation		Fahrräder haben den Vorteil, dass … · Mein Auto ist kaputt, deshalb … · Als ich klein war …	
Grammatik		Nebensätze mit *als*, *(immer) wenn* • *deshalb* • Präpositionen mit Akkusativ: *für, durch, ohne, um*	
Aussprache		Konsonantenhäufung	
Deutsch verstehen		Lesen: Fragebogen zur theoretischen Führerscheinprüfung · Hören: Dialog über Verkehrszeichen	
		Strukturen verstehen: Partizipien als Adjektive	
Arbeitsbuchteil		Wiederholung: Adjektivendungen, Perfekt und Präteritum · Übungen zum Kapitel ·	
S. 218		Lesen: Anzeigen auswerten · Hören: Interviews · Schwierige Wörter	

23		**Mein Medienalltag**	S. 124
Im Alltag		Über Medien und Fernsehgewohnheiten sprechen · Projekt: Medien und Sprachenlernen	
Kommunikation		Am meisten benutzen die Deutschen … · Ein Buch lesen sie laut Statistik … · Wozu braucht man …?	
Grammatik		Nebensätze mit *damit* oder *um … zu*	
Aussprache		Rückfragen: Satzmelodie und Akzent	
Deutsch verstehen		Lesen: Die Geschichte des Fernsehens in Deutschland · Strukturen verstehen: Passiv Präteritum	
Arbeitsbuchteil		Wiederholung: Verben mit Präpositionen · Übungen zum Kapitel · Hören: Anrufbeantworter ·	
S. 224		Schreiben: Notizen, Brief: ein Zeitungsabonnement kündigen · Lesen: Informationen finden ·	
		Effektiv lernen: Deutschlernen beim Fernsehen	

24		**Bei uns und bei euch**	S. 134
Im Alltag		Kulturelle Unterschiede · Zeitgefühl · Projekt: Umfrage zu Benimmregeln	
Kommunikation		Entschuldigung, ich esse kein Schweinefleisch. · Essen Sie Fisch? · Dürfen Sie etwas nicht essen/trinken?	
Grammatik		Nebensätze mit *bevor* und *bis*	
Aussprache		Akzente, Pausen und Satzmelodie	
Deutsch verstehen		Lesen: Texte zum „guten Ton" in Deutschland · Strukturen verstehen: Verben und Adjektive als Nomen	
Arbeitsbuchteil		Wiederholung: Präpositionen · Übungen zum Kapitel · Hören: Meinungsäußerungen verstehen ·	
S. 230		Schreiben: persönlicher Brief · Schwierige Wörter	

8		**Raststätte**	S. 144
Wiederholung		Wortfelder aus *Berliner Platz* · Situationen · Ich kann …	
Landeskunde		Drei Tage in Berlin	
Effektiv lernen		Tipps für die Prüfungsvorbereitung	
Arbeitsbuchteil		Testtraining 8	
S. 236			

Anhänge		Lösungen zum Lehrbuchteil 244–249
		Lösungen zum Arbeitsbuchteil 250–256
		Aussprache 257–258
		Alphabetische Wortliste 259–267
		Unregelmäßige Verben 268–269
		Verben mit Präpositionen 270
		Quellenverzeichnis 271

Meine Familie und ich

…
- Ganz rechts ist meine Schwester Helga und hier vorne ist ihr Mann Paul.
- Helga sieht sympathisch aus. Von wann ist das Foto?
- Wir haben uns vor fünf Jahren getroffen. Da haben wir die goldene Hochzeit von meinen Großeltern gefeiert.
…
- Und wer ist die Frau neben dir?
- Das ist meine Tante Gisela. Sie ist geschieden …
- Trefft ihr euch oft?
- Wir treffen uns mindestens einmal im Jahr beim Geburtstag meiner Mutter. Und ihr?
- Wir treffen uns sehr selten.
- Wen magst du am liebsten von deinen Verwandten?
- Meine Tante Gisela mag ich sehr und meinen Schwager Paul.
- Ist „Familie" für dich wichtig?
- Ja, sehr!
- Meine Eltern sind für mich schon wichtig. Aber sonst sind meine Freunde wichtiger.
- Und der alte Mann ist dein Opa?
- Ja, ich mag ihn sehr gern …

13

1 Timo und seine Freundin Sabeth sprechen über Timos Familie.

a Hören Sie zu. Wer ist wer? Schreiben Sie die Ziffern zu den Personen.

Timo [7] seine Schwester Helga [5] seine Eltern [2][4] seine Tante Gisela [8]
sein Schwager Paul [6] sein Neffe Mark [9] seine Großeltern [1][3]

b Hören Sie noch einmal. Richtig oder falsch? Kreuzen Sie bitte an.

1. [r] [f] Vor fünf Jahren haben Timos Großeltern geheiratet.
2. [r] [f] Timos Familie trifft sich immer beim Geburtstag seiner Mutter.
3. [r] [f] Sabeths Familie trifft sich nicht oft.
4. [r] [f] Tante Gisela wohnt in Bielefeld.
5. [r] [f] Timo mag seine Tante und seinen Schwager Paul.

2 Wortfeld „Familie" – Ordnen Sie die Wörter.
Wie? Das bestimmen Sie.

Bruder • Cousin • Cousine • Eltern • Enkel • Enkelin • Geschwister • Großeltern • Großmutter/Oma • Großvater/Opa • Kind • Mutter • Neffe • Nichte • Onkel • Schwager • Schwägerin • Schwester • Sohn • Tante • Tochter • Vater • Urenkelin

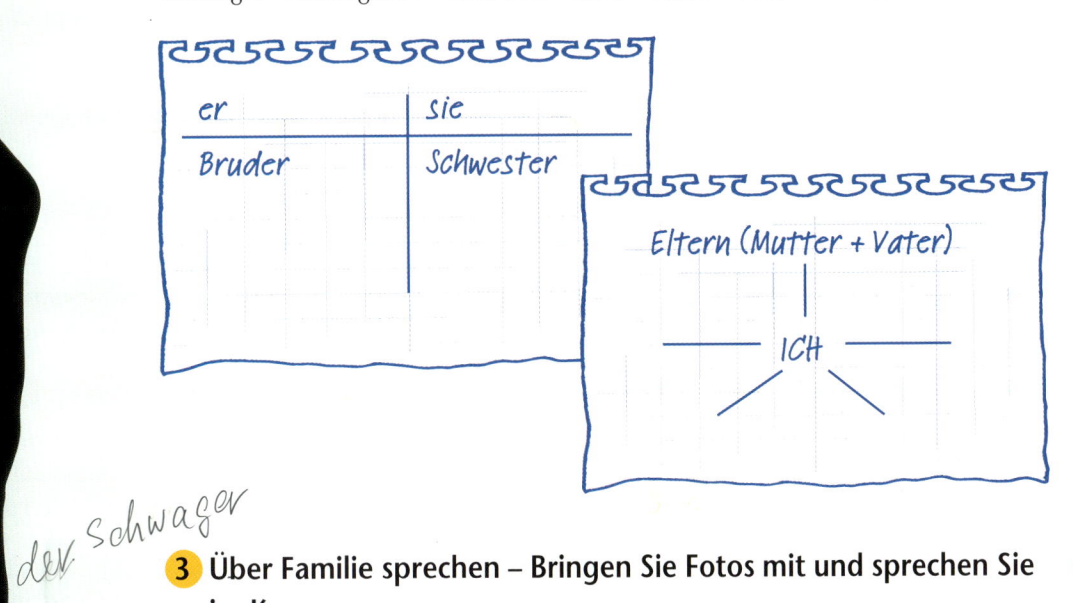

er	sie
Bruder	Schwester

Eltern (Mutter + Vater)

ICH

3 Über Familie sprechen – Bringen Sie Fotos mit und sprechen Sie im Kurs. ▶ S. 152

Wer ist der Mann / die Frau hier?
Wie alt ist …?
Ist das deine Schwester / dein Bruder?
Wer ist die Person neben dir?

Lernziele 13

- über die Familie sprechen
- Personalpronomen im Akkusativ
- Reflexivpronomen im Akkusativ
- Modalverben im Präteritum

sieben

4 Aussprache Satzakzent: Gegensatz – Hören Sie bitte und sprechen Sie zu zweit.

Dialog 1
- Ist das deine Mutter? ↗
- Meine Mutter? ↗ Das ist meine Schwester! ↘

Dialog 2
- Das ist bestimmt dein Vater. ↘
- Mein Vater? ↗ Das ist mein Großvater! ↘

Dialog 3
- Ist das deine Schwester? ↗
- Entschuldigung ↘, aber das ist meine Tochter! ↘

5 Personalpronomen im Akkusativ – Ergänzen Sie die Tabelle. Die Dialoge auf Seite 6 helfen.

dich • es • euch • ~~ihr~~ • mich • sie • sie/Sie • uns

Nominativ	ich	du	er	es	sie	wir	ihr	sie/Sie
Akkusativ	dich	dich	ihn	es	sie	uns	euch	Sie

6 Ergänzen Sie die Personalpronomen im Akkusativ und lesen Sie vor.

- Erkennst du _mich_ auf dem Foto?
- Nein, ich kann _dich_ nicht finden.
- Ich bin vorne der Erste von links.

- Das ist mein Onkel. Ich mag _ihn_ sehr.
- Und wer steht daneben?
- Meine Cousine. Ich habe _sie_ nur einmal getroffen.

- Wir möchten _euch_ zu Ostern besuchen.
- Da könnt ihr _uns_ nicht besuchen. Da sind wir in Urlaub.

- Hast du meinen Mann gesehen? Ich warte schon seit Stunden auf _ihn_.
- Nein, ich habe _ihn_ seit gestern nicht gesehen.

7 Beziehungen – Ergänzen Sie passende Personalpronomen (N/A).

▶ S. 153

1. Ich liebe dich, aber du liebst mich nicht.
2. Er besucht sie, aber sie besucht ihn nicht.
3. Wir kennen ihn, aber er kennt uns nicht.
4. Sie rufen ihn an, aber er ruft sie nie an.

vergessen • fragen • mögen • sehen

> Ich liebe dich, aber du liebst mich nicht.

> Ich liebe ihn, aber du liebst ihn nicht.

8 Selbsterkenntnis
a Hören Sie den Text.
b Markieren Sie die Reflexivpronomen und vergleichen Sie mit 5. Was ist anders?

Ich sage: Ich kenne mich.
Du behauptest: Du kennst dich.
Er meint: Er kennt sich.
Jedes Kind glaubt: Es kennt sich.
Sie ist sicher: Sie kennt sich.
Wir denken: Wir kennen uns.
Ihr sagt: Ihr kennt euch.
Sie meinen: Sie kennen sich.
Aber wer kennt sich schon wirklich?

Ich sehe mich. — *Er sieht sich.*
Ich sehe ihn. — *Sie sieht ihn.*

9 Ergänzen Sie die Reflexivpronomen im Akkusativ.

1. ● Ich besuche dich morgen. ○ Oh, toll, da freue ich _mich_ (terrific) aber. Wann kommst du?
2. Bei Festen zieht er _sich_ immer schick an.
3. Petra kommt nicht zum Geburtstag. Sie hat _sich_ geärgert.
4. Dein Geburtstagsgeschenk ist toll. Da bedanke ich _dich_ sehr.
5. Mit ihrer Oma verstehen die Kinder _sich_ sehr gut. Mit Opa haben sie Probleme.
6. ● Liebt ihr _uns_ ? ○ Nö, wie kommst du denn darauf?
7. Meine Cousinen und ich, wir mögen _uns_ sehr.

10 Ein schönes/langweiliges Fest – Wählen Sie A oder B und schreiben Sie einen Text. Es gibt viele Möglichkeiten.   ▶ S. 154

sich freuen auf
(sich) duschen
(sich) rasieren
(sich) kämmen — comb
(sich) schminken — make up
(sich) (schön) anziehen
(sich) (nicht) gut unterhalten — maintain
(sich) amüsieren

tanzen (mit)
sich ärgern (über) — annoy, irritate
sich streiten — argue
(sich) langweilen — bored
sich verlieben — fell in love
nach Hause gehen/bringen
…

A

Es war furchtbar!
Pavel hat geduscht.
Er hat sich noch einmal …

B

Es war wunderschön!
Ich habe mich die ganze Woche
auf die Party gefreut.
Am Nachmittag habe ich mich …

▶ S. 154 **11** Familie, Verwandtschaft und Freunde
Wählen Sie fünf Fragen aus und machen Sie Interviews im Kurs.

– Bist du verheiratet?
– Hast du Geschwister?
– Hast du Kinder?
– Wie viele Kinder hast du?
– Lebst du allein?
– Wie viele Leute kommen zu Familienfesten?
– Wo wohnen deine Eltern/Verwandten/Kinder?
– Wen triffst du oft?
– Wer gehört alles zu deiner Familie?
– Wie oft macht ihr Familienfeste?
– Wie viele Cousins und Cousinen hast du?
– Wie alt sind deine Eltern/Geschwister/…?
– Wie oft siehst du deine Eltern?
– Was ist wichtiger für dich: deine Freunde oder deine Familie?
– Wie lange kennst du schon deinen besten Freund / deine beste Freundin?
– Mit wem sprichst du über Probleme?

Meine Familie, das sind ungefähr 30 bis 40 Personen.

Das weiß ich nicht genau.

Darüber möchte ich nicht sprechen.

Das fragt man bei uns nicht.

Ich glaube, viele … / die meisten …

zehn

12 Die Zeiten ändern sich – Lesen Sie die Sätze. Was war bei Ihrer Großmutter oder Mutter auch so? Was war anders?

Meine Großmutter

konnte nur sechs Jahre zur Schule gehen.
wollte einen Beruf lernen, aber sie durfte nicht.
hat mit 18 geheiratet.
durfte nie allein weggehen.
durfte nie ins Schwimmbad gehen.
durfte keinen Sport machen.
musste im Haushalt alles allein machen.
wollte gern reisen, aber sie durfte nicht.
durfte erst mit 21 wählen gehen.
durfte mit ihrem Freund nicht allein sein.
konnte nicht Auto/Fahrrad fahren.
konnte nicht schwimmen.

Meine Großmutter ist acht Jahre zur Schule gegangen.

Meine Großmutter konnte auch nicht Auto fahren.

13 Modalverben im Präteritum – Die Endungen sind wie bei *haben* im Präteritum. Machen Sie eine Tabelle.

haben → ich hatte, du hattest, er/es/sie hatte, wir hatten, ihr hattet, sie/Sie hatten

	können	müssen	dürfen	wollen
ich	konnte	musste	durfte	wollte
du...				
er/es/sie				
...				

14 Früher und heute – Notieren Sie Fragen. Fragen Sie im Kurs. Berichten Sie. Es gibt z.T. mehrere Möglichkeiten.

▶ S. 155

Musstest du mit 14 mit deinen Eltern spazieren gehen?

Durftest du mit 12/14/16
Konntest du mit 12/14/16
Musstest du zu Hause
Bis wie viel Uhr konntest du

am Wochenende wegbleiben?
mit deinen Eltern spazieren gehen?
mit deiner Freundin verreisen?
deiner Mutter helfen?
Fahrrad/Auto fahren?
jeden Freitag in die Moschee / Sonntag in die Kirche gehen?
mit Freunden in die Ferien fahren?
Partys feiern?
samstags in die Disco gehen?
mit dem Computer arbeiten?
…

Hosni musste mit seinen Eltern spazieren gehen.

Der Vater von Yong-Min konnte nur vier Jahre in die Schule gehen.

Pavel durfte mit 14 mit Freunden in die Ferien fahren.

Deutsch verstehen

15 Familien und andere Lebensformen – Sehen Sie sich die Statistiken an und lesen Sie die Texte.

a Welche Grafik passt zu welchem Text?

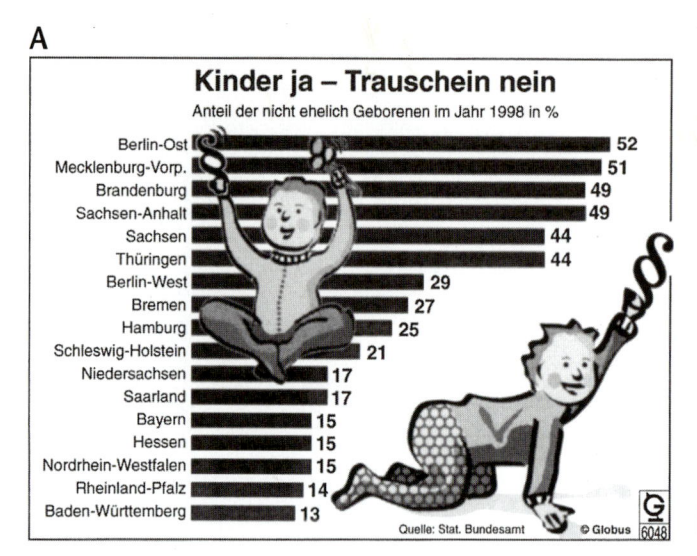

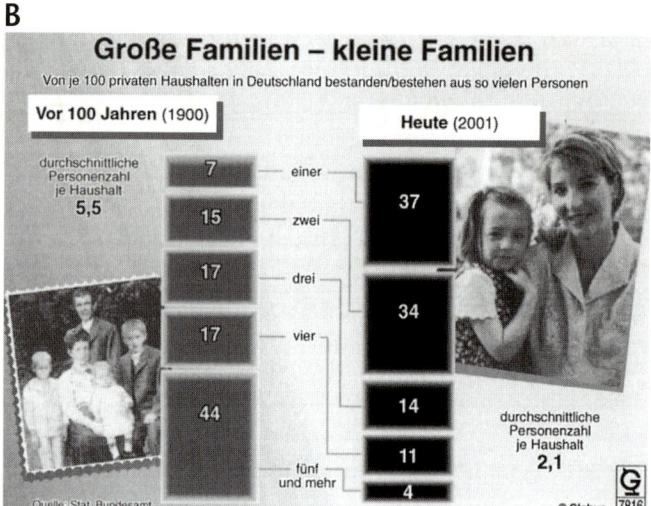

A

Kinder ja – Trauschein nein
Anteil der nicht ehelich Geborenen im Jahr 1998 in %

- Berlin-Ost: 52
- Mecklenburg-Vorp.: 51
- Brandenburg: 49
- Sachsen-Anhalt: 49
- Sachsen: 44
- Thüringen: 44
- Berlin-West: 29
- Bremen: 27
- Hamburg: 25
- Schleswig-Holstein: 21
- Niedersachsen: 17
- Saarland: 17
- Bayern: 15
- Hessen: 15
- Nordrhein-Westfalen: 15
- Rheinland-Pfalz: 14
- Baden-Württemberg: 13

Quelle: Stat. Bundesamt

B

Große Familien – kleine Familien
Von je 100 privaten Haushalten in Deutschland bestanden/bestehen aus so vielen Personen

Vor 100 Jahren (1900) — durchschnittliche Personenzahl je Haushalt 5,5
- einer: 7
- zwei: 15
- drei: 17
- vier: 17
- fünf und mehr: 44

Heute (2001) — durchschnittliche Personenzahl je Haushalt 2,1
- einer: 37
- zwei: 34
- drei: 14
- vier: 11
- fünf und mehr: 4

Quelle: Stat. Bundesamt

① Was früher für viele ein Problem war, ist heute Normalität – als nicht eheliches Kind auf die Welt zu kommen. In Ostberlin und in Mecklenburg-Vorpommern gibt es inzwischen sogar mehr nicht ehelich als ehelich Geborene. Auch in den anderen ostdeutschen Bundesländern ist der Anteil dieser Kinder sehr hoch. In den westdeutschen Bundesländern ist der Prozentsatz der Kinder von unverheirateten Eltern kleiner.

② Vor 100 Jahren gehörten in Deutschland zu einer Familie fünf Personen. Oft mehr. Heute sind fast 40 % der Bevölkerung Singles. Über 30 % leben zu zweit in einem Haushalt. Nur noch in 5 % der Haushalte leben fünf Personen. Was ist heute eine Familie? Ist eine allein erziehende Mutter mit Kind eine Familie – oder gehört der Vater dazu? Viele Menschen glauben heute, dass die Ehe nicht mehr in unsere Zeit passt, und leben unverheiratet zusammen. Ehepartner werden zu „Lebensabschnittspartnern". Die Zahl der Geburten sinkt, die Zahl der Scheidungen steigt.

b Lesen Sie die Texte noch einmal und ordnen Sie dann 1–8 und a–h zu.

1. [c] „Nicht ehelich" heißt:
2. [d] Die meisten unehelichen
3. [b] Die Deutschen haben
4. [g] In Deutschland waren die Familien
5. [a] Heute leben viele Menschen
6. [e] Nur noch wenige Familien
7. [h] „Lebensabschnittspartner" heißt:
8. [f] Im Westen haben mehr Kinder

a) allein in einer Wohnung.
b) immer weniger Kinder.
c) Die Eltern sind nicht verheiratet.
d) Kinder gibt es in Ostberlin.
e) leben mit fünf Personen in einer Wohnung.
f) verheiratete Eltern als in Ostdeutschland.
g) vor hundert Jahren noch größer.
h) Man lebt mit einer Person einige Jahre zusammen, aber nicht das ganze Leben.

zwölf

16 Drei „Familien"

a Hören Sie bitte. Welche Äußerungen passen zu den Statistiken? Kreuzen Sie bitte an.

Florian, 29, Ingenieur
Christina, 33, Krankenschwester
Statistik [A] [B]

Else, 68, Rentnerin
Beate, 36, Journalistin
Statistik [A] (B)

Ines, Miriam, Nina und Sven
Statistik (A) [B]

b Hören Sie Text 2 noch einmal. Kreuzen Sie an und korrigieren Sie die falschen Aussagen.

1. [r] [X] Beate Gutschmid wohnt mit ihrem Freund zusammen.
2. [X] [f] Beate Gutschmid ist 36 Jahre alt.
3. [r] [X] Beate Gutschmid ist die Enkelin von Else Gutschmid.
4. [X] [f] Als Kind hatte Else Gutschmid eine große Familie.
5. [r] [X] Else Gutschmid wohnt mit vielen Menschen zusammen.
6. [X] [f] Der Mann von Else Gutschmid lebt nicht mehr.
7. [X] [f] Beate ist nicht oft bei ihrer Familie.
8. [r] [X] Elses Kinder wohnen alle in Eppelheim oder in Heidelberg.
9. [r] [X] Beate sagt: Ich brauche meine eigene Familie.
10. [X] [f] Durch ihren Beruf hat Beate Gutschmid wenig Zeit für ihre Familie.

> Beate Gutschmid wohnt allein.

c Hören Sie Interview 3 noch einmal und ergänzen Sie die Sätze.

36 • 33 • 10 • 8 • Sven • Miriam • Mutter • Mutter • Tochter • Sohn

Ines ist _36_ Jahre alt. Sie ist die _Mutter_ von _Sven_. Ihr _Vater_ ist _10_ Jahre alt.
Nina ist _8_ Jahre alt. Sie ist die _Tochter_ von _Miriam_. Ihre _Mutter_ ist _33_ Jahre alt.

Strukturen verstehen

17 Genitivformen – Was gehört dazu? Markieren Sie die Textstellen auf Seite 12.

der Anteil dies**er** ... • der Prozentsatz **der** ... • 40 % **der** ... • 5 % **der** ... • die Zahl **der** ...

Mit dem Genitiv sagt man oft, was zusammengehört. In Texten über Statistiken findet man oft Genitivformen.

Nominativ	der Vater	das Kind	die Frau	die (Pl.) Kinder
Genitiv	des Vaters	des Kindes	der Frau	der Kinder

Auf einen Blick

Im Alltag

1 Verwandtschaft

die Urgroßeltern
die Großeltern
die Eltern
die Kinder
die Geschwister
die Enkel
die Urenkel

der Urgroßvater / die Urgroßmutter
der Großvater / die Großmutter
der Vater / die Mutter
der Sohn / die Tochter
der Bruder / die Schwester
der Enkel / die Enkelin
der Urenkel / die Urenkelin

Andere Verwandte
der Onkel / die Tante
der Neffe / die Nichte
der Cousin / die Cousine
der Schwager / die Schwägerin
der Schwiegersohn / die Schwiegertochter

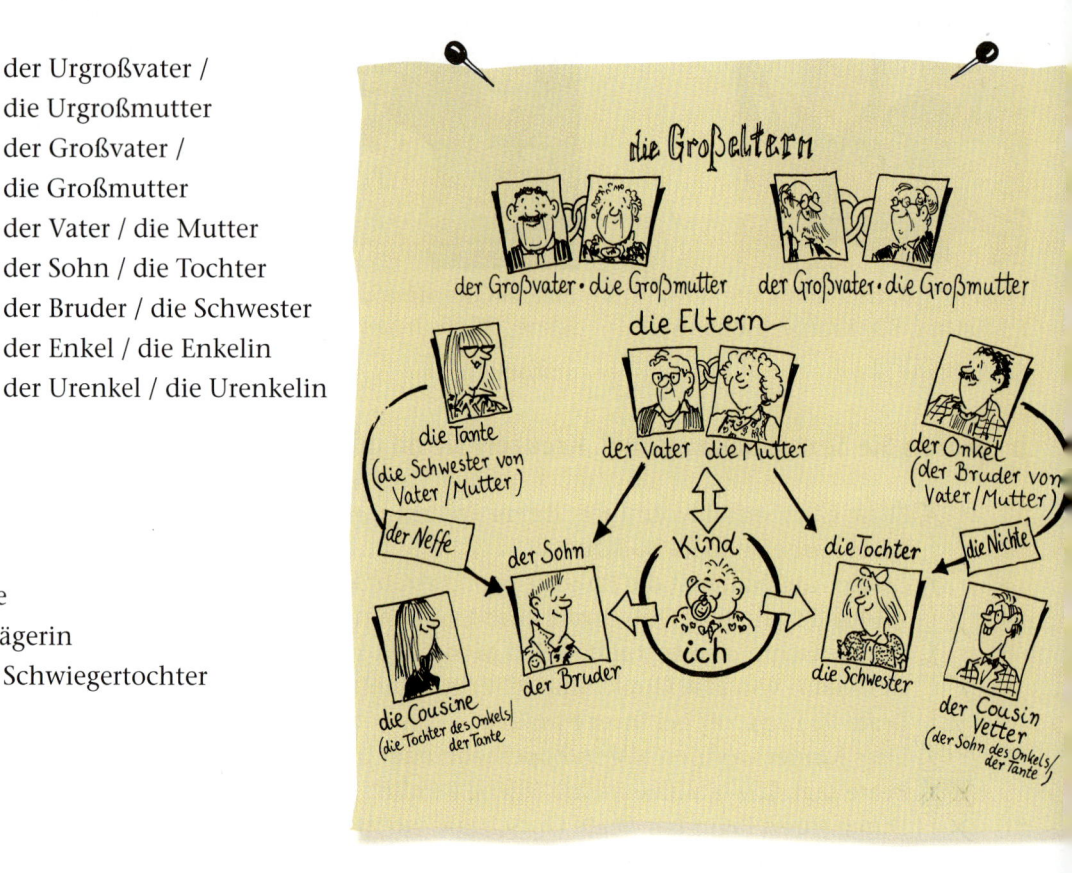

2 Über Verwandtschaft sprechen

Meine Verwandtschaft ist sehr groß/klein.
Ich habe drei Brüder und fünf Schwestern. Familie ist für mich wichtig.
Meine Freunde sind für mich wichtiger als meine Verwandtschaft.
Wir treffen uns oft/manchmal/selten.

Meine Schwägerin / mein Schwager ist sehr sympathisch.
Ich mag meine Tante / meinen Onkel (nicht).
Meine Cousine finde ich nicht so nett.

> **i** Fragen zur Familie finden manche Menschen zu persönlich.
> Diese Fragen stellt man meistens erst, wenn man eine Person etwas besser kennt:
>
> Sind Sie verheiratet?   Möchten Sie Kinder haben?   Wie alt sind Sie?
> Haben Sie Kinder?   Leben Sie allein?

Grammatik

3 Personalpronomen und Reflexivpronomen im Akkusativ

Personalpronomen		Reflexivpronomen	
Nominativ	Akkusativ	Akkusativ	
ich	mich	mich	Ich liebe mich
du	dich	dich	und du liebst dich.
er	ihn	sich	Er kann sich nicht freuen.
es	es	sich	Es zieht sich an.
sie	sie	sich	Sie verliebt sich.
wir	uns	uns	Wir können uns nicht verstehen.
ihr	euch	euch	Mögt ihr euch?
sie/Sie	sie/Sie	sich	Warum langweilen sie sich?

4 Modalverben im Präteritum (▶ Band 1, S. 69/95)

Infinitiv	dürfen	können	müssen	wollen
ich	durfte	konnte	musste	wollte*
du	durftest	konntest	musstest	wolltest
er/es/sie	durfte	konnte	musste	wollte
wir	durften	konnten	mussten	wollten
ihr	durftet	konntet	musstet	wolltet
sie/Sie	durften	konnten	mussten	wollten

* Im Präteritum ersetzt man *möchte* durch die Präteritumsformen von *wollen*.

5 Fragewörter und Kasus: *wer, wen, wem* und *was*

- Wer (N) **ist** das? ○ Das ist mein Onkel.
- Wen (A) **magst** du am liebsten von deiner Familie? ○ Meinen Bruder.
- Wem (D) **schenkst** du etwas zum Geburtstag? ○ Meinen Kindern und Neffen.

- Was (N) **ist** das? ○ Ein Kuli.

- Was (A) **magst** du lieber, Familienfeiern oder Partys mit Freunden? ○ Ich finde Familienfeiern schön.

Aussprache

6 Satzakzent: Gegensatzbetonung

Der Akzent ist immer auf den <u>Gegensatzwörtern</u>:

Mutter? ←→ Schwester!
- Ist das deine <u>Mutter</u>? ↗
○ Meine <u>Mutter</u>? ↗ Das ist meine <u>Schwester</u>! ↘

vierzig? ←→ fünfundzwanzig!
- Und das bist du mit <u>vierzig</u>! ↘
○ Mit <u>vierzig</u>? ↗ Da bin ich fünfund<u>zwanzig</u>! ↘

Alles Gute!

1 Feste

a Welche Bilder passen zusammen? Notieren Sie.
b Lesen Sie nun A–D. Ordnen Sie Bilder und A–D zu.

Bilder 1 + 8   2 + 7   3 + 6   4 + 5
Texte   ☐   ☐   ☐   ☐

A
Eier bemalen
Eier suchen
Schokoladenhase
Frohe Ostern!

B
Kaffee und Kuchen
Geburtstagsparty
Freunde und Verwandte
alle feiern
Herzlichen Glückwunsch zum Geburtstag!

C
Lichter leuchten
Weihnachtsbaum schmücken
die Familie trifft sich
viele Geschenke
Überraschung
Fröhliche Weihnachten!

D
Brautkleid/Anzug
Standesamt/Kirche
Blumen streuen / Reis werfen
viele Geschenke
Fest mit Verwandten und Freunden
heiraten/Hochzeit
Flitterwochen
Viel Glück für euch beide!

c Wie heißen die Feste?

Lernziele 14

- über Feste und Feiern sprechen
- über Geschenke sprechen
- Nebensatz: *weil*
- Verben mit Dativ und Akkusativ
- Personalpronomen im Dativ
- Ordinalzahlen und Datum

2 Erinnerungen an Feste

a Hören Sie zu. Wie heißt das Fest?
b Hören Sie noch einmal. Markieren Sie passende Stichwörter.

1. Wunsch • Geschenke • Schokolade • gute Kleidung • suchen • Lieder
2. Salate • Spiele • Musik • Party • Geschenke • singen • feiern • einladen • kochen • Kirche
3. essen • tanzen • Braut • Geschenke • Scheidung • Standesamt • Reise

3 Feste bei Ihnen – Sammeln Sie Fragen im Kurs.

Welche Feste sind sehr wichtig? Wie viele Personen kommen?
Wen lädt man ein? Wie lange dauert das Fest?
…

4 Ich habe Geburtstag – Lesen Sie die Einladung.

Die Einladung zum Geburtstag

Lieber Fred,   Weimar, 28. März

am 12. April habe ich schon wieder Geburtstag. Diesmal will ich mit euch und allen meinen Freunden richtig feiern. Dazu lade ich dich und Bettina herzlich ein. Die Feier ist am Freitag, dem 18. April, und beginnt um acht Uhr (abends natürlich!). Für Essen und Trinken habe ich gesorgt. Könnt ihr kommen? Bitte gebt mir bald Bescheid.
Ihr könnt bei uns übernachten. Ihr könnt auch gern die Kinder mitbringen. Sie können mit unseren Kindern bei unseren Nachbarn schlafen. Wir freuen uns auf euch.

Bis bald!
Michael

▶ S. 159

5 Schreiben Sie eine Antwort.

1. Bedanken Sie sich für die Einladung und nehmen Sie die Einladung an.
2. Sie können erst um 21 Uhr da sein (Bettina: Arbeit bis 20 Uhr).
3. Sie übernachten bei Michael. Die Kinder → Oma
4. Fragen Sie nach Geburtstagswünschen.

*Lieber Michael,
vielen Dank ...
Wir ..., aber ... Bettina muss bis ...
Die Kinder ...
... dir schenken? ... Wunsch?*

6 Terminprobleme – Sie hören sechs Texte von Michaels Anrufbeantworter. Was ist das Problem?

| 1 | bis 22 Uhr arbeiten |
| 2 | |

7 Einen Grund angeben: Nebensätze mit *weil* – Ergänzen Sie bitte.

1. Beate kommt nicht.   (Warum?)   Sie <u>arbeitet</u> am Freitag.
   Beate kommt nicht,   **weil**   sie am Freitag (*arbeitet*).

2. Tina kommt nicht.   (Warum?)   Ihre Mutter <u>feiert</u> Geburtstag.
   Tina kommt nicht,   **weil**   _____ (   ).

3. Lukas kommt später.   (Warum?)   Er <u>arbeitet</u> bis 8 Uhr.
   Lukas kommt später,   **weil**   _____ (   ).

4. Stefan braucht ein Taxi.   (Warum?)   Er <u>fährt</u> am Morgen nach Berlin.
   Stefan braucht ein Taxi,   _____ (   ).

5. Dagmar kann nicht kommen. (Warum?) Sie <u>ist</u> krank.
   Dagmar kann nicht kommen, _____ (   ).

8 Nebensätze: Wo stehen die Verben? Schreiben Sie die Sätze an die Tafel. ▶ S. 158

Maria ist nicht zur Party gekommen.
1. Sie (war) krank. 2. Sie (hat) Besuch (bekommen). 3. Sie (musste) ihre Eltern (besuchen).
4. Sie (hatte) keine Lust. 5. Sie (war) zu müde. 6. Sie (hat) die Postkarte nicht (bekommen).
7. Sie (musste) sehr lange (arbeiten). 8. Sie (ist) von der Leiter (gefallen). 9. Sie (hatte) Fieber.

Maria ist nicht zur Party gekommen, ...			
1. ... weil	sie krank	(war).	Präteritum
2. ... weil	sie Besuch	(bekommen hat).	Perfekt
3. ... weil	sie ihre Eltern	(besuchen musste).	Modalverb

9 Auf dem Fest – Was passt zusammen. Ordnen Sie bitte zu.

1. Ich wünsche dir alles Gute zum Geburtstag! D+A
2. Was schenkt ihr Michael? D+A
3. Bitte gib mir mal das Brot. D+A
4. Kannst du mir noch etwas Saft geben?
5. Die Musik gefällt mir. D+N
6. Kannst du uns den CD-Spieler erklären? D+A
7. Ich empfehle euch den Käsekuchen! D+A
8. Kennen Sie Italien gut? A

a) [7] Der schmeckt mir sehr gut. D+N
b) [1] Das ist lieb von dir. Vielen Dank.
c) [8] Ja, Neapel gefällt mir am besten.
d) [3] Aber gerne, hier ist es.
e) [5] Wollen wir tanzen?
f) [4] Trinkst du keinen Alkohol?
g) [2] Wir schenken ihm einen Kinogutschein.
h) [6] Ja, einen Moment, ich helfe euch gleich.

10 Mir, dir, ihm ...   recommend

a Markieren Sie die Verben und die Personalpronomen im Dativ in Aufgabe 9. Notieren Sie die Verben.

> Verb + D (+ A)   wünschen, schenken, schmeckt

b Ergänzen Sie die Tabelle.

Personalpronomen (N)	ich	du	er/es/sie	wir	ihr	sie/Sie
Personalpronomen (D)			ihr			

c Finden Sie weitere Beispiele. Schreiben Sie Aussagesätze.

Subjekt	Verb	Dativergänzung Wem? (Person)	Akkusativergänzung Wen/Was? (Person/Sache)
Ich	erkläre	euch	meinen CD-Spieler.
Ich	wünsche	dir	alles Gute.
Ich	empfehle	...	...

▶ S. 162 **11** Betrachten Sie die Bilder. Was schenken Sie wann?
Was schenken Sie wem? Sprechen Sie im Kurs. Arbeiten Sie mit dem Wörterbuch.

die Bluse • das Hemd • die Unterwäsche • das Geld • die CD • das Buch • der Fotoapparat • der Kochtopf • das Handy • das Computerspiel • die Blumen • die Lampe • die Armbanduhr • das Parfüm • die Halskette • der Kuchen • der Computer • die Schokolade • der Gutschein

▶ S. 1

> Was schenkst du deinem Freund / deiner Freundin zu Weihnachten / zum Geburtstag / … ?
>
> Meinem Bruder habe ich einen Kochtopf geschenkt, weil er gerade einen Kochkurs macht.
> Klaus schenke ich immer etwas Geld, weil er sehr wenig Geld verdient.
> Meiner Mutter schenke ich oft Blumen.
>
> Bei uns schenkt man oft Geld zur Hochzeit.
> Schenkt man bei euch …?

Was heißt ⌚ auf Deutsch?

Ein Kochtopf?
Das ist kein Geschenk!

Das finde ich nicht. Ich koche gern.

zwanzig

12 Aussprache

a Satzmelodie: gleich bleibend – Hören Sie und sprechen Sie nach.

● Wir wollen für Petra ein Überraschungsfrühstück organisieren,→ weil sie 35 wird.↘ Machst du mit?↗
○ Na klar,→ ich kann Brötchen,→ Butter und Marmelade besorgen und vielleicht …→
● Das ist genug,↘ ich bringe dann einen Blumenstrauß,→ 35 Kerzen und den Kuchen mit.↘

b Satzmelodie und Sprechpausen: lang // oder kurz /. Hören und sprechen Sie.

Hallo, Fred,↘ / hier ist Klaus.↘ // Samstag feiern wir ein großes Fest,→ / weil Sabine und ich zusammen 60 werden!↘ // Ich werde Samstag … →/ Na ja,→/ Sabine wurde 25!↘ // Kannst du kommen?↗ // Bring deine ganze Familie mit …→ / und melde dich noch mal.↘ // Tschüs!↘

13 Datum – Wer hat wann Geburtstag? Hören Sie zu und notieren Sie das Datum.

1. _14_._5_.   2. ___.___.   3. ___.___.   4. ___.___.   5. ___.___.   6. ___.___.

(Heute ist …)   (Wann hast du Geburtstag?)

der		der		am		am	
erste	Januar	**zehnte**	Juli		**ersten**	Januar	**zehnten** Juli
zweite	Februar	**elfte**	August		**zweiten**	Februar	**elften** August
dritte	März	**zwölfte**	September		**dritten**	März	…
vierte	April	**dreizehnte**	Oktober		**vierten**	April	
…		…			…		
siebte	Mai	**zwanzigste**	November		**siebten**	Mai	
achte	Juni	**dreißigste**	Dezember		…		
…							
		hundertste	Geburtstag				

Ergänzen Sie die Regel: Ordinalzahlen 1. bis 19. Endung ___, ab 20. Endung ___.

14 Kalender – Fragen Sie im Kurs.

● Der Wievielte ist heute?   ● Am Wievielten beginnt   ● Wie lange dauert der Kurs?
○ Der fünfzehnte (November).   dein Urlaub?   ○ Sechs Wochen, vom zweiten Siebten
                                 ○ Am fünfzehnten Juli.   bis zum dreizehnten Achten.

(Welches Datum haben wir heute?)   (Wann ist dieses Jahr Fastnacht/Ostern …?)

      (Wann bist du geboren?)   (Wann hast du Geburtstag?)

15 Zwei Projekte

1. Welche Feste gibt es in Ihrer Region?   2. Machen Sie einen Kurskalender mit Geburtstagen,
   Wer feiert? Was feiert man? Wie feiert man?   regionalen Festen und Feiertagen.

einundzwanzig

Deutsch verstehen

A *Der Mai ist gekommen*

1. Der Mai ist gekommen, die Bäume schlagen aus,
da bleibe, wer Lust hat, mit Sorgen zu Haus!
Wie die Wolken dort wandern am himmlischen Zelt,
so steht auch mir der Sinn in die weite, weite Welt.

B

Der Maibaum in Bayern

Der Maibaum ist ein alter Brauch in Bayern. Schon die Kelten und die Germanen kannten den Maibaum. Er ist ein Symbol des Lebens. Wenn ein Maibaum fünf Jahre alt ist, muss ein neuer aufgestellt werden. Man bemalt den Baum mit blauen und weißen Streifen und schmückt ihn mit Tafeln, die meistens die verschiedenen Handwerksberufe im Dorf zeigen.
Ab dem Moment, wo der Baum bemalt ist, wird es gefährlich, denn er darf „gestohlen" werden. Meistens versuchen das junge Leute aus dem Nachbardorf. Deshalb wird der Baum Tag und Nacht bewacht. Aber dabei feiert man und trinkt und so haben die Baumdiebe doch eine Chance. Wenn der Baum weg ist, dann muss er wieder ausgelöst werden. Dazu müssen die Baumbesitzer den Bauräubern eine größere Brotzeit und viel Bier bezahlen. Am Morgen des 1. Mai wird der Baum dann aufgestellt und mit dem Wetterhahn und den Tafeln der Handwerker geschmückt.

C *Maibou...*

16 Wo steht das? Suchen Sie in den Texten A–E.

	Text
1. Im Mai muss man raus aus dem Haus, weil die Natur wieder schön ist.	___
2. Der Baum bedeutet Leben.	___
3. Auch für die Politik ist der 1. Mai ein wichtiger Tag.	___
4. Im Mai hat man wieder Lust zum Reisen.	___
5. Man feiert das Ende der Winterzeit.	___
6. Am 1. Mai ist man früher auf die Straße gegangen und hat demonstriert.	___
7. Am ersten Mai feiert man gern.	___
8. Diese Tradition ist mehr als 2000 Jahre alt.	___

17 Welche Bedeutung hat der „Mai" in Ihrem Land? Gibt es einen anderen wichtigen Monat?

Zutaten für 4 Personen

2 Bündel Waldmeister-Blätter
50 g Zucker
1 Päckchen Vanillezucker
100 ml Weinbrand (Cognac)
3 Liter Weißwein
1 Flasche Sekt

D

Geschichte des 1. Mai
Die ersten internationalen Maikundgebungen gab es am 1. Mai 1890. Forderungen: 8-Stunden-Tag und freier Sonntag, Recht auf Gewerkschaften, allgemeines Wahlrecht, Verbot der Kinderarbeit …

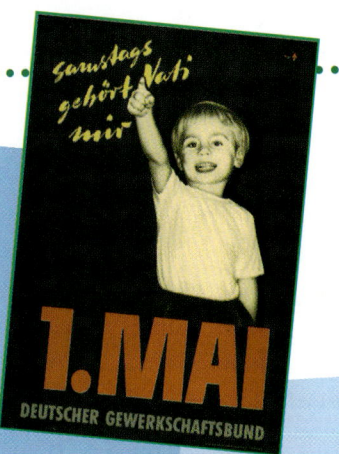

Karl Ratmann (75) erzählt: „Ja, früher, da wussten noch alle, was der 1. Mai ist: der internationale Tag der Arbeiter. Da gingen wir mit der Gewerkschaft auf die Straße und haben für unsere Rechte demonstriert. Da gab es rote Fahnen und wir trugen Plakate mit unseren Forderungen. Und wir haben gesungen: ‚Brüder, zur Sonne, zur Freiheit'. Danach haben wir im Gewerkschaftshaus gefeiert. Die Jungen wissen nicht, dass ihre 35-Stunden-Woche nicht vom Himmel gefallen ist. Das haben wir erkämpft."

E

Meiendorf. Am 30. April fand unser traditioneller „Tanz in den Mai" im Bürgerhaus statt. 110 Personen wollten den Beginn der Frühlings- und Sommerzeit feiern. Viel Spaß machten wieder die Spiele, z.B. das Luftballonspiel. Ein Paar musste beim Tanzen einen Luftballon mit der Stirn festhalten und er durfte nicht herunterfallen.

18 Komposita – Wie viele zusammengesetzte Wörter finden Sie in fünf Minuten? Wie heißen die Teile?

der Maibaum = der Mai + der Baum

Strukturen verstehen

19 Präteritum: unregelmäßige Verben

a   Markieren Sie in den Texten D und E die Verbformen zu diesen Infinitiven.

stattfinden • wissen • gehen • geben • tragen

b   Was ändert sich im Präteritum?
c   Wie heißen die Perfektformen zu diesen Verben?

stattfinden – fand … statt – hat stattgefunden

Auf einen Blick

Im Alltag

1 Datum

Welcher Tag ist heute?	(Heute ist) der erste April.
Welches Datum ist heute?	Der erste Vierte.
Der Wievielte ist heute?	Der 23. Juli.
Ist heute der 1. Mai?	Nein, der 1. April.
Wie lange dauert der Kurs?	Acht Wochen. Vom ersten Vierten bis zum 31. Fünften.
Wie lange dauern die Ferien?	Vierzehn Tage. / Einen Monat.
Wann hast du Geburtstag?	Am 27. September.
Wann bist du geboren?	Am 27. September 1984.
In welchem Jahr/Monat bist du geboren?	Im September.
Wann bist du hierher / nach Deutschland gekommen?	Anfang/Ende 2004.
Seit wann bist du hier / in Deutschland?	Seit dem ersten Februar.

2 Gute Wünsche/Beileid

	Weihnachten/Neujahr	– Fröhliche Weihnachten! – Frohe Festtage und ein gutes neues Jahr! – Alles Gute im neuen Jahr! – Einen guten Rutsch!	
	Ostern	– Frohe Ostern!	
	Geburtstag	– Herzlichen Glückwunsch zum Geburtstag! – Alles Gute zum Geburtstag! Vor allem Gesundheit!	– Danke. / Vielen Dank.
	Hochzeit	– Alles Gute zur Hochzeit. – Viel Glück für euch/Sie beide!	– Danke. / Vielen Dank.
	Prüfungen	– Herzlichen Glückwunsch. Ich wünsche dir/Ihnen weiter viel Erfolg. – Das hast du toll gemacht! Weiter so!	– Ich danke dir/Ihnen.
	Unfall/Krankheit	– Gute Besserung! Alles Gute!	– Ich danke.
	Tod	– Mein herzliches Beileid!	– Danke.

Grammatik

3 Ordinalzahlen

der		der		am		am	
	erste Mai		zehnte Geburtstag		ersten Mai		zehnten Geburtstag
	zweite Mai		elfte		zweiten Mai		elften
	dritte Mai		zwölfte		dritten Mai		...
	vierte Mai		dreizehnte		vierten Mai		
	fünfte Mai		...		fünften Mai		
	sechste Mai		zwanzigste		sechsten Mai		
	siebte Mai		dreißigste		siebten Mai		
	achte Mai		...		achten Mai		
	neunte Mai		hundertste		neunten Mai		

Ordinalzahlen 1. bis 19. Endung *-te*, ab 20. Endung *-ste*.

vierundzwanzig

4 Einen Grund angeben: Nebensätze mit *weil*

Hauptsatz 1	Hauptsatz 2
Beate kommt nicht. (WARUM?)	Sie arbeitet am Freitag.

Hauptsatz	Nebensatz mit *weil*
Beate kommt nicht,	**weil** sie am Freitag arbeitet.
	weil sie ihre Eltern besuchen muss.
Beate ist nicht gekommen,	**weil** sie Besuch bekommen hat.

In Nebensätzen steht das Verb am Ende.

5 Personalpronomen (Zusammenfassung)

Nominativ	ich	du	er/es/sie	wir	ihr	sie/Sie
Akkusativ	mich	dich	ihn/es/sie	uns	euch	sie/Sie
Dativ	mir	dir	ihm/ihm/ihr	uns	euch	ihnen/Ihnen

6 Verben mit Dativ- und Akkusativergänzung

Subjekt	Verb	Dativergänzung (Person)	Akkusativergänzung (Sache)
Ich	wünsche	dir / euch / Ihnen	ein schönes Fest.
Michael	empfiehlt	seinen Gästen (ihnen)	die Geburtstagstorte.
Dagmar	schenkt	Michael (ihm)	eine CD.
Er	gibt	seiner Freundin (ihr)	den Salat.

Aussprache

7 Satzmelodie: gleich bleibend

Die Satzmelodie bleibt gleich:

Aufzählungen	Tom nimmt Tomatensalat,→ Brot,→ Käse und einen Wein.
Unentschlossenheit	Ich empfehle euch … → den Käsekuchen!
Satzverbindungen	Sabine feiert am Samstag,→ weil sie Geburtstag hat.

8 Pausen

Oft zeigen Satzzeichen, wo eine Pause ist.

Eine längere Pause macht man nach diesen Satzzeichen: . ? ! : –
Eine kürzere Pause macht man nach diesen Satzzeichen: , ;

Die neue Wohnung

3ZKB in Altbau, 120 qm, Ofenheizung.
405 Euro + NK, sofort zu vermieten!
Chiffre 87743

3ZKB, Balkon, 105 qm, Zentralhzg.
450 Euro + NK. Sofort zu vermieten!
Chiffre 65743

1 Zimmer, Küche, Bad

a Lesen Sie die Wohnungsanzeigen und hören Sie den Dialog. Welche Anzeige passt?

b Hören Sie noch einmal. Markieren Sie in 1–3 die richtige Aussage.

1. Tom sucht eine Wohnung / hat eine Wohnung gefunden / vermietet.
2. Die Wohnung ist für Tom allein zu groß / zu teuer / zu klein.
3. Pavel und Tom können sofort einziehen / ausziehen / müssen zuerst renovieren.

Lernziele 15
- über Wohnungen sprechen
- Wohnungen einrichten
- Präpositionen mit Akkusativ oder Dativ
- Nebensätze: *wenn*

einziehen переехать (sich) einrichten - обустроить

15

Der Vertrag (Mietvertrag)   besichtigen - посетить
— e Anzeige(n) - объявление

2 Einrichtung – Welche Möbel oder Geräte gehören wohin?

кресло
der Sessel • das Sofa • der Wohnzimmertisch • der Vorhang • das Bücherregal • das Bett • der Teppich • der Schrank • die Stehlampe • der Schreibtisch • die Lampe • der Esstisch • der Stuhl • die Waschmaschine • das Küchenregal • der Herd — плита
das Geschirr • der Teller • die Pfanne • der Kochtopf • das Besteck • die Küchengeräte • die Kaffeemaschine • die Mikrowelle
посуда   сковорода   cutlery   аппаратура для кухни

3 Was brauchen Pavel und Tom noch für die neue Wohnung? Hören Sie zu und notieren Sie.

1.13
▶ S. 164

Für Pavel:	Für Tom:	Für das Wohnzimmer:	Für die Küche:
Bett, Tisch			

27

siebenundzwanzig

▶ S. 165 **4** Pavels Brief an Silvia – Lesen Sie bitte und kreuzen Sie unten an.

Liebe Silvia,

endlich ist es so weit. Seit zwei Wochen haben Tom und ich die neue Wohnung und ich bin gestern eingezogen. Toms Zimmer renovieren wir jetzt und er zieht nächste Woche ein. Mein Zimmer hat 20 qm und ist wirklich schön.
Ich habe meine Bettcouch links an die Wand gestellt und davor einen kleinen Couchtisch. Den großen Tisch habe ich unter das Fenster gestellt. So habe ich immer viel Licht beim Lernen (schluck!!). Auf den Tisch stelle ich dann irgendwann (hoffentlich bald!) meinen Computer. An der rechten Wand steht ein Regal und ins Regal will ich meinen Fernseher und auch ein paar Bücher stellen. Zuerst wollte ich gar keinen Teppich auf den Boden legen. Aber dann hat mir die Vermieterin einen schönen Teppich geschenkt. Sie sagt, man hört die Schritte zu laut, wenn kein Teppich auf dem Boden liegt. (Ach ja!!!) Tom hat eine Waschmaschine gekauft. Gebraucht natürlich! Die haben wir jetzt in die Küche gestellt. Vielleicht kommt sie später ins Bad. Wenn alles fertig ist, dann machen wir Anfang des Monats eine Party. Wahrscheinlich am 3. Kommst du?

So und jetzt muss ich Tom wieder helfen. Er tapeziert gerade. Helgi ist auch da!! Sie hilft ihm.

Liebe Grüße

Pavel

---

1. [r] (f) Pavel und Tom sind in ihre neue Wohnung eingezogen.
2. [r] (f) Pavel hat seine Bettcouch unter das Fenster gestellt.
3. (r) [f] Pavel arbeitet gern am Fenster, weil es da hell ist.
4. (r) [f] Im Regal stehen Bücher und Pavels Fernseher.
5. (r) [f] Pavel hat keinen Teppich auf den Boden gelegt.
6. (r) [f] Pavel und Tom machen bald eine Party in der neuen Wohnung.

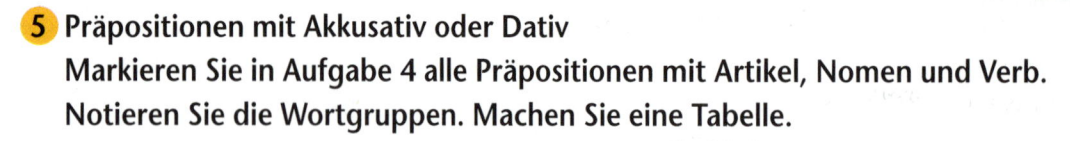

5 Präpositionen mit Akkusativ oder Dativ
Markieren Sie in Aufgabe 4 alle Präpositionen mit Artikel, Nomen und Verb.
Notieren Sie die Wortgruppen. Machen Sie eine Tabelle.

Wohin → Akkusativ	Wo • Dativ
an die Wand stellen	an der rechten Wand stehen
unter ...	

achtundzwanzig

6 Mäuse in der Küche

a Diese Präpositionen können mit Akkusativ (wohin →) oder Dativ (wo •) stehen.

an • auf • hinter • in • neben • über • unter • vor • zwischen

b Schreiben Sie die passenden Präpositionen zu den Bildern.

(Maus 8: auf)

c Wo sitzt die Maus? Wohin springt oder läuft sie?

sitzen (D), liegen (D)   springen (A), laufen (A)

Maus 1 sitzt vor dem Kühlschrank.   Maus 4 springt auf den Tisch.

7 Verben und Kasus – Ergänzen Sie die Artikel im Akkusativ oder Dativ.

▶ S. 165

1. Pavels Couch *steht* rechts an __der__ Wand. • Dat
2. Tom will sein Bett links an __die__ Wand *stellen*. →
3. Bei Pavel *liegt* ein Teppich auf __dem__ Boden. •
4. Tom will keinen Teppich auf __den__ Boden *legen*. → Acc
5. Bei Pavel *hängt* ein Bild an __der__ Wand. •
6. Tom will ein paar Poster an __die__ Wand *hängen*. →
7. Tom *sitzt* gern in __dem__ Sessel. •
8. Pavel kann sich nicht in __den__ Sessel *setzen*, aber auf die Couch. →

8 Richten Sie Toms Zimmer ein. Schauen Sie auf Seite 26.
Arbeiten Sie mit einem Partner / einer Partnerin und berichten Sie im Kurs.

Wir haben ein Bett unter das Fenster gestellt. Dann haben wir drei Bilder an …

9 Wohnräume

a Hören Sie bitte. Welche Beschreibung passt zu welchem Zimmer?

b Welches Zimmer gefällt Ihnen, welches nicht?

Wie gefällt dir Zimmer B?	☺ Das gefällt mir. Es ist warm und gemütlich.
	☹ Wohnzimmer D gefällt mir nicht. Das ist zu modern.
Gefällt dir das Sofa?	☺ Ja, das Sofa ist schön, aber den Tisch finde ich hässlich.
	☹ Mir gefällt das Sofa gar nicht.
	😐 Na ja, es geht. Die Form ist ganz gut.

gemütlich • ungemütlich • warm • kalt • groß • klein • eng • großzügig • dunkel • hell • modern • altmodisch • schön • hässlich • praktisch • günstig • teuer

10 Beschreiben Sie Ihr Zimmer / Ihre Wohnung. Die Fragen helfen Ihnen.

– Wie groß ist Ihr Zimmer / Ihre Wohnung?
– Haben Sie viele Möbel?
– Welche Farben mögen Sie?
– Welcher Raum ist für Sie am wichtigsten?

– Haben Sie Vorhänge?
– Haben Sie einen Sessel?
– Haben Sie ein Lieblingsmöbelstück?
– …

Ich habe ein Zimmer und eine kleine Küche.

Die Couch ist auch ein Bett.

dreißig

11 Zwei Buchstaben, ein Laut – Hören Sie zu und achten Sie auf die markierten Buchstaben. Sprechen Sie dann.

Etwas Süßes	Möchtest du etwas Süßes?
Mein Name	Mein Name steht schon an der Tür.
Margit tapeziert	Margit tapeziert gerade.
Das sieht toll	Das sieht toll aus!
Kurz zusammen	Können wir kurz zusammen sprechen?
Dann nehme grünes Sofa	Dann nehme ich ein grünes Sofa.

12 Bedingungen angeben: Nebensätze mit *wenn*
a Vergleichen Sie die Sätze. Wo stehen die Verben?

Hauptsatz
Man (hört) die Schritte,

Nebensatz
Wenn kein Teppich auf dem Boden (liegt),

Nebensatz
wenn kein Teppich auf dem Boden (liegt).

Hauptsatz
(dann) (hört) man die Schritte.

b Ordnen Sie bitte zu. Es gibt mehrere Möglichkeiten.

1. Wenn ich eine Wohnung finde,
2. Wenn wir die Wohnung renoviert haben,
3. Ich kaufe mir ein Auto,
4. Wir machen ein großes Fest,
5. Ich kann nicht lernen,
6. Ihr müsst mich fragen,

a) wenn die Tests vorbei sind.
b) (dann) ziehe ich um.
c) wenn du fernsiehst.
d) wenn ich einen Job finde.
e) wenn ihr etwas nicht verstanden habt.
f) (dann) ziehen wir ein.

13 *Wenn ...* – Wählen Sie vier Satzanfänge aus und schreiben Sie die Sätze zu Ende.

Wenn ich Zeit habe ...
Wenn ich Geld brauche ...
Wenn ich Geld habe ...
Wenn der Kurs vorbei ist ...
...

Wenn ich müde bin ...
Wenn ich Lust auf Spaghetti habe ...
Wenn ich morgens aufstehe ...
Wenn ich ...
...

▶ S. 167

14 Projekt: Möbel und Haushaltsgeräte günstig kaufen

Sie haben zu zweit die Wohnung neben Pavel und Tom gemietet: 3 Zimmer, Küche, Bad. Jeder von Ihnen bringt vier Möbelstücke/ Haushaltsgeräte mit. Den Rest müssen Sie kaufen. Sie haben zusammen 800 Euro. Wo können Sie was kaufen? Gebraucht? Neu?

Deutsch verstehen

15 Tapezieren

a Lesen Sie bitte die Texte 1–8 und bringen Sie die Abschnitte in die richtige Reihenfolge. Hören Sie zur Kontrolle.

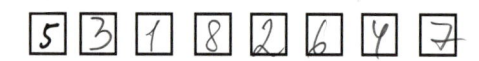

| 5 | 3 | 1 | 8 | 2 | 6 | 4 | 7 |

1
Sie beginnt mit den Tapeten. Die alten sind hässlich und Julia will neu tapezieren.
Stück für Stück werden die alten Tapeten abgekratzt. Das ist viel Arbeit und dauert lang.

2
● Pache!
○ Hallo, Jürgen, hier ist Julia. Jürgen, ich renoviere gerade meine neue Wohnung und habe ein Problem!
● Erzähl mal, vielleicht kann ich dir helfen.

3
Aber davor möchte sie die Wohnung renovieren. Am 1. Mai hat sie frei und die Arbeit beginnt: Das Apartment wird renoviert!

4
● Kein Problem, da hab ich einen Tipp: Du brauchst einen Eimer Wasser und Geschirrspülmittel. Ein wenig Spülmittel wird ins Wasser geschüttet und das Ganze wird dann auf die Tapete gestrichen.

5
Julia Schuler hat über die Zeitung ein kleines Apartment gefunden. Ein Zimmer mit 24 qm, eine kleine Küche und ein Bad mit WC. Am 3. Mai kann sie einziehen.

6
○ Na hoffentlich! Ich will die alten Tapeten abmachen. Aber das geht nicht! Weißt du, was ich da machen kann?

7
● Dann musst du fünf Minuten warten. Danach werden die Tapeten langsam abgelöst.
○ Super! Danke, Jürgen! Das probier ich sofort aus. Bis bald!

8
Nach einer Stunde hat sie keine Lust mehr – erst ein Quadratmeter! Sie ruft ihren Bekannten Jürgen an:

b Welche Wörter aus den Texten passen zu den Bildern a–d? Notieren Sie bitte.

a der Eimer, das Wasser

c Wie heißt der Tipp von Jürgen? Lesen Sie laut.

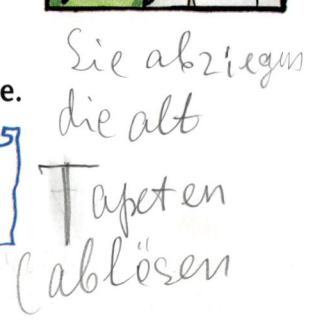

16 Jürgen hat noch mehr Tipps für Julia – Lesen Sie zuerst die „Heimwerker-Probleme" und dann die Tipps. Ordnen Sie bitte zu. Die Bilder helfen.

Probleme:
1. Julia möchte ein Loch in die Wand bohren. Aber der Schmutz soll nicht auf den Teppichboden fallen.
2. Julia möchte eine Lampe genau in der Mitte über dem Tisch aufhängen.
3. Julia hat den ganzen Tag gestrichen. Sie ist todmüde – aber sie ist noch nicht fertig und die Pinsel sind voll Farbe.

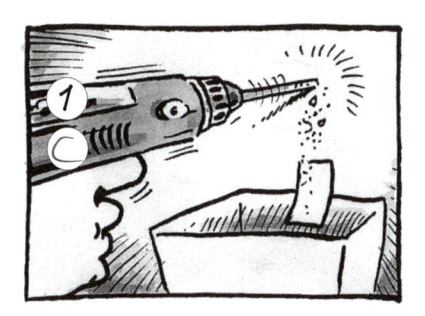

Tipps:
(a) **Lampe genau über dem Tisch befestigen**
Eine Taschenlampe wird in die Tischmitte gestellt und eingeschaltet. Durch den Lichtstrahl wird so genau die Stelle markiert, wo das Loch gebohrt wird.

(b) **Walzen und Pinsel vor dem Eintrocknen schützen**
Die Pinsel werden in Alufolie gewickelt, dann trocknen sie nicht ein. Kühl aufbewahren!

(c) **Der lästige Dreck beim Bohren**
Ein kleiner Karton oder eine Filtertüte wird mit Tesafilm direkt unter die Bohrstelle geklebt, dann fällt der Schmutz genau hinein.

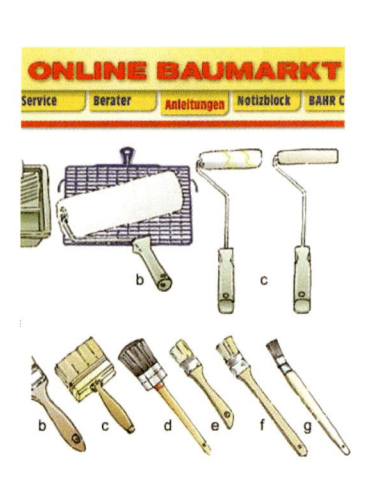

Strukturen verstehen

17 Passiv – In den Texten finden Sie Passivformen.

Mit dem Passiv betont man, **was** geschieht. **Wer** etwas tut, ist nicht so wichtig.

Aktiv: Wer renoviert?
↓
Julia renoviert das Apartment.

Passiv: Was geschieht?
↓
Das Apartment wird renoviert.

Form von *werden* + Partizip am Satzende

Hauptsatz: Das Apartment wird renoviert.

Partizip + Form von *werden* am Satzende

Nebensatz: …, wo das Loch gebohrt wird.

a Markieren Sie alle Passivformen in den Tipps a–c.
b Passivformen findet man oft in Zeitungstexten. Suchen Sie Beispiele.

Auf einen Blick

Im Alltag

❶ Wohnungen beschreiben

Ich habe ein Zimmer und eine kleine Küche.
Die Wohnung ist nicht groß. Sie hat 45 qm.
Mein Wohnzimmer ist auch mein Schlafzimmer.
Meine Couch ist auch ein Bett.

Die Couch steht links an der Wand.
Ich habe das Regal neben die Tür gestellt.
An der Wand hängen Poster.
Tom hat ein Bild von Picasso an die Wand gehängt.
Auf dem Boden liegt ein Teppich.
Pavel hat einen Teppich auf den Boden gelegt.

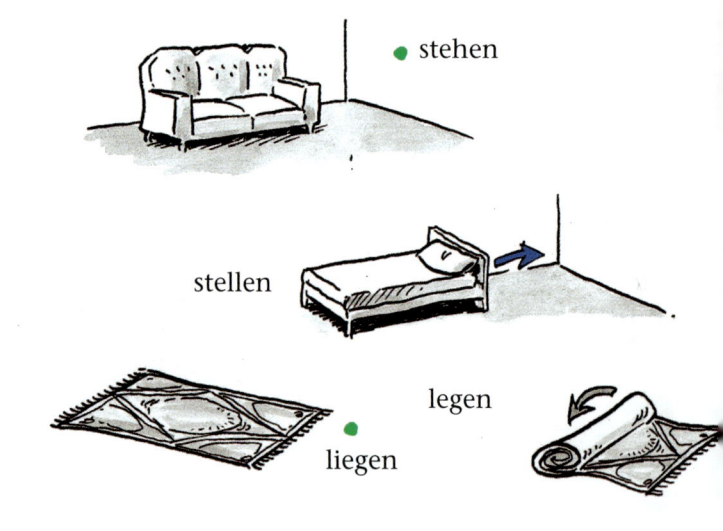

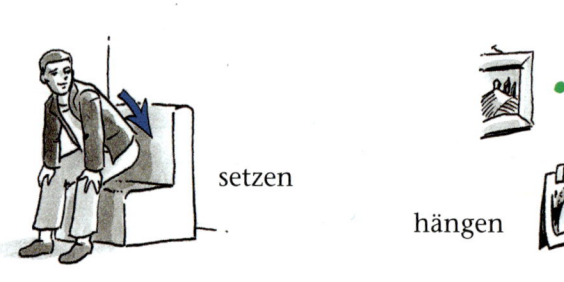

stehen
stellen
legen
liegen
sitzen
setzen
hängen
hängen

❷ Über Wohnungen sprechen

Wie gefällt dir das Wohnzimmer?

Das Wohnzimmer gefällt mir.
Es ist gemütlich/modern/groß/hell/warm.
Das Wohnzimmer gefällt mir nicht.
Es ist ungemütlich / zu modern/klein/kalt …

Wie findest du die Couch?

Ich finde sie sehr schön. Die Farbe / Die Form ist toll.
Sie gefällt mir gut / nicht so sehr.
Das ist nicht so mein Geschmack.

Die Wohnung ist teuer/billig/schön/groß …

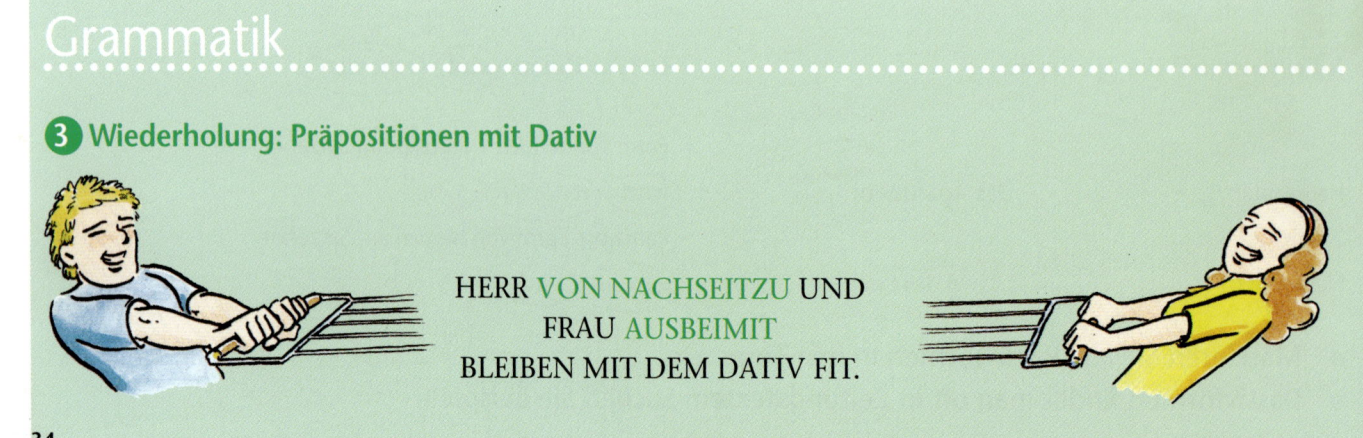

Grammatik

❸ Wiederholung: Präpositionen mit Dativ

HERR VON NACHSEITZU UND
FRAU AUSBEIMIT
BLEIBEN MIT DEM DATIV FIT.

34

vierunddreißig

4 Präpositionen mit Akkusativ (wohin →) oder Dativ (wo ●)

Die wichtigsten Präpositionen mit Akkusativ oder Dativ sind:

| an | neben | auf | in | hinter | über | vor | zwischen | unter |

→ wohin-Verben

stellen	Ich **stelle** das Sofa **an die** Wand.
legen	Leg das Buch bitte **neben das** Radio.
setzen	Er setzt sich **auf den** Stuhl.
fahren	Fahrt ihr **in die** Türkei?
gehen	Der Hund geht **vor die** Tür.
⚠ hängen	Sie hängt ihren Rock **in den** Schrank.

● wo-Verben

stehen	Sein Sofa steht **an der** Wand.
liegen	Das Buch liegt **neben dem** Radio.
sitzen	Sie sitzt **auf dem** Stuhl.
leben	Ich lebe **in der** Türkei.
stehen	Der Hund steht **vor der** Tür.
hängen	Meine Kleider hängen **im** Schrank.

5 Bedingungen angeben: Nebensätze mit *wenn* (→ S. 25)

Hauptsatz 1	Hauptsatz 2
Ich (kaufe) mir eine Couch.	Ich (verdiene) mehr Geld.
Ich (kaufe) mir eine Couch,	wenn ich mehr Geld (verdiene).
Hauptsatz	Nebensatz mit *wenn*

6 Nebensatz vor dem Hauptsatz

Wenn ich mehr Geld (verdiene),   (kaufe)   ich mir eine Couch.
Weil ich nicht gut (verdiene),   (habe)   ich kein Auto.

Wenn der Nebensatz zuerst steht, dann beginnt der Hauptsatz mit dem Verb.

Aussprache

7 Assimilation

📖 Sie lesen **zwei gleiche Buchstaben**.   👄👂 Sie hören/sprechen nur **einen Laut**.

Das **s**ieht **t**oll aus!   Da**s‿s**ieht‿**t**oll aus!
Mein **N**ame steht schon an der Tür.   Mei**n‿N**ame steht schon an der Tür.

35

fünfunddreißig

Raststätte

1 Kopf oder Zahl – Ein Wiederholungsspiel

Sie können das Spiel mit zwei bis vier Personen oder in Gruppen spielen.
Sie brauchen für jede/n eine Spielfigur, eine Münze.

Regeln:
- Spieler/in 1 wirft eine Münze.
- *Zahl?* Sie/Er zieht einen Schritt nach vorne und löst eine der beiden Aufgaben.
- Richtig gelöst? Alles o.k.
- Nicht richtig gelöst? Sie/Er muss wieder einen Schritt zurück.
- Dann kommt Spieler/in 2 dran usw.
- ! Bei *Kopf* darf man zwei Schritte nach vorne.

Sie können das Spiel auch mit einem Würfel spielen, dann geht es schneller.

Start

A | **B**

1
- A: Bruder + Schwester = G…
- B: Vater + Mutter = …

2
- A: Der Mann meiner Tante ist mein …
- B: Personalpronomen im Akkusativ. Ergänzen Sie bitte. ich – mich / du – … / er – … / wir – …

3
- A: Ergänzen Sie bitte. ● Erkennst du m… auf dem Foto? ○ Nein, ich sehe … nicht.
- B: Der Sohn meines Bruders ist mein …

4
- A: Ergänzen Sie bitte. Ich ärgere … oft über meinen Chef.
- B: Männer und Frauen – Ergänzen Sie bitte. Bruder und … – … und Mutter – Sohn und … – … und Cousine

5
- A: Antworten Sie bitte. Welche Feste feiert Ihre Familie?
- B: Ergänzen Sie bitte. Helgi hat … in Wien verliebt.

6
- A: Ergänzen Sie bitte und antworten Sie. ● … Sie mit 14 allein ausgehen? ○ …
- B: Modalverben – Ergänzen Sie bitte und antworten Sie. ● … Ihre Urgroßmutter Auto fahren? / ○ …

7
- A: Wie viele Personen hatte eine „normale" deutsche Familie vor 100 Jahren: 5 oder 7?
- B: Nennen Sie drei wichtige Feste in Deutschland.

8
- A: Thema „Hochzeit" – Nennen Sie drei Wörter.
- B: Wie viel Prozent der Deutschen sind heute Singles? 5% – 30% – 40%

9
- A: Ihr Kollege hat Geburtstag. Was sagen Sie?
- B: Was passt zu Ostern? Sprechen Sie bitte.

10
- A: Wie heißt das Gegenteil? verheiratet – l…
- B: Gute Wünsche zu Weihnachten. Was sagt man? F… W…

11
- A: Antworten Sie bitte. ● Warum warst du gestern nicht im Kurs? ○ Weil …
- B: Wie heißen die Artikel? Geschenk • Ei • Geburtstag • Kirche • Standesamt

12 — Wie heißt die Frage?
● Warum … ?
○ Weil ich morgen Prüfung habe.

12 — Antworten Sie bitte.
● Warum kommst du so spät?
○ Weil …

13 — Sie haben eine Einladung zu einer Party und möchten nicht hingehen. Was sagen Sie?

13 — Fragen Sie nach Geburtstagswünschen.

14 — Nennen Sie je einen passenden Monat zu den Zahlen: 31, 30, 28 Tage.

14 — Wie heißen die Sommermonate?

15 — Wann haben Sie Geburtstag?

15 — Wann beginnt der Frühling in Ihrem Land?

16 — Was wünschen Sie sich zum Geburtstag? Drei Dinge.
● Ich wünsche …

16 — Ergänzen Sie bitte.
● Gefällt … die Musik?
○ Ja, wir finden … super!

17 — Was ist richtig?
Der Maibaum ist ein alter Brauch in Berlin/Bayern.

17 — Nennen Sie fünf Möbelstücke mit Artikel.

18 — Nennen Sie drei Räume in einer Wohnung mit Artikel.

18 — Was ist richtig?
Eine Forderung der Arbeiter war 1890 die 5-Tage-Woche / der 8-Stunden-Tag.

19 — Welches Wort passt nicht?
mieten • renovieren • wegfahren • einziehen

19 — Was ist Besteck und was Geschirr? Je zwei Beispiele.

20 — Ergänzen Sie bitte.
Ich habe das Bett an die Wand …

20 — Ergänzen Sie bitte.
Mein Schreibtisch s… unter dem Fenster.

21 — Ergänzen Sie bitte.
Ein Foto von Pavels Opa hängt … Wand.

21 — Ergänzen Sie bitte.
Tom hat ein Poster … Wand gehängt.

22 — Präpositionen mit D oder A. Wann steht was?
● = … und → = …

22 — Präpositionen mit D. Wie heißt der Merkspruch?
Herr von N…

23 — Welcher Raum in Ihrer Wohnung ist für Sie am wichtigsten und warum?
● Am wichtigsten ist …, weil …

23 — Sprechen Sie den Satz zu Ende.
Wenn ich morgen Zeit habe, …

24 — Sagen Sie den Satz zu Ende.
● Ich verkaufe meine Deutschbücher, …

24 — Was ist Ihr Lieblingsmöbelstück und warum?
● Mein Lieblingsmöbelstück ist …, weil …

25 — Welches Wort passt nicht in die Reihe?
renovieren – streichen – verkaufen – tapezieren

25 — Wie heißt das Gegenteil?
gemütlich – … / modern – … / kalt – …

Ziel

37

siebenunddreißig

Raststätte

2 Kommt in unsere Runde – Hören und singen.

Kommt in unsre Runde.
Der Morgen ist nicht weit.
Genießt die späte Stunde.
Und sagt uns, wer ihr seid.

Wo kommt ihr her?
Wo geht ihr hin?
Wann kamt ihr hier an?
Was macht ihr hier?
Wen kennt ihr hier?
Fangt ihr hier neu an?

Auf dem Tisch die Kerze
gibt uns warmes Licht.
Wir sehn uns in die Augen.
Wir kennen uns noch nicht.

Wo kommt ihr her?
Wo geht ihr hin?
Wann kamt ihr hier an?
Was macht ihr hier?
Wen kennt ihr hier?
Fangt ihr hier neu an?

Kommt in unsre Runde.
Der Morgen ist nicht weit.
Genießt die späte Stunde.
Und sagt uns, wer ihr seid.

3 Eine Geschichte
a Lesen Sie bitte und ordnen Sie die Bilder 2–4 den Abschnitten zu.

38
achtunddreißig

Eine kleine Geschichte zur Pünktlichkeit

Sonntag, 26. März, 7 Uhr morgens. Obwohl Sonntag war, musste Kurt Vogel sehr früh aufstehen. Seine Freundin Nicoletta wollte um zehn Uhr zum Frühstück kommen. Nicoletta ist
5 Italienerin.
Kurt ging ins Bad, duschte, putzte die Zähne und föhnte die Haare. Dann holte er den Staubsauger und machte die Wohnung sauber. Um 8 Uhr 30 machte er den CD-Player an und legte eine CD
10 von Vivaldi ein. Kurt liebt Vivaldis „Die vier Jahreszeiten" und er liebt Nicoletta.

Kurt ging in die Küche und kochte Kaffee. Er schaute auf die Uhr: 9 Uhr! Noch eine Stunde Zeit. Er trank eine Tasse Kaffee und klappte das
15 Bett zusammen. Das Bett ist eine Bettcouch: nachts ein Bett, am Tag ein Sofa.
Danach deckte er den Tisch: eine saubere Tischdecke, Teller, Tassen, Messer, Eierbecher und Servietten. In die Mitte stellte er einen Blumen-
20 strauß. Die Musik hörte auf. Die CD war zu Ende. Er blätterte die CD-Sammlung durch und wählte jetzt Musik von J. S. Bach aus.
Dann ging er wieder in die Küche und bereitete das Frühstück vor. Orangensaft, Toast, Butter, Kä-
25 se und Schinken, Tomaten und Obst.
Dann kochte er zwei Eier – fünf Minuten. Fertig! 9 Uhr 50. Um zehn Uhr wollte Nicoletta da sein. Er öffnete das Fenster. Die Luft war warm, der Frühling war nicht mehr weit. Aber Nicoletta
30 kam nicht.

11 Uhr 30. Die Eier waren längst so kalt wie der Kaffee. Warum kam sie nicht? Um zwölf Uhr klingelte es! Kurt rannte zur Tür und machte auf: „Nicoletta! Du bist zu spät! Viel zu spät! Wo warst
35 du? Warum bist du nicht gekommen?"
„Guten Morgen! Was ist denn los mit dir? Freust du dich nicht? Willst du, dass ich wieder gehe?"
„Nein, äh, doch, ich freu mich natürlich, aber du bist zu spät! Alles ist jetzt kalt! Immer kommst du
40 zu spät!"
„Kurt! Ich bin pünktlich! Ich bin immer pünktlich! Darf ich reinkommen?"
„Äh, entschuldige, klar, komm rein. Aber du bist zu spät. Zwei Stunden zu spät."
45 „Du bist blöd! Es ist zehn Uhr!"
„Nein, zwölf Uhr!"
„Deine Uhr geht falsch! Es ist zehn Uhr, seit heute ist Sommerzeit!"
„Eben! Du musst die Uhr vorstellen!"
50 „Nein, zurückstellen!"
„Quatsch, Sommerzeit ist eine Stunde mehr ..."
„So ein Unsinn! Auch im Sommer hat der Tag nur 24 Stunden und nicht 25 ..."
„So meine ich das nicht ..."
55 „Und überhaupt gibt es in Deutschland gar keinen richtigen Sommer. Ihr braucht gar keine Sommerzeit!" Sie schauten sich an und lachten. Dann sagten sie gleichzeitig: „Komm, wir gehen zu ‚Leone' Mittag essen!"

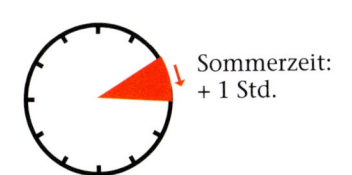

Sommerzeit: + 1 Std.   Winterzeit: - 1 Std.   Die Sommerzeit gilt von Ende März bis Ende Oktober.

b Fragen zum Text – Schreiben Sie Fragen und fragen Sie sich gegenseitig im Kurs.

- Um wie viel Uhr will Kurt mit Nicoletta frühstücken?
- Mag Nicoletta Kaffee?
- Warum ...?
- Wer ...?
- Wann ...?

c Spielen Sie den Dialog zwischen Kurt und Nicoletta.
Sie können den Text auch variieren:

– Nicoletta wird richtig sauer und geht. Kurt ruft sie an.
– Der Streit wird heftiger, aber Kurt entschuldigt sich am Ende.
– ...

Raststätte

Effektiv lernen

4 Aussprache selbständig üben

a Hier sind einige Tipps, wie Sie Ihre Aussprache selbständig verbessern können.

1. Überlegen Sie immer: Welche Wörter sind für mich schwierig?
2. Sprechen Sie diese Wörter zunächst einzeln.
3. Überlegen Sie immer: Wo liegt der Wortakzent? Wenn Sie Wörter im Wörterbuch nachschlagen, dann achten Sie auch auf den Wortakzent.

4. Experimentieren Sie mit Texten. Wählen Sie sich einen kurzen Text aus.
   – Überlegen Sie: Wo liegen die Satzakzente?
   – Sprechen Sie im Stehen, vor einem Spiegel, vor Publikum.
   – Sprechen Sie mit verschiedenen Emotionen.
   – Variieren Sie Gestik und Mimik.

5. Achten Sie beim Sprechen auf Blickkontakt.
6. Bitten Sie um Korrektur durch Muttersprachler/innen.

b Beispiel „Grußbotschaften für Dieter Kerscheck".
Probieren Sie die Tipps aus 4a an diesem Text aus.

Grußbotschaften für Dieter Kerscheck

ich grüße euch & euch & euch
ich grüße auch euch
ich grüße alle anderen ebenfalls
ich grüße mich Dieter Kerscheck besonders
ich grüße zurück & im voraus
ich grüße den der mich grüßt
ich grüße selbst den der mich nicht grüßt

ich lasse grüßen
ich grüße die toten wie die lebendigen
ich grüße aus dem urlaub
ich grüße die kreisenden kosmonauten
ich grüße die hauskatze schnurr (sie grüß ich)
ich grüße diese grußbotschaften
ich grüße die begrüßen dass
ich grüße

5 Projekt: Ein Kursfest planen

Großes Fest (Party)

Wo wollen wir feiern?
Was wollen wir machen?
Was brauchen wir (Essen, Trinken, Besteck, Dekoration)?
Wo kaufen wir was?
Wo gibt es was am billigsten/besten?
Wen laden wir ein?
Welche Musik wollen wir?
Wollen wir Spiele? Welche? Wer bereitet sie vor?

Kleines Fest (gemeinsames Essen)

Wo treffen wir uns?
Wer kocht was
(Vorspeise/Hauptspeise/Dessert)?
Was wollen wir trinken?
Wer kauft die Getränke?
Was wollen wir ausgeben?

✔ Was kann ich schon?

6 Machen Sie die Aufgaben 1 bis 5 und kontrollieren Sie im Kurs.

1. Thema Familie – Wie nennt man
a) die Frauen?
   M… • S… • G… • T…
b) die Männer?
   V… • S… • B… • O…

2. Fragen zur Familie stellen –
   Wie heißen die Fragen?

a)
b) Kinder/Geschwister?
c) Freunde/Familie?
d) Familienfeste?

3. Gute Wünsche. Was sagen Sie
a) zum Geburtstag?
b) zu Weihnachten/Neujahr?
c) zu Ostern?
d) bei Unfall/Krankheit?

4. Thema Datum/Zeit: Wie heißt die Antwort?
a) Wann hast du Geburtstag?
b) Wann bist du nach Deutschland gekommen?
c) Wie lange dauert der Kurs?
d) Wann bist du heute aufgestanden?
e) Seit wann bist du im Sprachkurs?
f) Der Wievielte ist heute?

5. Über Räume sprechen. Beschreiben Sie das Zimmer.

Mein Ergebnis finde ich: ☺ 😐 ☹

Schule und danach ...

Name: Waldemar Braskow
Alter: 23 Jahre
Schulabschluss: Hauptschulabschluss
Ausbildung: Lehre
Beruf: Maler
Berufsziel: eigener Malerbetrieb

Maria Kempowska

1 Steckbriefe – Hören Sie zu und notieren Sie die Informationen wie im Beispiel.

Schule in Deutschland

Die Kinder kommen mit sechs Jahren in die Schule und müssen mindestens neun Jahre in die Schule gehen. Die staatlichen Schulen sind kostenlos.

Vier Jahre gehen alle Kinder in die Grundschule. Danach gibt es verschiedene Schulen (Hauptschule, Realschule, Gymnasium, Gesamtschule). Nach der 9./10. Klasse kann man entscheiden: weiter nur zur Schule gehen oder eine dreijährige Ausbildung im Betrieb.

Nach einem Realschulabschluss, der „mittleren Reife" (10. Klasse), kann man weitere Schulen besuchen und einen höheren Abschluss erreichen (z.B. Fachhochschulreife). Oder man macht auch eine Ausbildung im Betrieb.

Wenn man nach 13 Jahren* Gymnasium das Abitur besteht, kann man an einer Universität studieren. Für Erwachsene gibt es viele Weiterbildungsmöglichkeiten. Wer schon einen Beruf hat, kann z.B. an Abendschulen weiterlernen und Abschlüsse bis zum Abitur machen.

*In einigen Bundesländern 12 Jahre.

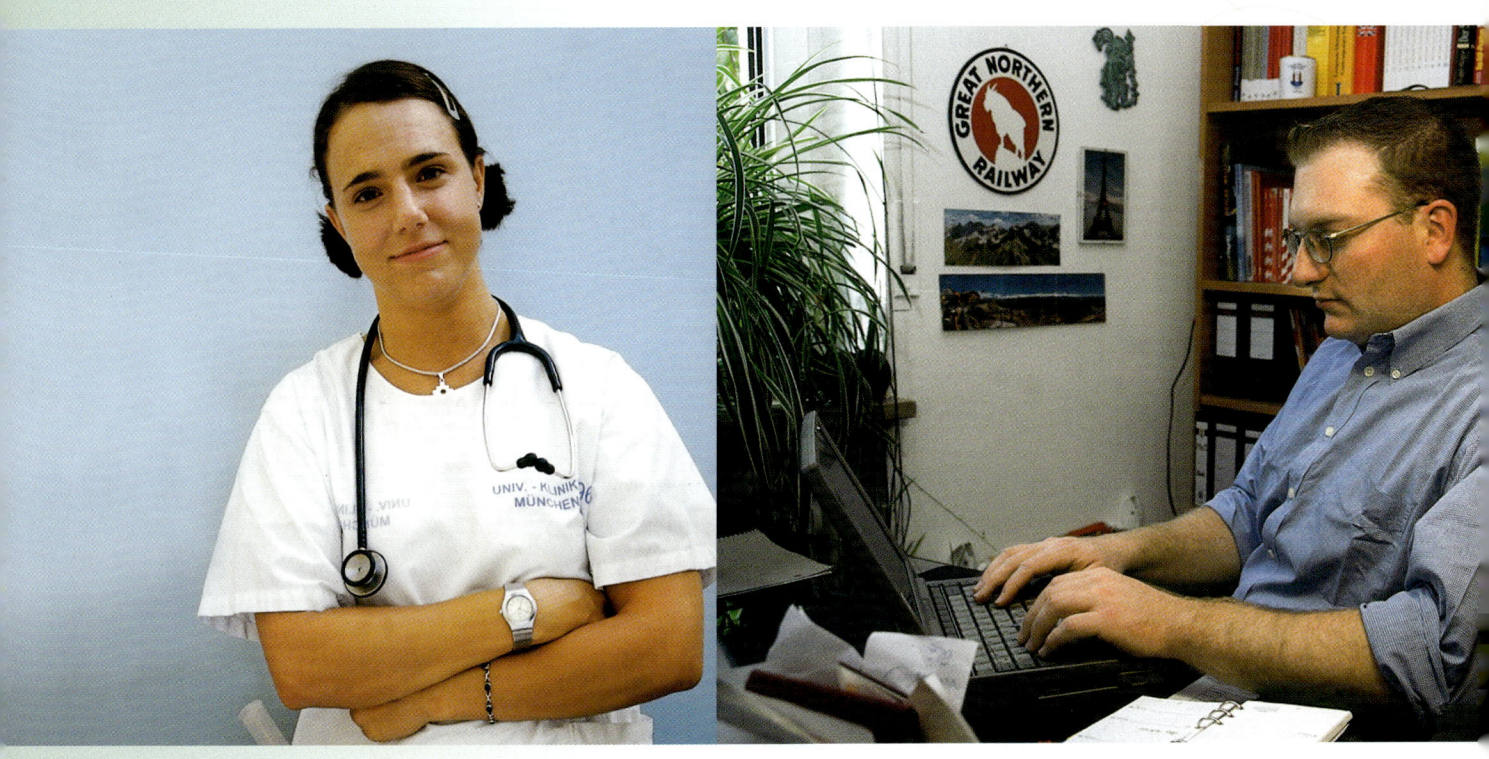

Eugenia Schulz   Rolf Becker

Alter	Schuljahr	Schulabschluss	Weitere Ausbildung
18	13	Abitur	Universität
17	12	Fachhochschulreife	Fachhochschule
16	11		
15	10	mittlere Reife/Hauptschulabschluss 2	Ausbildung im Betrieb / Berufskolleg/-fachschule
14	9	Hauptschulabschluss 1	Ausbildung im Betrieb / Berufsfachschule
13	8		
12	7		
11	6		
10	5	Gymnasium/Realschule/Hauptschule Gesamtschule	
9	4		
8	3		
7	2		
6	1	Grundschule	

Lernziele 16

- über Schule und Weiterbildung sprechen
- Zukünftiges ausdrücken
- Futur mit *werden*
- Nebensatz: *dass*

2 Grafik und Infotext – Wo finden Sie die Antworten zu diesen Fragen?   ▶ S. 174

1. Wie lange ist Herr Braskow zur Schule gegangen?
2. Welche Schule müssen alle Kinder besuchen?
3. Nach dem 4. Schuljahr gibt es verschiedene Schularten. Wie heißen sie?
4. Wie lange muss man in Deutschland mindestens zur Schule gehen?
5. Welchen Schulabschluss braucht man mindestens für eine Berufsausbildung?
6. Was kann man nach Abschluss der 10. Klasse machen?

▶ S. 175

3 Meinungen über Schule und Ausbildung

opinion

a Lesen Sie bitte. Welcher Meinung stimmen Sie zu?

> Es ist wichtig, dass man in der Schule etwas lernt. Alles andere ist nicht wichtig.

> Vormittags Schule, nachmittags Hausaufgaben: Ich finde es nicht gut, dass die Kinder zu Hause auch noch Hausaufgaben machen müssen.

> Ich finde es gut, dass man auch nach einer Berufsausbildung zur Schule gehen kann.

> 40 Kinder in einer Klasse. Ich finde, dass das zu viel ist.

b Nebensätze mit *dass* – Markieren Sie in a *dass* und das Verb.

Es ist wichtig, **dass** man in der Schule etwas **lernt**.

c Thema Schule – Was finden Sie gut/schlecht/wichtig/richtig/falsch?
Sammeln Sie Meinungen im Kurs.

- Ich finde es wichtig, dass …
- Ich finde, dass 13 Jahre Schule zu lang sind.
- Es ist gut, dass … *ja/nok*
- Schule muss Spaß machen.

Schuljahre • Schulzeit • Lehrer • Hausaufgaben • Schulfächer • Tests • Noten • Geld …

4 Schule und Ausbildung in Ihrem Land

a Sammeln Sie Fragen und machen Sie Interviews im Kurs.

– Wie lange muss man bei euch/Ihnen in die Schule gehen?
– Nach wie vielen Jahren hat man einen Abschluss?
– Gehen Jungen und Mädchen in dieselben Schulen?
– Kosten die Schulen Geld?
– Kann man nach der Berufsausbildung weiter zur Schule gehen?
– …

> Bei uns muss man mindestens … Jahre zur Schule gehen.
> Bei uns gibt es (k)eine Berufsausbildung wie in Deutschland.
> Nach … Jahren hat man einen Schulabschluss. Dann kann man … gehen oder …
> Gute Schulen kosten bei uns viel Geld.
> Für die Universität muss man eine Aufnahmeprüfung machen.

b Berichten Sie im Kurs.

- Birsen sagt, dass …
- Michael …

5 Aussprache: Satzakzent und neue Information – Hören Sie und sprechen Sie nach.

<u>Vier</u> Jahre gehen alle Kinder zusammen in die <u>Grund</u>schule↘.   Da<u>nach</u> gibt es ver<u>schie</u>dene Schulen↘.
Nach der <u>10</u>. Klasse kann jeder allein ent<u>schei</u>den→,   <u>wel</u>che Schule er besuchen will.↘
Sie können eine Be<u>rufs</u>fachschule besuchen→   oder eine Be<u>rufs</u>ausbildung machen.↘

6 Was haben Sie nach der Schule gemacht? Berichten Sie.

- Ich habe eine Ausbildung als … angefangen/gemacht/abgeschlossen.
- Ich habe nach dem Abitur ein Studium begonnen.
- Ich habe gleich gearbeitet.
- Ich habe Militärdienst gemacht.
- Ich habe geheiratet.
- Ich habe keine Ausbildung gemacht.
- Ich habe zu Hause geholfen.

7 Zukunftspläne – Hören Sie zu. Wer plant was? Ordnen Sie 1–4 zu.

A Andrea   B Dirk   C Maike   D Carol

1. C. will Hotelkauffrau werden.
2. D. möchte den Busführerschein machen.
3. B. will Medizin studieren.
4. A. wird in Berlin eine Ausbildung machen.

▶ S. 176 **8** Lesen Sie die Texte und markieren Sie die „Zukunftspläne" wie im Beispiel.

A
==Nach der Schule== gehe ich erst mal ein Jahr als ==Aupairmädchen== nach Amerika und verbessere mein Englisch. Danach ==werde== ich ==nach Berlin gehen== und dort eine ==Ausbildung machen==.

B
Nach der Schule habe ich eine Lehre als Schreiner gemacht und dann Zivildienst. Seit zwei Jahren gehe ich zur Kollegschule und mache im nächsten Jahr Abitur. Ich hoffe, dass ich einen guten Notendurchschnitt bekomme. Dann studiere ich Medizin.

C
Nach dem Hauptschulabschluss habe ich eine Lehre gemacht und sechs Jahre als Köchin im Hotel gearbeitet. Jetzt lerne ich Englisch und habe in zwei Monaten meine erste Prüfung. Im nächsten Jahr beginne ich dann mit einer Weiterbildung zur Hotelkauffrau.

D
Ich bin seit zwei Monaten in Deutschland und bin Lkw-Fahrer. Meine Zukunft ist klar: Zuerst werde ich Deutsch lernen, dann werde ich meinen Taxischein machen und werde Geld verdienen. Vielleicht mache ich später noch einen Busführerschein.

9 Zukunft ausdrücken – Machen Sie eine Tabelle mit Beispielen.

Zeitangabe Zukunft + Verb im Präsens	Futur = werden + Verb im Infinitiv
Nach der Schule **mache** ich eine Lehre als …	Danach **werde** ich … **machen**.

10 Zeitangaben – Ordnen Sie bitte.

in der nächsten Woche • früher • jetzt • damals • am nächsten Wochenende • bald • im letzten Jahr • nächste Woche • gerade • heute • sofort • in zwei Jahren • übermorgen • im nächsten Monat • ~~gestern~~

Vergangenheit	Gegenwart	Zukunft
gestern		

11 Zukunft – Schreiben Sie Sätze.
Benutzen Sie das Futur mit *werden* und/oder Präsens mit Zeitangabe.

Deutsch lernen • Computerkenntnisse verbessern • Informatikkurs bei der VHS belegen • Ausbildung als Bürokauffrau machen • ein Jahr ins Ausland gehen und als Aupairmädchen arbeiten • Medizin studieren • jobben und Geld verdienen • Nachtschicht machen • Führerschein machen …

Ich werde noch zwei Jahre Deutsch lernen. / Ich lerne noch zwei Jahre Deutsch.

12 Was sind Ihre Zukunftspläne/-wünsche? Notieren Sie Stichwörter. Berichten Sie im Kurs.
▶ S. 176

- Im nächsten Monat werde ich …
- In zehn Jahren will ich Astronautin sein.
- Nach dem Deutschkurs möchte ich …
- In zwei Jahren will ich …
- Ich hoffe, dass ich bald gut Deutsch sprechen kann.

13 Projekt: Schule und Weiterbildung in unserer Stadt

– Welche Schularten gibt es?
– Welche Kindergärten gibt es? Was kosten sie?
– Gibt es Ganztagsschulen?
– Gibt es Berufskollegs? Welche?
– Welche Schulen für Erwachsene gibt es?
– …

Deutsch verstehen

A

Zwei Drittel aller Firmen brauchen dringend Personal, das fremde Sprachen spricht. Vor allem Mitarbeiter, die in den verkaufs- und kundenorientierten Abteilungen arbeiten, müssen Fremdsprachen können.
Die Firmen finden, dass das Sprachangebot in den Schulen zu klein ist. In den Gymnasien lernen 95 Prozent der Schüler Englisch und 44 Prozent Französisch. Nur fünf Prozent lernen Russisch, drei Prozent Spanisch und ein Prozent Italienisch. Vor allem die Angebote für diese Sprachen sollten erweitert werden. Auch Bewerber, die Niederländisch, Tschechisch, Dänisch oder Polnisch können, haben gute Chancen in der Wirtschaft.

B

Jeder Schüler kostet im Durchschnitt jährlich 4500 Euro, 25 Euro pro Schultag oder 4 Euro pro Unterrichtsstunde. Besonders teuer sind Schüler, die Sonderschulen besuchen. Sie kosten etwa 10 000 Euro im Jahr. Am billigsten sind die Grundschüler. Für sie gibt der Staat nur 3500 Euro pro Jahr aus. Die Gymnasiasten kosten im Durchschnitt 5250 Euro pro Jahr. Jeder Auszubildende (Azubi), der Teilzeitunterricht neben der Ausbildung im Betrieb bekommt, kostet 2000 Euro im Jahr.
Die Unterschiede zwischen den Bundesländern sind groß. In Hamburg kostet jeder Schüler an normalen Schulen 6900 Euro und jeder Unterrichtstag 34 Euro. Sachsen kommt mit 3600 Euro und weniger als 20 Euro pro Tag aus. Hauptursache sind die unterschiedlichen Gehälter der Lehrer.

14 Globalverstehen – Lesen Sie die Texte A und B. Welche Überschriften passen?

① Computer im Klassenzimmer

② Was kostet die Schule?

③ Wirtschaft braucht Fremdsprachen

④ Lehrer verdienen zu wenig

15 Detailverstehen

a Text A: Ordnen Sie bitte 1–4 und a–d zu.

1. Viele Firmen haben nicht genug Leute, die — a) lernen Englisch.
2. Die Firmen meinen, dass die — b) Fremdsprachen können.
3. Die meisten Schüler in Deutschland — c) lernt Französisch.
4. Weniger als die Hälfte der Schüler — d) Schulen nicht genug Fremdsprachen unterrichten.

b Text B: Beantworten Sie bitte die Fragen.

1. Welche Schule ist am teuersten? *Sonder*
2. Welche Schule ist am billigsten? *Grundschüler*
3. Wie viel kostet eine Stunde Unterricht im Durchschnitt? *4 Euro*
4. Warum ist die Schule in Hamburg teurer als in Sachsen?

16 Interview

a Hören Sie bitte zu. Was ist das Thema?
b Hören Sie noch einmal und kreuzen Sie an.

1. Ein Computer im Kurs verbessert den Unterricht. [r] (f)
2. Computer können das selbständige Lernen verbessern. (r) [f]
3. Wenn man Computer hat, braucht man weniger Lehrer. [r] (f)
4. Die Lehrer müssen nicht immer mehr wissen als die Schüler. (r) [f]

Strukturen verstehen

17 Relativsätze – Lesen Sie das Beispiel und finden Sie andere Beispiele in Text A und B.

①
Zwei Drittel der Firmen brauchen … **Personal**.
Zwei Drittel der Firmen brauchen … **Personal**,

②
Das **Personal** kann Fremdsprachen.
das Fremdsprachen kann.

Mit Relativsätzen kann man etwas genauer sagen.
Im Beispiel sagt der Relativsatz etwas Genaueres über „das Personal".
Relativsätze sind Nebensätze. Fast alle Relativpronomen sehen wie die bestimmten Artikel (der, das, die) aus.
Oft stehen Präpositionen vor dem Relativpronomen, z.B. *für den/das/die, mit dem/der …*

Auf einen Blick

Im Alltag

❶ Schulabschlüsse

Schuljahre	Abschluss
9–10	Hauptschulabschluss
10	mittlere Reife / Realschulabschluss
	Fachoberschulreife (FOR)
	Fachoberschulreife mit Qualifikation (FOR-Q)
12	Fachhochschulreife/Fachabitur
	(nicht in allen Bundesländern)
13	Hochschulreife/Abitur (z.T. schon nach Klasse 12)

❷ Über Schule und Ausbildung sprechen

Wie viele Jahre sind Sie / bist du zur Schule gegangen?
Haben Sie in Ihrem Heimatland eine Ausbildung gemacht?
Welchen Schulabschluss haben Sie / hast du?
Haben Sie / Hast du ein Abschlusszeugnis?
Das ist ungefähr wie in Deutschland der …abschluss / das Abitur / …
Wie lange dauert die Ausbildung?
Haben Sie / Hast du einen Berufsabschluss?

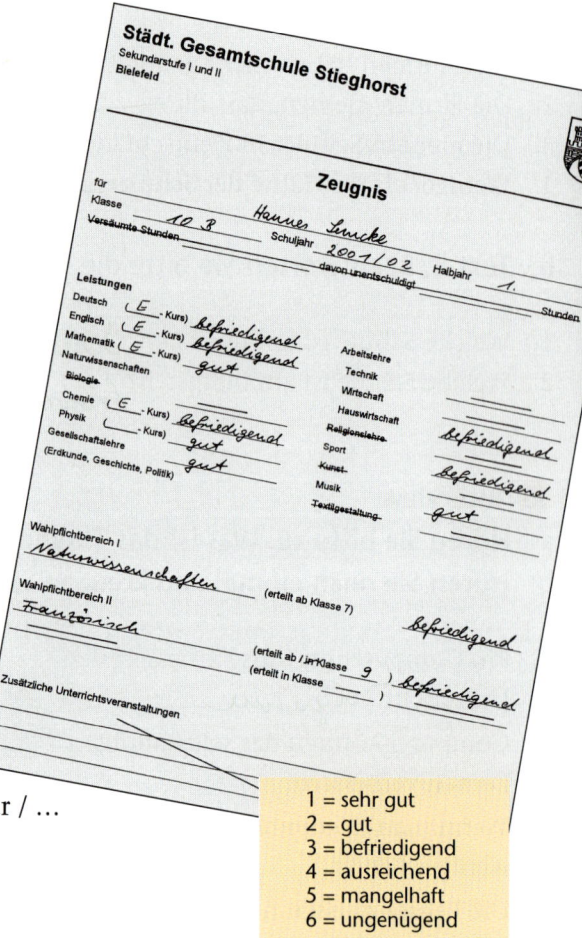

1 = sehr gut
2 = gut
3 = befriedigend
4 = ausreichend
5 = mangelhaft
6 = ungenügend

Grammatik

❸ Zukunft ausdrücken: Futur I

Formen

Personal-pronomen	werden	Infinitiv
ich	werde	schlafen
du	wirst	essen
er/es/sie	wird	fahren
wir	werden	arbeiten
ihr	werdet	lernen
sie/Sie	werden	kochen

Gebrauch

Absicht/Plan
Ich werde Abitur machen und studieren.
Hosni wird nach Tunesien gehen.

Versprechen
Ich werde dir bestimmt helfen.
Tom wird uns in Köln besuchen.

Vermutung
● Wo ist Tom?
○ Weiß ich nicht. Er wird wohl noch schlafen.

fünfzig

4 Zukunft ausdrücken: Präsens und Zeitangabe

Zeitangaben vor dem Verb

Nach der Schule gehe ich ins Ausland.
Morgen beginnt der neue Kurs.
In zwei Jahren möchte ich Deutsch können.
Morgen gehe ich nach dem Kurs ins Kino.

Zeitangabe gleich nach dem Verb

Ich gehe nach der Schule ins Ausland.
Der neue Kurs beginnt morgen.
Ich möchte in zwei Jahren Deutsch können.
Ich gehe morgen nach dem Kurs ins Kino.

5 Zeitangaben

Vergangenheit	Gegenwart	Zukunft
gestern	heute	(über)morgen
(vor)letzte Woche	diese Woche	(über)nächste Woche
(vor)letztes Jahr	dieses Jahr	(über)nächstes Jahr
früher	jetzt	in zwei Monaten

6 Nebensatz mit *dass* (→ S. 25, 35)

Hauptsatz 1
Das (ist) wichtig.
Es (ist) wichtig,
Hauptsatz

Hauptsatz 2
Die Schule (macht) Spaß.
dass die Schule Spaß (macht).
Nebensatz mit *dass*

7 Gebrauch von *dass* (Beispiele)

Meinungen	Ich finde (nicht),	dass 13 Jahre Schule zu lang sind.
	Ich meine/glaube,	dass eine gute Ausbildung sehr wichtig ist.
	Es ist wichtig/gut,	dass man immer weiterlernen kann.
Wünsche	Ich wünsche mir,	dass die Ausbildung bald zu Ende ist!
Hoffnungen	Ich hoffe,	dass ich einen guten Abschluss mache.
indirekte Rede	Ich habe gehört,	dass die Schule in Deutschland schlecht ist.
	Meine Freundin sagt,	dass sie ein Praktikum machen will.
	Sie glaubt,	dass sie dann bessere Chancen hat.

Aussprache

8 Satzakzent: wichtigste bzw. neue Information

Der Akzent ist immer auf der wichtigsten/neuen Information.

Zuerst werde ich Deutsch lernen, dann werde ich meinen Taxischein machen und Geld verdienen!

Du siehst gut aus!

A *Herbert*
B
C

1 Wer ist das? Erfinden Sie Biografien wie im Beispiel. Lesen Sie vor, die anderen raten: Zu welcher Person passt der Text?

Er heißt Herbert Meyer.
Er wohnt in Bochum.
Er ist 35 Jahre alt.
Er ist Rechtsanwalt.

Er mag Musik und Theater.
Er macht nicht gern Sport.
Er ist schlank und groß.
Er trägt einen Anzug.

---

2 Männer und Frauen – Wer passt zusammen? Sprechen Sie im Kurs.

modisch • elegant • locker • sportlich • konservativ • langweilig • jung • alt • groß • klein • schlank ...
slim

Ihre/Seine Kleidung/Frisur/Brille/... ist modisch/elegant/...
Er/Sie ist modisch/elegant/... gekleidet.

● Ich finde, dass Herr A und Frau F zusammenpassen.
○ Warum?
● Weil sie beide ungefähr gleich alt sind und weil sie modisch gekleidet sind.

17

Lernziele 17

- Personen beschreiben
- sagen, was man mag / nicht mag
- über Mode/Schönheit sprechen
- Komplimente machen
- Adjektivdeklination (bestimmter/ unbestimmter Artikel)

3 Kleidung auf den Bildern und im Kurs – Sammeln Sie Wörter.

Kleidungsstück	Farbe/Muster	Material
die Hose	gestreift	aus Wolle
das Kopftuch	gemustert – motiv	aus Baumwolle
der Rock	gepunktet	aus Leder
...	einfarbig	aus Seide
	...	...

Leder, Wolle, Seide, gemustert, gestreift, gepunktet, Baumwolle

4 Personen beschreiben – Hören Sie zu. Wer ist das?

Text	1	2	3	4
Bild	☐	☐	☐	☐

▶ S. 180

53

dreiundfünfzig

5 Adjektive nach unbestimmten Artikeln und Possessivartikeln: *ein, kein, mein* …
Lesen Sie den Text und markieren Sie die Adjektivendungen in der Tabelle.

Bernd Käuper trägt im Büro oft ein hellblau**es** Jackett zusammen mit einer hellblau**en** Krawatte, einem weiß**en** Hemd und einer schwarz**en** Hose."

	Maskulinum	Neutrum	Femininum	Plural mit Artikel
	de**r** Anzug	da**s** Hemd	di**e** Brille	di**e** Anzüge/…
N	k/ein neu**er** Anzug	k/ein neu**es** Hemd	k/eine neue Brille	keine neuen Anzüge/…
A	k/einen dunklen Anzug	k/ein buntes Hemd	k/eine neue Brille	keine bunten Anzüge/…
D	k/einem teuren Anzug	k/einem schönen Hemd	k/einer neuen Brille	keinen teuren Anzüge**n**/…

Die Possessivartikel (*mein, dein* …) funktionieren wie die unbestimmten Artikel.

Plural ohne Artikel: Adjektivendung wie bei den Artikeln.

N	di**e** Anzüge	Das sind	neu**e** Anzüge/Hemden/Brillen.
A	di**e** Anzüge	Ich trage immer	bunt**e** Anzüge/Hemden/Brillen.
D	de**n** Anzüge**n**	Er träumt von	teur**en** Anzüge**n**/Hemden/Brillen.

6 Dreisatz-Übung – A sagt den Satzanfang, B sagt einen Satz wie im Beispiel.

der	das	die
Anzug Rock Freund	Hemd T-Shirt Heft	Bluse Brille Freundin
Kollege Chef Füller	Buch Bett Bügeleisen	Kollegin Chefin Couch
Computer Schrank …	Auto	Tapete …

alt • neu • kurz • lang • gut • ruhig • nett • freundlich • anstrengend • interessant …

1. Das ist (N) mein/meine …
2. Ich mag (A) mein(en)/dein(en) …   *Ich mag deinen Bruder.*   *Das ist mein alter Freund Tom.*
3. Er/Sie arbeitet mit (D) einem …

7 Ergänzen Sie die Sätze mit Adjektiven. Mit welchen? Das bestimmen Sie.
▶ S. 182

gut • schlecht • jung • alt • groß • klein • eng • weit • grün • rot • lang • kurz • modern • stressig • altmodisch • billig • teuer • frisch • interessant • langweilig • anstrengend • leicht • ruhig …

1. Ich suche einen [1] Mantel mit [2] Taschen.
2. Haben Sie auch einen [3] Rock mit [4] Punkten?
3. Wir suchen eine [5] Wohnung mit einem [6] Balkon.
4. Die Wohnung hat ein [7] Wohnzimmer, aber eine [8] Küche.
5. Ich hätte gern einen [9] Salat mit [10] Tomaten.
6. Ist das eine [11] Kaffeemaschine?
7. Er sucht eine [12] Arbeit in einem [13] Büro.
8. Sie bekommen eine [14] Bezahlung und arbeiten in einem [15] Team.

1. Ich suche einen billigen Mantel mit großen Taschen.

8 Adjektive nach den bestimmten Artikeln: *der, das, die ...* ▶ S. 183

a Machen Sie mehr aus Ihrem Typ – Lesen Sie den Text und markieren Sie wieder die Adjektivendungen.

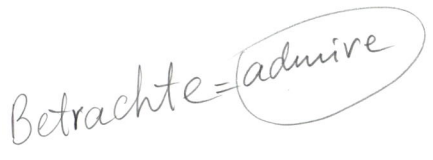

vorher

nachher — Kinn

Betrachte = admire

Der ganz**e** Kopf ist jetzt schöner. — bürgerlich, seriöse
Der dicke Hals wirkt jetzt schlanker.
Die große Nase haben wir kleiner gemacht.
Wir haben das hässliche Kinn verändert.
Die großen Ohren sind jetzt kleiner.
Mit dem seriösen Bart verdecken
wir die kritischen Stellen.

b Ergänzen Sie die Adjektivendungen in der Tabelle und dann den Tipp.

	Maskulinum	Neutrum	Femininum	Plural
N	der schön**e** Kopf	das schöne Ohr	die schöne Nase	die schön**en** Köpfe/Ohren/...
A	den schönen Kopf	das schön**e** Ohr	die schön**e** Nase	die schön**en** Köpfe/Ohren/...
D	dem schön**en** Kopf	dem schönen Ohr	der schönen Nase	den schönen Köpfen/Ohren/...

TIPP Nach den bestimmten Artikeln gibt es nur die Endungen -_e_ und -_en_.

c Ergänzen Sie die Adjektivendungen.

1. Der Mann mit dem braun**en** Mantel ist mein Vater.
2. Das neu**e** Handy von Pavel ist schon wieder kaputt.
3. Haben Sie noch die weit**e** Bluse mit den rot**en** Punkten?
4. Ziehst du im Büro den schwarz**en** Anzug an oder das blau**e** Jackett?

9 Satzakzent Hinweise – Hören Sie bitte und sprechen Sie nach. 1.25

○ Die Hose gefällt mir gar nicht,→ aber die hier ist super.↘ ▶ S. 184
■ Ich träume von einem blauen Anzug.↘ Den wünsche ich mir zum Geburtstag!↘
△ Die Frau möchte ich kennen lernen.↘ Die sieht ja interessant aus!↘

▶ S. 185 **10** Thema „Schönheit"

a Lesen Sie die Texte. Wer findet Mode/Schönheit wichtig? Wer nicht?

Wie viel Zeit und Geld darf Schönheit kosten?

A

Erika Veit, 42, Verkäuferin

Ich ziehe mich gerne modisch an, am liebsten helle Farben. Gemusterte Blusen mit beigen Röcken oder Hosen. Und meine Schönheit lasse ich mir auch was kosten! Ich gebe schon so 80–120 Euro im Monat für Mode und Körperpflege aus. Und morgens brauche ich Zeit. Duschen, Haare waschen, Make-up … Das dauert meistens eine Stunde. Dafür frühstücke ich nur mit einer Tasse Kaffee.

B

Oliver Paustian, 27, Werbefachmann

Mode ist wichtig für mich! Ich brauche das für meinen Job. Up to date sein ist gut fürs Geschäft. Ich lese Modezeitschriften und gehe oft in Boutiquen. Das ist nicht billig. Das kostet manchmal schon ein paar hundert Euro im Monat. Und dann ist natürlich ein gepflegtes Aussehen wichtig! Ich gehe einmal pro Monat zum Friseur. Mit Anziehen, Duschen usw. brauche ich am Morgen schon so eine halbe Stunde.

C

Carola Esterhazy, 20, Auszubildende (Schreinerin)

„Kleider machen Leute" – vielleicht stimmt das ja zum Teil, aber wichtiger ist doch die Persönlichkeit. Ich kaufe oft unmodische Kleidung oder ich kaufe in Secondhand-Läden. Ich bin noch in der Ausbildung und habe wenig Geld. Kleidung und Körperpflege dürfen nicht mehr als 50 Euro im Monat kosten. Und morgens geh ich schnell unter die Dusche. Ich brauche nur zehn Minuten im Bad, weil ich mich vor der Arbeit nicht schminke. Ich frühstücke lieber gemütlich. Für die Disco ziehe ich mich aber schon gut an und schminke mich.

b Schreiben Sie die Aussagen zu Ende.

1. Erika Veit sagt, dass …
2. Erika Veit gibt im Monat …
3. Oliver Paustian sagt, dass …
4. Für ihn ist Mode wichtig, weil …
5. Carola Esterhazy findet, dass …
6. Sie schminkt sich nicht, weil …
7. Wenn Carola in die Disco geht, …

> Erika Veit sagt, dass sie sich gern modisch anzieht.

11 Projekt: Menschen, Mode, Schönheit – Arbeiten Sie in Gruppen.

Sammeln Sie Bilder und Texte aus Zeitungen und Zeitschriften und machen Sie Collagen.

12 Interviews im Kurs – Wählen Sie fünf Fragen aus und fragen Sie im Kurs. Berichten Sie.

1. Interessierst du dich für Mode? *Ich mich*
2. Was tust du für dein Aussehen?
3. Wie viel Zeit brauchst du morgens im Bad?
4. Benutzt du Kosmetik?
5. Achten die Deutschen zu viel oder zu wenig auf ihr Aussehen?
6. Welche berühmte Person findest du schön? Warum?
7. Du hast 300 Euro für Kosmetik/Kleidung gewonnen. Was kaufst du dir?
8. „Aussehen" ist nicht wichtig. Nur der Charakter ist wichtig. Was meinst du dazu?
9. „Kleider machen Leute." – Findest du das auch?
10. Manche Leute geben jede Woche 50 € beim Frisör aus. Wie findest du das?
11. Möchtest du für einen Tag ganz anders aussehen? Wenn ja, wie?
12. Magst du die Kleidung von deiner Mutter / deinem Vater? Warum? Warum nicht?

> Darüber möchte ich nicht sprechen.

> Ich interessiere mich (nicht) für Mode, weil …

> Ich denke, dass …

> Ja, ich benutze immer Lippenstift.

13 Komplimente – Zu welcher Situation passt welches Kompliment?

ⓐ   ⓑ   ⓒ   ⓓ

1. Hast du eine neue Frisur? Die steht dir gut. Sie macht dich jünger.
2. Das ist ja ein tolles Fahrrad. Ist das neu?
3. Ich finde, der Mantel steht Ihnen sehr gut.
4. Du hast bestanden? Ich finde es toll, wie du das machst.
5. Ihr Pullover gefällt mir. Wo haben Sie den gekauft?
6. Ihr Text hat mir gut gefallen. Sie können wirklich gut schreiben!
7. Ist die Brille neu? Sieht super aus. Woher hast du die?
8. Deine Halskette finde ich sehr schön. Sie passt zu dir.

> Sie sehen gut aus! Waren Sie im Urlaub?

> Danke! Ja, ich war auf Mallorca.

14 Komplimente bei Ihnen
Wer macht wann wem Komplimente? Was ist „erlaubt" und was nicht?

Deutsch verstehen

15 Frau Kienzle sucht einen Mann.

a Lesen Sie die Anzeige und den Brief.

Frau Kienzle hat in der Zeitung diese Bekanntschaftsanzeige gelesen.
Sie schreibt einen Brief und einige Tage später erhält sie diese Antwort:

Raum Düsseldorf. Computerfachmann, 42, 180 cm groß, schlank, Nichtraucher, Naturfreund, Eigenheim, tier- und kinderlieb, sucht Sie! Spätere Heirat nicht ausgeschlossen! Ihre Zuschrift unter Chiffre 09121 XP

Düsseldorf, den 31. Mai

Sehr geehrte Frau Kienzle,

ich habe mich sehr über Ihre Zuschrift gefreut! Ich finde auch, dass wir uns bald persönlich kennen lernen sollten.
Darf ich Sie am Freitag, 12. Juni, um 14.00 Uhr, ins „Café Rendezvous" einladen?
Sie werden mich sicher gleich erkennen: Ich habe blonde, kurze Haare, ein freundliches Gesicht und trage eine Brille. Am liebsten ziehe ich hellgraue Anzüge und bunte Krawatten an …

b Wer ist der Computerfachmann?
Betrachten Sie das Bild und hören Sie den Dialog. Machen Sie Notizen.

Mann in der Mitte: keine Brille
Mann mit der Zeitung:

16 Traumpaare – Lesen Sie die Anzeigen.
a Was wünschen sich die Frauen, was die Männer? Notieren Sie.

Heiraten und Bekanntschaften

Heiraten Herren

① Raum Hamburg: Älterer, vermögender Unternehmer sucht romantische und feminine Traumfrau! Niveau und Fremdsprachen sind erwünscht. Spätere Heirat nicht ausgeschlossen! Wenn Sie blond und nicht älter als 30 sind, schreiben Sie mir! Chiffre: HH 3211

② Sportlicher, sympathischer Nichtraucher, 1,82, 42 Jahre, mit Kind, möchte auf diesem Wege schlankes, humorvolles, romantisches weibliches Wesen kennen lernen. Kind(er) erwünscht! Mein Sohn (9) und ich freuen uns auf deine Antwort, am besten mit Bild! SZ 9081-B

Heiraten Damen

③ Romantische, blonde, feminine Sie, 29/ 1,72/ 56, sucht Bekanntschaft mit Traummann! Bin in der Welt zu Hause, unabhängig und startklar. Wann schreibst du mir?

④ Rund und gesund, humorvoll und aktiv, warmherzig und blond – das bin ich! Erst 51, 1,58/ 65 mit eigenem Geschäft. Dem zärtlichen, kultivierten Mann um die 60 schenke ich vielleicht mein Herz. Seriöse Zuschriften mit aktuellem Bild unter HB 1244

⑤ Suche sympathischen, intelligenten, sportlichen Mann um die 40. Kind kein Hindernis! Ich bin natürlich, selbstbewusst und charmant! Freue mich über ernst gemeinte Bildzuschriften unter Chiffre 3221.

⑥ Nach schlechter Erfahrung probiere ich es auf diesem Weg: Buchhalter, 58, 1,78, geschieden, sucht intelligente, warmherzige Sie, die Mut zu neuer Beziehung hat. Meine Freunde sagen, ich hätte Humor und Niveau. Wer schreibt mir? B 3329

b Welche Männer und Frauen passen zusammen?
c Welche Informationen gibt es in den Anzeigen nicht? Sprechen Sie im Kurs.

Strukturen verstehen

17 Adjektive vor dem Nomen: ohne Artikel
a Markieren Sie die Adjektive in den Anzeigen. Wie viele Endungen finden Sie?

① Raum Hamburg: Älterer, vermögende**r** Unternehmer sucht romantisch**e**

N	de**r** → vermögende**r** Mann	da**s** → kleine**s** Kind	di**e** → erfolgreich**e** Frau
A	de**n** → (suche) vermögende**n** Mann	da**s** → (suche) kleine**s** Kind	di**e** → (suche) erfolgreich**e** Frau
D	de**m** → mit vermögende**m** Mann	de**m** → mit kleine**m** Kind	de**r** → (mit) erfolgreiche**r** Frau

b Adjektive ohne Artikel findet man oft in der Werbung. Sammeln Sie Beispiele aus Zeitungen und Zeitschriften.

Auf einen Blick

Im Alltag

1 Personen beschreiben

Sie heißt Anja Meyer.
Sie ist schlank und groß.
Sie ist 35 Jahre alt.
Sie trägt oft einen dunkelroten Pullover,
 Jeans und Turnschuhe.
Sie ist Verkäuferin.
Sie mag Sport und sie hört gerne Musik.
Sie fährt gern Auto.
Sie ist nett und immer freundlich.

2 Meinungen: Was man mag und nicht mag

Das finde ich schön.
Das gefällt mir.

Ich mag Mode.
Gut aussehen ist für mich wichtig.
Ich interessiere mich für Mode.
Ich trage gern Krawatten.

Das finde ich nicht so schön.
Das gefällt mir nicht so sehr.

Mode ist doch Quatsch!
Das Aussehen ist nicht so wichtig.
Mode interessiert mich nicht.
Ich benutze nie Lippenstift.

3 Komplimente

Hast du eine neue Brille? Die steht dir gut.
Deine neue Frisur ist toll. Sie macht dich jünger.
Ich finde, das Kleid steht dir super.
Dein Mantel gefällt mir. Wo hast du den gekauft?

Du hast den Test bestanden? Ich finde es toll, wie du das machst.
Dein Text hat mir gut gefallen. Du kannst prima schreiben.

> **i** In den deutschsprachigen Ländern kann man sich häufiger als in manchen anderen Kulturen auch kritisch zu etwas äußern, z. B. sagen, dass einem etwas nicht gefällt. Man muss aber vorsichtig sein und darf den anderen nicht verletzen. Wenn einem etwas nicht gefällt, sagt man z. B. „Das ist nicht **so** mein Geschmack." oder „Das finde ich / gefällt mir nicht **so** gut."

60

sechzig

Grammatik

4 Adjektive nach unbestimmten Artikeln und Possessivartikeln: *ein, kein, mein, dein ...*

Bernd ist (N) ein schöner, schlanker Mann.
Ich habe (A) keinen dunklen Anzug.
Mit (D) deiner neuen Frisur siehst du zehn Jahre jünger aus.

	Maskulinum	Neutrum	Femininum	Plural
	der Anzug	das Hemd	die Brille	die Anzüge/...
N	k/ein neuer Anzug	k/ein neues Hemd	k/eine neue Brille	keine neuen Anzüge/...
A	k/einen dunklen Anzug	k/ein buntes Hemd	k/eine neue Brille	keine bunten Anzüge/...
D	k/einem teuren Anzug	k/einem schönen Hemd	k/einer neuen Brille	keinen teuren Anzügen/...

5 Plural ohne Artikel – Adjektivendung wie bei den Artikeln

N	die Anzüge	Hier sind modische Anzüge/Hemden/Brillen.
A	die Anzüge	Ich trage immer bunte Anzüge/Hemden/Brillen.
D	den Anzügen	Er träumt von teuren Anzügen/Hemden/Brillen.

6 Adjektive nach den bestimmten Artikeln

	Maskulinum	Neutrum	Femininum	Plural
N	der schöne Kopf	das schöne Ohr	die schöne Nase	die schönen Köpfe/Beine/Hände
A	den schönen Kopf	das schöne Ohr	die schöne Nase	die schönen Köpfe/Beine/Hände
D	dem schönen Kopf	dem schönen Ohr	der schönen Nase	den schönen Köpfen/Beinen/Händen

TIPP Die Adjektivendungen lernt man mit der Zeit! Im Zweifel immer -en verwenden.

7 Wortbildung: Adjektive aus Nomen oder Verben: *-ig, -isch, -lich, -bar*

-ig kräftig (die Kraft), stressig (der Stress)
-isch modisch (die Mode), kaufmännisch (der Kaufmann)
-lich sportlich (der Sport), täglich (der Tag)
-bar zählbar (zählen), essbar (essen), tragbar (tragen)

Aussprache

8 Satzakzent

Wenn Sie auf etwas besonders hinweisen möchten, dann hat der Artikel den Akzent.

<u>Der</u> Mann ist sympathisch, <u>den</u> möchte ich kennen lernen.

Endlich Ferien!

Nordsee
Ostsee
Hamburg
November
Juny July
Berlin
MAI July
Köln
Feb

Norden
Westen **Osten**
Süden

März
September
Januar
München
Bodensee
August
Garmisch
CH
A
December
Luzern
I
April (Ostern)

Lernziele 18
- Kurzreisen planen
- Fahrkarten kaufen
- Wetter und Jahreszeiten
- Verbindungen mit *es*

62

zweiundsechzig

18

Ein Jahr Ferien

Im Januar nach Garmisch,
da möcht ich gerne hin.
Im Februar zum Karneval,
Köln hab ich im Sinn.
Im März, da fahr ich
in die Schweiz
und Ostern nach Italien,
da ist es dort schon heiß!

Im Mai bleib ich zu Hause,
mach eine kleine Pause.
Im Juni und im Juli
bin ich dann an der See.
Vom Liegen in der Sonne
tut mir der Rücken weh.

Refrain:
Ich hab Ferien, ein Jahr Ferien,
ich kann es gar nicht glauben.
Ich hab ein ganzes Jahr!

Im August fahr ich zum Bodensee.
Heidi nimmt mich mit.
Wenn wir nach Hause kommen,
dann sind wir schon zu dritt.
Im Herbst muss ich nach München,
nur mal so zum Test.
Es ist zwar erst September,
doch schon Oktoberfest!

Der Regen im November,
der macht mich depressiv.
Da flieg ich in den Süden,
nur raus aus diesem Mief.
Dann kommt der Dezember
mit viel Schnee und Eis.
In Österreich die Berge
sind jetzt so herrlich weiß.

Refrain

1 Ein Jahr Ferien – Hören Sie das Lied und schreiben Sie die Monatsnamen zu den passenden Orten.

2 Schreiben Sie die Monatsnamen zu den Jahreszeiten.

Frühling	Sommer	Herbst	Winter
März, April			

3 Reisen – Sie haben zwölf Monate Zeit und genug Geld. Wohin fahren Sie wann? ▶ S. 186

Im Januar fahren wir nach Mallorca.

Im Februar machen …

wohin? →	wo? ●
Wir fliegen in den Süden.	Wir machen im Süden Urlaub.
gehen in die Berge.	gehen in den Bergen wandern.
fahren an die Ostsee.	gehen an der Ostsee baden.
gehen ans Meer.	machen Urlaub am Meer.
fliegen nach Izmir.	besuchen Verwandte in der Türkei.

4 Jahreszeiten und Geräusche – Hören Sie bitte. Welches Bild passt? Wie heißt die Jahreszeit?

A

B **Natur und Erholung pur!**

C **Wir grüßen euch aus dem Paradies!**

D **So ein Sauwetter!**
Es gibt kein schlechtes Wetter. Es gibt nur schlechte Kleidung.

5 Nordseeurlaub

a Lesen Sie die Postkarte. Welche Jahreszeit ist das?

> Lieber Boris,
>
> stürmische Grüße aus dem Norden! Wir haben alle Jahreszeiten in einer Woche! An zwei Tagen war es so warm, dass wir im T-Shirt spazieren gehen konnten, dann hat es einen Tag fürchterlich gestürmt und es wurde kalt und dann hat es eine Stunde geschneit! Danach war es wieder sonnig. Heute Morgen hatten wir Nebel. Jetzt ist es ziemlich regnerisch und es weht ein starker Wind. Wetter zum Postkartenschreiben!
>
> Alles Liebe
> deine Derya

b Wetter – Lesen Sie die Postkarte in 5a genau. Welche Sätze passen zu welchen Jahreszeiten?

> Zum Frühling passt: „Das Wetter war gemischt."

> „Es war stürmisch", das passt zum Herbst.

6 Urlaubsberichte – Hören Sie zu. Welche Sätze passen zu welchem Text? Kreuzen Sie an.

	Text	1	2	3	4
1.	Am Nachmittag hat es geblitzt und gedonnert.	☐	☒	☐	☐
2.	Das Wetter war gemischt.	☒	☐	☐	☒
3.	Das Wetter war nass und kalt.	☒	☐	☐	☐
4.	Der Himmel war wolkenlos.	☐	☒	☐	☐
5.	Es hat eine Stunde geschneit.	☐	☐	☐	☒
6.	Es hat etwas geregnet.	☐	☐	☒	☐
7.	Es war sonnig.	☐	☒	☐	☒
8.	Es war stürmisch.	☐	☐	☒	☒
9.	Es war windig.	☒	☐	☐	☐
10.	Es war ziemlich stürmisch und bewölkt.	☐	☐	☒	☐
11.	Mittags war es zu heiß.	☐	☒	☐	☐
12.	Wir hatten zehn Zentimeter Schnee.	☐	☐	☒	☐
13.	Wir hatten nur schlechtes Wetter.	☒	☐	☐	☐

7 Wählen Sie ein Bild von Seite 64 aus und schreiben Sie eine Karte.

▶ S. 187

8 Erzählen Sie über Wetter und Jahreszeiten in Ihrem Land.

> Im Sommer ist es manchmal 45 Grad heiß.

Bei uns gibt es	nur zwei Jahreszeiten: Sommer und Winter.
	nur Trockenzeit und Regenzeit.
In meinem Land	regnet es im Sommer oft/selten/nie.
In …	scheint drei Monate meistens die Sonne.
Im Sommer/Herbst/…	gibt es oft Gewitter.
Im Winter	haben wir immer Schnee.
	ist es oft sehr kalt. Minus 15 Grad.

9 Aussprache: emotionales Sprechen – Hören Sie zu und sprechen Sie nach.

● **Du** bist ja braun geworden!↘ **Toll** siehst du aus!↘

○ **Danke**,→ wir hatten auch **nur** schönes Wetter,→ einfach **super**,→ **drei** Wochen lang!↘

● Und **du**?↗ Warum bist du so **blass**?↗

○ Mir war es **zu** heiß,→ **nur** Sonne und **keine** Wolke am Himmel!↘ **Nie** wieder!↘

▶ S. 189

10 Am Fahrkartenschalter – Lesen Sie die Sätze, hören Sie zu und kreuzen Sie an.

1. Der Mann möchte nach Heidelberg fahren. [r] [f]
2. Er will mit dem Auto zurückfahren. [r] [f]
3. Er hat keine Bahncard, aber es gibt eine andere Ermäßigung. [r] [f]
4. Der Zug hat neun Minuten Verspätung. [r] [f]
5. Er will mit einem ICE fahren. [r] [f]
6. Der Regionalexpress ist schneller. [r] [f]
7. Er reserviert einen Platz im Nichtraucherabteil. [r] [f]
8. Er reserviert einen Fensterplatz. [r] [f]

Ihre Verbindungsanfrage							
von:	Würzburg Hbf	Hinfahrt:	13.11.02	Zeit:	09:30 (Abfahrt)	Ändern	Rückfahrt hinzufügen
nach:	Heidelberg Hbf						
Preisangaben:	Einfache Fahrt; 1 Erwachsener ohne BahnCard in der 2. Klasse.					Ändern	

Verbindung	Druckansicht	Grafik	MobilCheck	UmweltMobilCheck				
Ihre Reisemöglichkeiten (Einfache Fahrt)								
Details	Bahnhof/Haltestelle		Ticket	Datum	Zeit	Dauer	Umst.	Produkt
					◀ früher			
☐	Würzburg Hbf Heidelberg Hbf		Zur Buchung	13.11.02 13.11.02	ab 08:37 an 10:57	2:20	1	RE
☐	Würzburg Hbf Heidelberg Hbf		Zur Buchung	13.11.02 13.11.02	ab 09:30 an 11:45	2:15	2	ICE, RE
☐	Würzburg Hbf Heidelberg Hbf		Zur Buchung	13.11.02 13.11.02	ab 09:35 an 12:39	3:04	3	RE, RB
					später ▶			

RE= Regionalexpress, RB= Regionalbahn, ICE=Intercityexpress, IC= Intercity

11 Hören Sie den Dialog noch einmal und lesen Sie mit.

Teil 1: Ort und Datum

● Guten Tag, ich möchte eine Fahrkarte von Würzburg nach Heidelberg.
○ Wann möchten Sie denn fahren?
● Am 13. November.
○ Einfach oder hin und zurück?
● Mit Rückfahrkarte, bitte.
○ Haben Sie eine Bahncard?
● Nein.

Teil 2: Uhrzeit und Zugtyp

○ Um wie viel Uhr möchten Sie fahren?
● Morgens, gegen neun Uhr.
○ Dann können Sie den Intercityexpress um 9.30 Uhr nehmen.
● Gibt es noch eine andere Verbindung?
○ Um 9.35 Uhr fährt ein Regionalexpress. Da müssen Sie aber dreimal umsteigen und brauchen fast 50 Minuten länger.
● Dann nehme ich den ICE.

Teil 3: Reservierung: Klasse und Sitzplatz

○ Möchten Sie reservieren?
● Ja, bitte.
○ 1. oder 2. Klasse?
● 2. Klasse.
○ Raucher oder Nichtraucher?
● Nichtraucher, bitte.
○ Und wo möchten Sie sitzen?
   Am Fenster oder am Gang?
● Am Fenster.
○ Ja, da ist noch ein Platz frei.

Teil 4: Fahrpreis

● Gibt es Ermäßigungen?
○ Ja, wenn Sie sieben Tage vorher buchen, gibt es 40% Rabatt auf den Normalpreis.
● Gut. Was kostet das dann?
○ 48 Euro und 70 Cent.

12 Wählen Sie einen Dialogteil aus und üben Sie zu zweit.

13 Schreiben Sie Dialoge wie in 11 und üben Sie zu zweit.

	Kunde 1	Kunde 2	Wählen Sie
Strecke	München → Hamburg	Bielefeld → Iphofen	
Datum/Dauer	12.3.–16.3.	morgen	
Ermäßigung	Bahncard	nein	
Verbindung	ICE	IC/RB	
Abfahrt/Ankunft	12.36/18.48	??/ca. 15.00	
umsteigen	Hannover	Hannover, Würzburg	
Reservierung	2. Klasse/Nichtraucher	2. Klasse/Raucher/Fenster	
Preis			

▶ S. 190

14 Rollenspiel: Der Ausflug

Sie wollen im Mai eine Kurzreise machen.
Aber Sie haben auch diese Termine:
– Sprachkurs
– 1x Wochenenddienst
– 1x Freitag Geburtstagsfeier
Verteilen Sie Ihre Termine im Kalender und suchen Sie dann im Kurs einen Partner / eine Partnerin für einen Ausflug.
Planen Sie den Ausflug:
– Wohin fahren Sie? Wie lange?
– Wie kommen Sie hin?
– Was wollen Sie dort machen?
Berichten Sie im Kurs.

Mai							
Wo	Mo	Di	Mi	Do	Fr	Sa	So
18			1	2	3	4	5
19	6	7	8	9	10	11	12
20	13	14	15	16	17	18	19
21	20	21	(22)	23	24	25	26
22	27	28	29	30	31	1	2
23	3	4	5	6	7	8	9

Wir fahren vom 24. bis zum 26. weg.

Wir fahren mit …

Wir wollen nach … fahren.

Deutsch verstehen

Reisen – reisen – reisen

> In Deutschland gibt es ein gutes Eisenbahnnetz und viele Angebote für Busfahrten. Sehr beliebt sind Kurzreisen über ein Wochenende oder einen Feiertag. Reiseunternehmen haben vielfältige Angebote im Programm und so kann man oft sehr billig allein, zu zweit oder als Gruppe für ein paar Tage verreisen.

multy choice

① **Panorama-Rundfahrten**
Tagestour von München nach Neuschwanstein! Abfahrt 9.00 Uhr
Besichtigung incl. pro Pers. nur 41 EUR
Und viele Sonderfahrten zum günstigen Preis! Tel. 089 - 360961

② **Schönes-Wochenende-Ticket**
5 Leute – ein Tag – nur 28 EUR.
Gilt Sa und So in allen Nahverkehrszügen, 2. Klasse ohne Kilometerbeschränkung

③ **Das Guten-Abend-Ticket**
Im ICE für nur 36 EUR!
Gültig von Mo bis Do von 19 Uhr bis 3 Uhr früh des Folgetages,
Sa ab 14.00 Uhr, mit 8 EUR Aufpreis

15 Lesen Sie die Aufgaben 1–8 und die Anzeigen. Welche Anzeigen passen zu welchem „Problem"? Es kann mehrere Lösungen geben. Wenn keine passt, machen Sie ein X.

1. Von Ihrem Kursort sind es 580 km nach Berlin. Was ist die billigste Reisemöglichkeit? ___
2. Familie Pawlowski (4 Kinder von 3 bis 14 J.) aus Dresden möchte am Wochenende verreisen. Welches Angebot wählt sie? ___
3. Jutta Bewig war für ihre Firma am Mittwoch in Frankfurt. Sie möchte noch am selben Abend zurück nach Hamburg. ___
4. Sie suchen fürs Wochenende ein Doppelzimmer in einem billigen Hotel. ___
5. Sie machen mit Ihrer Freundin Urlaub in München. Sie wollen einen Tagesausflug machen. In welchen Anzeigen finden Sie Informationen? ___
6. Sie planen zu viert einen Tagesausflug. Welche Reisemöglichkeit ist am billigsten? ___
7. Der SV Werder Bremen muss zu einem Fußballspiel nach München. Es sind 16 Personen. Eine Reisemöglichkeit steht in Anzeige ___
8. Sie planen mit Ihrer Familie eine Stadtrundfahrt durch Dresden. Wo rufen Sie an? ___

16 Der Kegelclub „Concordia" aus München möchte einen Ausflug machen.

a Ein Telefongespräch vorbereiten – Der Vorsitzende, Horst Spanner, ruft ein Busunternehmen an. Was möchte er wissen? Welche Informationen braucht die Busfirma? Sammeln Sie Fragen im Kurs.

Horst Spanner	Busunternehmen
Wie viel kostet ein Bus am Tag?	Wie viele Personen sind Sie?
Haben Sie Sonderangebote?	Wann …

④ www.mitfahrzentrale.de
Fahren Sie einfach mit! Von Haustür zu Haustür!
Preisbeispiel für eine Person: 600 km für nur 30 Euro!

⑤ **Das Sachsen-Ticket € 21**
Gilt für Reisen quer durch Sachsen, Sachsen-Anhalt und Thüringen.
Mo–Fr von 9.00 Uhr bis 3.00 früh des Folgetags reisen 5 Personen oder eine Familie mit allen Kindern (bis 17 Jahre) mit allen Nahverkehrszügen.

⑥ Unser Preishit:
Ein Tagesausflug nach Salzburg.
Erw. 14 EUR, Kind (bis 14 J.) 6 EUR.
Täglich Abfahrt 9.00 Uhr, Rückkehr gegen 20.00 Uhr.
Rufen Sie uns an, wir beraten Sie gerne! Tel. 83 45 88

⑦ www.bahn.de
Preisbeispiele für Gruppenreisen (DB)
Gruppenpreise erhalten Sie schon ab 6 Erwachsenen
(2 Kinder = 1 Erwachsener)
Bremen–München mit dem ICE
pro Person EUR 31,–

b Hören Sie das Telefongespräch von Herrn Spanner. Welche Anzeige passt?
c Hören Sie noch einmal. Welche Fragen von Ihnen werden beantwortet? Machen Sie Notizen.

17 Projekt

- Sie möchten mit Ihrem Kurs am Sonntag einen Ausflug machen. Entscheiden Sie, wohin Sie fahren möchten. Sammeln Sie Angebote von Busunternehmen.
- Welche Angebote macht die Bundesbahn (Wochenendticket, Gruppenreisen usw.)?
- Wo gibt es Leihräder? Was kosten sie?
- …

Strukturen verstehen

18 Wortbildung

In den Texten und Anzeigen finden Sie viele zusammengesetzte Wörter. Markieren Sie die Wörter und arbeiten Sie mit dem Wörterbuch. Wie viele Komposita können Sie „entschlüsseln"?

Gruppenpreis	die Gruppe + der Preis
	Der Preis, wenn mehrere Personen reisen.
Eisenbahnnetz	die Eisenbahn (das Eisen + die Bahn) + das Netz
	Die Linien von der Eisenbahn. / Wohin man fahren kann.

Auf einen Blick

Im Alltag

1 Jahreszeiten

Frühling	März • April • Mai • Juni	Frühlingsanfang: 20./21.3.
Sommer	Juni • Juli • August • September	Sommeranfang: 21.6.
Herbst	September • Oktober • November • Dezember	Herbstanfang: 22./23.9.
Winter	Dezember • Januar • Februar • März	Winteranfang: 21./22.12.

2 Wie ist das Wetter? Es ist …

sonnig • bewölkt • windig • stürmisch • regnerisch • nass – trocken • neblig • kalt – heiß • glatt

Die Sonne scheint, der Himmel ist blau und keine Wolke ist am Himmel.
Es ist kalt und ungemütlich.
Es ist zu heiß – mindestens 32 °C!
Es regnet den ganzen Tag.
Es schneit, wir haben schon 10 cm Schnee.
Heute Morgen war es ziemlich neblig.
Hoffentlich haben wir morgen schönes Wetter!
Wir haben schlechtes Wetter.

3 Fahrkarten kaufen

Die Kundin / Der Kunde

Eine Fahrkarte nach München, bitte.
Gibt es eine Ermäßigung?
Wie oft muss ich umsteigen?
Wie lange habe ich da Aufenthalt?
Auf welchem Gleis fährt der Zug ab?
Wann fährt der nächste Zug nach Ulm?
Wann bin ich in Ulm?
Wie lange dauert die Fahrt?

Die Mitarbeiterin / Der Mitarbeiter

Einfach oder hin und zurück?
Mit Rückfahrkarte?
Haben Sie eine Bahncard?
Möchten Sie einen Platz reservieren?
1. oder 2. Klasse?
Raucher oder Nichtraucher?
Großraum oder Abteil?
Fenster oder Gang?

Grammatik

4 Verbindungen mit *es*

Wetter	Es regnet.	Wie lange regnet es schon?
	Es schneit.	Hat es in München geschneit?
	Es ist neblig.	War es heute Morgen sehr neblig?
	Es ist stürmisch.	Wie lange ist es schon so stürmisch?
unpersönliche Ausdrücke	Es ist wichtig/richtig, dass man (viel) Urlaub macht.	
	Es tut mir Leid.	
	Es tut mir Leid, dass dir der Urlaub nicht gefallen hat.	
	Es gibt viel zu tun.	
	Es ist kalt.	
persönliches Befinden	● Wie geht es dir? ○ Mir geht es super.	
	Ich esse gern. Es schmeckt mir immer!	
	Es tut weh.	

5 Wortbildung

a Nomen aus Adjektiv + *-heit/-keit*

schön	die Schön**heit**	möglich	die Möglich**keit**
krank	die Krank**heit**		
gesund	die Gesund**heit**		

b Nomen aus Verb + *-ung*

pack**en**	die Pack**ung**	rechn**en**	die Rechn**ung**
entschuldig**en**	die Entschuldig**ung**	anmeld**en**	die Anmeld**ung**
wohn**en**	die Wohn**ung**	einlad**en**	die Einlad**ung**

Nomen mit den Endungen *-heit*, *-keit*, *-ung*, *-tion*, *-schaft*, *-tur* sind immer Femininum.

Aussprache

6 Emotionales Sprechen

TIPP Sprechen Sie einzelne Sätze oder kurze Texte mit verschiedenen Emotionen.

erstaunt   ängstlich   ärgerlich   erfreut/begeistert

einundsiebzig

Raststätte

❶ Wiederholungsspiel – Drei in einer Reihe

Sie können das Spiel zu zweit oder zu viert (in zwei Gruppen) spielen. Sie brauchen je 15 Münzen.

Das Spiel:
1. Legen Sie eine Münze auf ein Feld: gelb, grün oder blau.
2. Das andere Team wählt eine Aufgabe aus: gelb, grün oder blau.
3. Wenn Sie die Aufgabe lösen, dann kann Ihre Münze liegen bleiben und Sie spielen weiter.
4. Wenn nicht, dann müssen Sie die Münze wieder wegnehmen und das andere Team spielt weiter.
5. Wer drei Münzen in einer Reihe hat, bekommt einen Punkt. Die Münzen bleiben liegen.
6. Wer zuerst fünf Punkte hat, hat gewonnen.

zweiundsiebzig

Aufgaben

1. Thema „Verkehr": 8 Wörter
2. Thema „Lebensmittel": 10 Wörter
3. Nennen Sie ein passendes Verb: Auto … – zu Fuß … – ein Fest … – Kaffee …
4. Sprechen Sie die Zahlen: 135 – 2.365 – 11.111 – 234.690 – 8.000.000
5. Wie heißen die Monate und Jahreszeiten?
6. Schule in Deutschland: Nennen Sie zwei Schularten.
7. Nennen Sie sechs Kleidungsstücke.
8. Bilden Sie Adjektive: *Regen – regnerisch, Sonne – …, Wolke – …, Wind – …, Nebel – …*
9. Nennen Sie fünf Feste.
10. Was haben Sie gestern gemacht? Nennen Sie fünf Tätigkeiten.

---

1. Ihre Meinung zum Thema „Schule": Ich finde, dass …
2. Wie viele Jahre geht man zur Realschule?
3. Ergänzen Sie bitte: Schule muss Spaß machen, weil …
4. Ergänzen Sie bitte: Beim Lernen ist es wichtig, dass …
5. Ergänzen Sie bitte: Nach dem Deutschkurs werde …
6. Ergänzen Sie bitte: Sie trägt einen … Rock (blau), eine … Bluse (modisch) und … Schuhe (schwarz).
7. Beschreiben Sie eine Kursteilnehmerin (drei Informationen).
8. Material: Der Pullover ist aus …, die Bluse aus … und die Tasche aus …
9. Im Bahnhof – Fragen Sie: Preis / Berlin–Dresden / ?
10. Beschreiben Sie ein Mitglied Ihrer Familie (vier Informationen).
11. Ergänzen Sie bitte: Ein/e … ist ein praktisches Geschenk, weil …
12. Ergänzen Sie bitte: Ich trage gerne …, weil …
13. Thema „Freizeit": Wenn ich viel Zeit habe, …
14. Im Reisebüro: Angebote/Wochenende / Berlin oder München oder … / Preis/Termin / ?
15. Sie haben eine Woche Zeit und viel Geld für den Urlaub. Was machen Sie? Warum?

---

1. Thema „Schule" – Geben Sie je eine Information: 1. Schulzeit 2. Abschlüsse 3. nach der Schule
2. Warum sind Fremdsprachen wichtig?
3. Machen Sie Ihrem Mitspieler / Ihrer Mitspielerin zwei Komplimente.
4. Welche berühmte Person finden Sie schön? Warum?
5. Beschreiben Sie kurz ein Fest in Ihrem Heimatland: Name, Datum, Essen, Getränke, Geschenke, Musik …
6. Wie ist das Wetter im Moment? Schauen Sie aus dem Fenster und beschreiben Sie, was Sie sehen.
7. Was ist/war Ihr Traumberuf? Warum?
8. Wohin fahren Sie gerne im Urlaub? Warum?
9. Welche Jahreszeit mögen Sie besonders gern? Warum?
10. Ein Geschenk für Ihre Mitspielerin/Ihren Mitspieler: Was schenken Sie ihr/ihm? Warum?

Raststätte

❷ Die Reise ins Dreiländereck

„Eaawiiin!"
Herr Söderbaum heißt eigentlich Erwin. Aber wenn Frau Söderbaum aufgeregt ist,
ruft sie ihren Mann immer „Eaawiiin!".
„Eaawiiin, kommst du mal!"
„Ich komme!"
Herr Söderbaum legt die Zeitung weg, sucht seine
Hausschuhe und geht in die Küche.
„Was gibt's, Elfriede?"
„Eaawiiin, schau mal. Was ist das?"
„Was denn?"
„Hier, das war heute in der Post."
Erwin Söderbaum liest den Brief:

„Herzlichen Glückwunsch! – Sie haben gewonnen!
Liebe Familie Söderbaum, die Mölnex AG gratuliert.
Sie gehören zu den glücklichen Gewinnern unseres
Mölnex- Knusperchips-Preisausschreibens!
Eine Wochenendreise für vier Personen, mit Werksbesichtigung der
Mölnex AG in Friedrichshafen und 100 Packungen Mölnex-Knusperchips!"

Herr Söderbaum schaut seine Frau an.
„Ich mag das Zeug überhaupt nicht. Das klebt immer an den Zähnen und man kriegt Durst davon.
Wo ist eigentlich Friedrichshafen, im Osten?"
„Das ist doch egal. Hauptsache Ferien! Mal raus hier! Lies mal fertig."
„... Bitte setzen Sie sich mit unserem Mitarbeiter Urs König, Tel. 07541 – 6833286, in Verbindung.
Vorwahl null sieben, das muss im Osten sein …"
„Quatsch! Null sieben ist im Süden und Friedrichshafen liegt am Bodensee. Klasse!
Ruf doch gleich mal an!"
„Jetzt noch? Die haben bestimmt schon Feierabend. Das mach ich morgen im Büro."
„Eaawiiin!"
„O.k., o.k., ich mach schon."

a Notieren Sie zu 1–5 die passenden Wörter aus dem Text.

Familie Söderbaum hat an einem ① teilgenommen. Sie hat eine ② an den ③ gewonnen.
Herr Söderbaum mag keine ④. Aber seine Frau will, dass er sofort Herrn ⑤ anruft.

b Das Telefongespräch – Hören Sie zu. Richtig oder falsch? Kreuzen Sie an.

1. [r] [f] Die Festspiele sind in Friedrichshafen.
2. [r] [f] Der „Säntis" ist ein Berg im Appenzeller Land in der Schweiz.
3. [r] [f] Im Parkhotel gibt es mittags ein Vier-Gänge-Menü.
4. [r] [f] Am Sonntag machen Söderbaums einen Zeppelin-Rundflug.
5. [r] [f] Am Samstag fahren sie von Deutschland in die Schweiz und nach Bregenz in Österreich.

c Hören Sie das Telefongespräch noch einmal. Notieren Sie das Programm:

Freitag	Samstag	Sonntag
Bundesbahn 1. Klasse		

vierundsiebzig

d Was sagt Herr Söderbaum seiner Frau? Spielen Sie.

1. Er ist begeistert. 2. Er hat keine Lust auf die Reise.

Felix Söderbaum, 14, kommt vom Training nach Hause.
Seine Mutter öffnet die Haustür und nimmt ihren Sohn in die Arme.
„Felix! Schatz! Wir haben gewonnen! Beim Preisausschreiben der Chipsfirma …"
„Wir? – Ich hab gewonnen!"
„Wie bitte?"
„Ich hab gewonnen. Alle aus unserer Klasse haben mitgemacht. Und wer gewinnt, nimmt seine
drei besten Freunde mit. Ich muss gleich mal anrufen."
„Guten Abend zusammen!"
„Hallo, Elfi. Wie war's beim Babysitten?"
„Schon o.k. Ist Post für mich da?"
„Von Mölnex-Knusperchips?", fragen beide Eltern
gleichzeitig.
„Genau! Meine Lieblingschips! Ich hab mit der
Clique beim Preisausschreiben mitgemacht, und
wenn wir gewinnen …"

e Wählen Sie einen Schluss der Geschichte.

1. Die Familie streitet sich heftig und niemand fährt. Seit diesem Tag darf keiner mehr Knusperchips essen oder den Namen der Firma Mölnex nennen.
2. Alle reden miteinander und fahren zusammen an den Bodensee.
3. Felix und Elfi haben beim Preisausschreiben mitgemacht. Sie machen ein Würfelspiel, und wer gewinnt, fährt mit seinen Freunden/Freundinnen.
4. …

❸ Internet-Projekt: Das Drei-Länder-Eck

Sie haben das Preisausschreiben gewonnen! Planen Sie zu viert Ihr Programm.
Aus www.bodenseeferien.de:

Der Erlebnis-See. Die Vielfalt der Ausflugsziele garantiert
einen erlebnisreichen Aufenthalt am Bodensee.
Wo sonst können Sie am Morgen in Deutschland frühstücken,
das Mittagessen in der Schweiz auf 2.500 Metern Höhe einnehmen
und abends in Österreich große Oper auf einer der schönsten
Freilichtbühnen der Welt erleben?

www.friedrichshafen.de    www.saentisbergbahn.ch    www.bregenzerfestspiele.com

Raststätte

4 Hörverstehen: Zwei Wetterberichte
a Hören Sie zu. Welcher Wetterbericht passt zu welcher Wetterkarte?

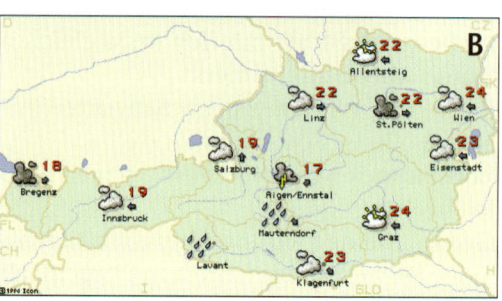

b Hören Sie noch einmal.

1. Morgen ist das Wetter in der Südschweiz …
2. Morgen sind die Temperaturen in der ganzen Schweiz … als heute.
3. In Österreich ist es heute mal … und mal … und es … immer wieder.
4. Die Temperaturen gehen bis … Grad.
5. In 2.000 Meter wird es nur … Grad warm.
6. Morgen ist das Wetter auch nicht … als heute.

Effektiv lernen

5 Briefe schreiben kann man systematisch üben. Drei Schritte:

1. **Vor dem Schreiben:**

   a) Nehmen Sie sich Zeit. Fragen Sie sich:
      – Was will ich schreiben? Einladung/Gratulation/Entschuldigung / Brief beantworten …
   b) Sammeln Sie Wörter/Sätze auf Deutsch. Das Wörterbuch kann helfen.
   c) Überlegen Sie: Gibt es irgendwo ein Beispiel/Modell für meinen Text?
   d) Ordnen Sie Ihre Stichwörter: Anfang – Mitte – Ende.

2. **Beim Schreiben:**

   – Schreiben Sie kurze, einfache Sätze.
   – Machen Sie Abschnitte.
   – Brief? Vergessen Sie nicht das Datum, die Anrede und den Gruß am Ende.

3. **Nach dem Schreiben:**

   – Lesen Sie den Text dreimal durch:
   a) Habe ich alles gesagt?
   b) Stehen die Verben richtig? Stimmen die Zeiten?
   c) groß/klein/Endungen

6 Eine deutsche Freundin hat Ihnen aus Italien geschrieben.
a Beantworten Sie den Brief.
b Kontrollieren Sie Ihre Briefe im Kurs gegenseitig.

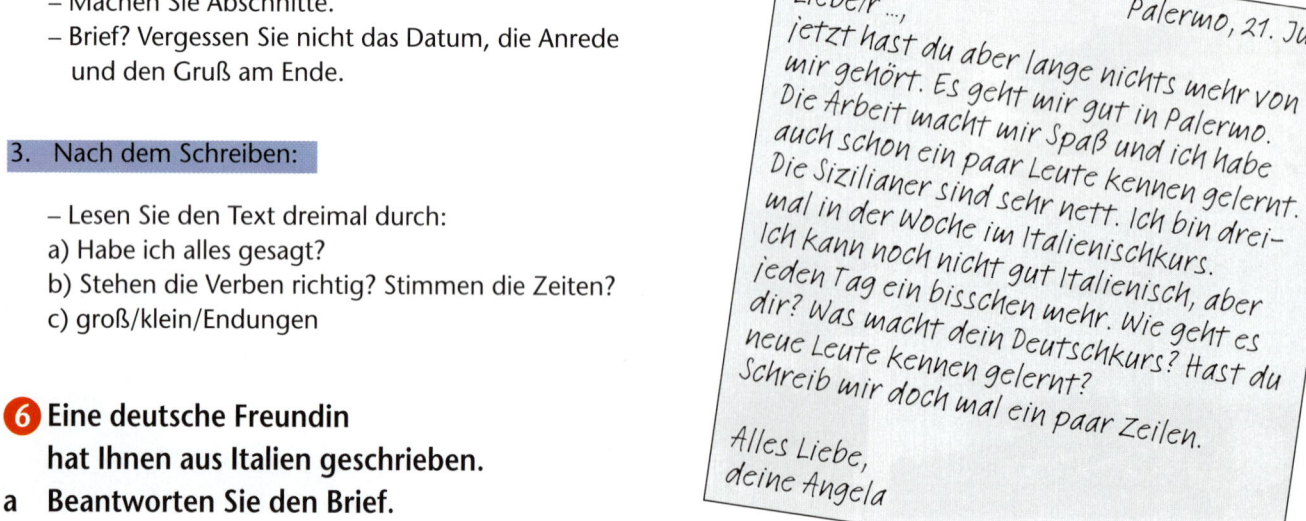

Palermo, 21. Juni

Liebe/r …,

jetzt hast du aber lange nichts mehr von mir gehört. Es geht mir gut in Palermo. Die Arbeit macht mir Spaß und ich habe auch schon ein paar Leute kennen gelernt. Die Sizilianer sind sehr nett. Ich bin dreimal in der Woche im Italienischkurs. Ich kann noch nicht gut Italienisch, aber jeden Tag ein bisschen mehr. Wie geht es dir? Was macht dein Deutschkurs? Hast du neue Leute kennen gelernt?
Schreib mir doch mal ein paar Zeilen.

Alles Liebe,
deine Angela

✓ Was kann ich schon?

7 Machen Sie die Aufgaben 1–8. Kontrollieren Sie im Kurs.

1. Meinungen über Schule und Ausbildung. Notieren Sie.

   + Ich finde (wichtig/gut), dass …   Es ist nicht …
   Es ist (wichtig/gut), dass …   Ich finde nicht …

2. Wie ist die richtige Reihenfolge?

   Hauptschule • Kindergarten • Realschulabschluss • Grundschule • Lehre

3. Thema „Kleidung"
   Beschreiben Sie Ihren Kursleiter / Ihre Kursleiterin.

4. Über Zukunftspläne sprechen.

   – In einer Woche …   – In einem Jahr …   – In fünf Jahren …

5. Komplimente machen – Wählen Sie drei Personen aus dem Kurs oder andere Bekannte aus. Was gefällt Ihnen besonders gut? Schreiben Sie Komplimente.

   Person A _____
   Person B _____
   Person C _____

6. Personen beschreiben – Ergänzen Sie die Adjektivendungen.

   Mein Traummann hat braun__ Augen, eine groß__ Nase, klein__ Ohren, lang__, schwarz__ Haare, eine modisch__ Brille und lang__ Beine. Er muss mindestens 1,90 groß__ und 98 kg schwer sein.
   Er trägt am liebsten sein__ blau__ Jeans, gelb__ Strümpfe, ein__ rot__ Hemd und einen gestreift__ Pullover.
   Sein__ grau__ Schuhe zieht er leider nur am Sonntag an.

7. Thema „Wetter" – Wie ist das Wetter heute?   Wie war das Wetter gestern und wie wird es morgen?

8. Eine Fahrkarte kaufen – Antworten Sie bitte.

   ● Was möchten Sie?   ○ …
   ● Wann möchten Sie denn fahren?   ○ …
   ● Um wie viel Uhr möchten Sie fahren? ○ …
   ● Einfach oder hin und zurück?   ○ …

   Mein Ergebnis finde ich: ☺   😐   ☹

Komm doch mit!

A Inka Moy
Im Sommer ist es einfach, jemanden zu treffen. Man muss nur in den Park gehen und mit anderen Volleyball oder Tischtennis spielen. Nach dem Spiel gehen immer einige etwas trinken. Aber im Winter… Wer da nicht seinen Freundeskreis hat, der kann sehr allein sein. Viele meinen, dass man in der Kneipe schnell Leute kennen lernen kann. Aber ich habe da noch niemanden kennen gelernt.

B Paul Epp und Mark
Ich gehe oft mit meinem Sohn in den Park auf den Spielplatz. Er spielt und ich sitze auf einer Bank und schaue ihm zu. Alle Mütter unterhalten sich. Ich lese Zeitung oder höre Discman. Ab und zu treffe ich mich auch mit Bekannten. Wir bringen etwas zum Essen und Trinken mit und machen mit allen Kindern Picknick oder wir grillen.

Luisenpark Mannheim
- eine der schönsten Parkanlagen Europas -

1 Texte und Bilder

a Lesen Sie die Texte A–D. Welche Abbildungen passen? Ordnen Sie zu.

Text	A	B	C	D
Bild	___	___	___	___

b Aktivitäten – Sammeln Sie Freizeitaktivitäten aus den Texten und ergänzen Sie weitere im Kurs. Sprechen Sie dann über die Fotos.

Picknick machen					
sich unterhalten					

Lernziele 19

- über Freizeitaktivitäten sprechen
- Meinungen äußern
- Indefinita: *etwas, viele, jemand* …
- Verben mit Präpositionen

Komm mit zur VHS

③ Digitale Fotografie für Anfänger

Die Welt anders sehen

Bilder machen
Bilder bearbeiten

6 Abende und 2 Foto-Expeditionen am Wochenende

C Miriam Favre
Als ich etwas Deutsch konnte, bin ich in andere Volkshochschulkurse gegangen. Ich habe z.B. einen Nähkurs gemacht und einen Kochkurs. Da habe ich viele Leute kennen gelernt, einige sind heute meine besten Freunde. Im nächsten Semester will ich einen Fotografiekurs machen.

D Holger Seins
Im Sommer gehe ich oft in den Park zum Schachbrett. Da trifft man fast immer jemanden. Und wenn mal keiner da ist, dann macht das auch nichts. Dann setze ich mich in die Sonne und lese. Im Winter geh ich ab und zu in den Schachclub, wenn da Turniere sind.

2 Was machen Sie gern? – Sprechen Sie im Kurs.

▶ S. 196

☺
Ich mag …
Ich gehe gern in …
Das ist eine gute Idee.

☹
Ich mag Fußball/… nicht. Ich finde … besser.
Ich spiele nicht gern …
Das finde ich nicht so gut. Ich gehe lieber …

Sport im Park finde ich gut. Gibt es das hier auch?

Ich finde das nicht so gut. Ich spiele lieber im Sportverein.

neunundsiebzig

3 Thema „Freizeit" – Machen Sie Interviews im Kurs.

Hier sind zwölf Fragen. Suchen Sie sechs aus und fragen Sie zwei andere Kursteilnehmer/innen.
Sie können auch eine Frage selbst formulieren. Berichten Sie im Kurs.

1. Was ist Freizeit für dich?
2. Wie viel Freizeit hast du?
3. Wann hast du freie Zeit?
4. Was machst du in deiner Freizeit im Sommer/Winter?
5. Wie viel Freizeit verbringst du vor dem Fernseher (allein / mit Freunden)?
6. Machst du Sport? Welche Sportart?
7. Hast du ein Hobby?
8. Bist du in einem Verein? / Warst du zu Hause in einem Verein?
9. Machst du in der Freizeit viel mit Freunden zusammen?
10. Möchtest du gerne mehr Leute kennen lernen?
11. Brauchst du viel Geld für deine Freizeit?
12. Nimm mal an, du hast viel Geld und das ganze Wochenende Zeit. Was machst du?

Birsen hat gesagt, dass sie nur am Wochenende etwas Freizeit hat. Im Sommer …

Ich habe nicht viel Freizeit. Nur etwas am Wochenende.

Er/Sie hat gesagt, dass …

4 Aussprache: Wörter verbinden – Hören Sie und sprechen Sie nach.

Und‿du / machst‿du	Und‿du? Was machst‿du in deiner Freizeit?
Brauchst‿du	Brauchst‿du viel Geld in deiner Freizeit?
fünf‿Wochen	Sie hat fünf‿Wochen keinen Sport gemacht.
mag‿Gerd	Welche Sportart mag‿Gerd?
Auf‿Wiedersehen	Auf‿Wiedersehen, bis zum nächsten Mal.

achtzig

5 Indefinita

Wählen Sie auf S. 78/79 je zwei Texte aus und markieren Sie diese Wörter.

Personen	man (Sg.) – jemand (Sg.) – niemand (Sg.)
Sachen	etwas (Sg.) – nichts (Sg.)
Personen/Sachen	alle (Pl.) – viele (Pl.) – einige (Pl.)

6 Lesen Sie die Tabelle und ergänzen Sie die Sätze mit den passenden Indefinita. Einige müssen Sie verändern.

▶ S. 197

	nur Singular	nur Plural
Nominativ	jemand, niemand	alle, viele, einige
Akkusativ	jemand(en), niemand(en)	alle, viele, einige
Dativ	jemand(em), niemand(em)	allen, vielen, einigen

1. In Kneipen sind zwar oft _____ Leute, aber man kann nur manchmal __jemanden__ kennen lernen (A). (jemand/viele)
2. _____ Deutsche sind in Vereinen, aber _____ mögen Vereine überhaupt nicht. (viele/einige)
3. ● Kennen (A) Sie _____ auf dieser Party? ○ Nein, _____. (niemand/jemand)
4. Im Sommer mache ich _____ Sport, aber im Winter mache ich fast _____, höchstens ab und zu spazieren gehen. (nichts/etwas)
5. ● Hast du schon mit (D) _____ aus deinem Haus Kontakt? ○ Nein, ich kenne (A) _____, aber nächste Woche lade ich Nachbarn zum Kaffee ein. (niemand/jemand)
6. ● _____ kann nie genau sagen, wie das Wetter morgen wird, aber das macht auch _____. (nichts/man)
7. Sehr _____ Singles leben allein, aber _____ leben lieber in Wohngemeinschaften. (einige/viele)

7 Pronomen: *eine(r) – keine(r) – meine(r) / eins – keins – meins ...* – Schreiben Sie bitte.

▶ S. 198

1. das T-Shirt — Ist das dein T-Shirt? — Ja, das ist mein...
2. die Uhr — Hast du eine Uhr? — Nein, ich habe k...
3. der Ball — Ich suche einen Ball. — Unter dem Tisch liegt e...
4. die Tasche — Ist das Helgis Tasche? — Ja, ich glaube, das ist i...
5. der Kuli — Ist das dein Kuli? — Nein, ich habe k... dabei.
6. das Handy — Hast du ein Handy? — Ich hab m... verloren.

Ja, das ist meins.

8 Vereine in Deutschland

a Lesen Sie den Text und notieren Sie die Informationen zu den Zahlen und Stichwörtern.

150 • 70 • 0,5 Mio. • 25% • 4/5 • Aktivitäten • Deutsche/Ausländer

Im Verein ist das Hobby am schönsten!

Vereine gibt es in Deutschland seit über 150 Jahren. Es sind heute über eine halbe Million mit etwa 70 Millionen Mitgliedern. Die häufigsten sind die Turn- und Sportvereine. Fast jeder vierte Deutsche interessiert sich für Sport und ist Mitglied in einem Sportverein. Viele sind Mitglied in vier, fünf oder noch mehr Vereinen. In Vereinen treffen sich Schützen und Briefmarkensammler, Wanderer und Karnevalisten, Amateurfunker und Hundezüchter. Hier engagiert man sich für das gemeinsame Hobby, aber man achtet auch auf die Geselligkeit. Die Mitglieder machen zusammen Ausflüge und feiern zusammen. Es gibt auch viele von Ausländern gegründete Vereine, z.B. FC Espagnol, SC Zagreb, Türk Gücü. Um den Kontakt zwischen Deutschen und ausländischen Mitbürgern kümmern sich viele „Freundschaftsgesellschaften".

b Schreiben Sie Fragen zum Text und fragen Sie sich gegenseitig im Kurs.

Seit wann … ? • Wie viele …? • Was macht …? • Gibt es auch …? …

9 Verben mit Präpositionen – Markieren Sie diese Verben im Text in 8 und ergänzen Sie dann 1–4 mit den passenden Verben.

(sich) kümmern um • (sich) engagieren für • achten auf • (sich) interessieren für

1. Fußballvereine finde ich langweilig, aber ich _____ mich _____ Schach.
2. „Amnesty International" _____ sich _____ politisch verfolgte Menschen.
3. Viele Menschen _____ sich _____ eine saubere Umwelt.
4. Man muss auch sehr _____ die privaten Kontakte mit Kollegen _____.

▶ S. 199

10 Vereine in Edingen-Neckarhausen

a Sehen Sie sich die Liste auf S. 83 an. Welche Ausdrücke passen zu welchen Vereinen?

ich singe gern • er hilft gern Menschen • wir machen jeden Tag Sport • ich spiele gern Karten • ich angle gern • wir kegeln immer freitags • am liebsten bin ich in der Natur • sie spielt gut Tennis • ich fotografiere viel • wir mögen Tiere

> Er ist beim Deutschen Roten Kreuz.
> Er hilft gerne Menschen.

19

Edingen–Neckarhausen liegt in Baden-Württemberg. Der Ort hat etwa 14000 Einwohner und mehr als 70 Vereine. Hier sind einige davon:

Arbeitersängerbund
Anglerverein
Behindertensportverein
Bridge-Club e.V.*
Centro Cultural Espagnol e.V.
Deutsches Rotes Kreuz
Deutsch-Türkische Freundschaftsgesellschaft
FC Victoria 08
Fotogruppe im Heimatbund
Gesangverein Germania e.V.
Hundesportverein 1954 e.V.

Karnevalsgesellschaft Edingen Kälble e.V.
Keglergemeinschaft
Kleingärtnerverein
Kleintierzuchtverein
Motorrad-Club „Nomade"
Musikvereinigung 1923 e.V.
Radsportverein
Schachclub 1960
Verein der Schlossparkfreunde
Tennisclub Grün-Weiß 1974 e.V.
Turnverein 1890 e.V.

* e.V. = eingetragener Verein

www.edingen-neckarhausen.de

b Welche Vereine finden Sie interessant?

- Ich interessiere mich für den Musikverein. Ich singe gern.
- Ich kümmere mich gern um …
- Ich finde es gut, dass sich Leute für … engagieren.
- Was ist ein „Kleintierzuchtverein"?
- Die züchten Hühner, Hasen usw.

11 Kontakte – Herr Katano und Frau Dimitrov sagen, welche Kontakte sie haben.

a Hören Sie zu. Was passt zu wem?

1. Ich bin in vielen Vereinen.
2. Ich treffe meine Kollegen nur bei der Arbeit.
3. Ich kenne viele Leute.
4. Ich habe Glück, dass ich Verwandte hier habe.
5. Vereine machen auch Feste und Ausflüge.

b Ratschläge – Was kann Frau Dimitrov tun? Geben Sie ihr Tipps.

Volkshochschule • Kollegen ins Kino einladen • Sportverein • Gesangverein …

- Wenn sie gern tanzt, dann …
- Vielleicht kann sie …

12 Projekt: Freizeitmöglichkeiten in Ihrer Region – Machen Sie ein Informationsplakat oder eine kleine Informationsbroschüre.

Wo trifft man viele Menschen?
Wo kann man Picknick machen / grillen?
Wo kann man Sport machen?
Welche Angebote gibt es für Familien?
Was kostet wenig Geld?
Wo treffen sich Deutsche und Ausländer?
Welche Vereine gibt es (Musik, Sport, Soziales, sonstige Hobbys …)?

▶ S. 200

Deutsch verstehen

13 Interview mit Gerd Brecht aus Edingen-Neckarhausen.

a   Sehen Sie sich die Fotos an und hören Sie das Interview. Welche Fotos passen zum Interview?

b   Was sagt Herr Brecht? Hören Sie das Interview noch einmal und kreuzen Sie an: [a], [b] oder [c].

1. Wie alt ist Herr Brecht?
   - [a] 65 Jahre
   - [x] 60 Jahre
   - [c] 56 Jahre

2. Was ist Herr Brecht von Beruf?
   - [a] Schachspieler
   - [b] Gemeinderat
   - [c] Lehrer

3. In wie vielen Vereinen ist er Mitglied?
   - [a] In keinem.
   - [b] In zwei.
   - [c] In drei.

4. Das Vereinsleben ist für ihn wichtig, weil
   - [a] er hier Leute mit den gleichen Meinungen trifft.
   - [b] er hier nicht arbeiten muss.
   - [c] er hier Leute mit gleichen Hobbys trifft.

5. Einige Vereine haben Probleme, weil
   - [a] zu wenige junge Leute sich engagieren.
   - [b] es zu viele Gemeinderäte gibt.
   - [c] viele Leute keine Hobbys mehr haben.

6. Die Vereine sind wichtig für die Gemeinde,
   - [a] denn sie bieten billige Freizeitaktivitäten an.
   - [b] denn sie bringen die Menschen zusammen.
   - [c] denn sie verdienen viel Geld.

c   Was kann man Herrn Brecht noch fragen?

Geld • Zeit • Jugendliche • Tätigkeiten

14 Zeitungsanzeigen

a Lesen Sie die Anzeigen a–f und die Aufgaben 1–5.
Welche Anzeige passt zu welcher Situation? Es gibt z.T. mehrere Möglichkeiten.

1. Sie wollen eine Woche Ferien machen. _____
2. Eine Freundin von Ihnen macht gerne Sport im Freien. _____
3. Sie möchten Ihre Region genauer kennen lernen. _____
4. Sie möchten gern mit anderen Leuten in Urlaub fahren. _____
5. Sie suchen Kontakt, aber Sie machen nicht so gern Sport im Freien. _____

ⓐ Hallo, Fußballfrauen! Wir suchen noch Spielerinnen! Je mehr wir sind, desto größer ist der Spaß! Kommt vorbei – jeden Freitag um 17.00 Uhr. Verein Rote Zora, Tel. 0421-992441

ⓑ **Kegelclub Concordia sucht aktive Mitglieder!** Anfänger erwünscht! Wir treffen uns zweimal die Woche in der Bundeskegelbahn Schönstadt. Tel. 040-34714356

ⓒ Bei uns brauchen Sie weder ein Auto noch ein Fahrrad. <u>Wir wandern einfach gerne!</u> Wer hat Lust, am Wochenende die Umgebung zu entdecken? Per Pedes e.V. Hannover, Tel. 0511-777339

ⓓ Studienreise nach Siena (Italien)! In unserem Bus sind noch Plätze frei! Abfahrt 5. August. Wer kommt mit? Studiosus Club, 34119 Kassel, Postfach 4413, Tel. 0561-804221

ⓔ Radfahren ist nicht nur gesund, sondern man lernt auch nette Leute kennen! Velo e.V. veranstaltet dieses Jahr wieder eine Rundfahrt. Gäste willkommen! Dauer 1 Woche, Kosten für Übernachtung und Verpflegung 350 Euro! Tel. 0921 89732

ⓕ Sie sind nicht nur ein guter Teamarbeiter, sondern auch zeitlich flexibel? Sie kennen sich gut im Internet aus? Dann haben wir einen Traumjob für Sie. Rufen Sie uns an. 06221 14633

b In den Anzeigen fehlen Informationen. Welche fehlt wo?

Ort • Wochentag(e) • Treffpunkt • Wohin? (Ziel) • Kosten • Wie lange? (Dauer)

c Interesse? Rufen Sie an! – Spielen Sie die Telefongespräche im Kurs.

Strukturen verstehen

15 Konjunktionen mit zwei Teilen – Markieren Sie sie in den Anzeigen.

(–) weder(,) …(–) noch Ich spiele weder Fußball, noch mag ich Kegeln.
(+) nicht nur …, (++) sondern … auch Ich mag nicht nur Fußball, sondern (ich mag) auch Kegeln.
(+/–) je …, (++/– –) desto Je mehr ich trainiere, desto besser werde ich.
 Je weniger ich trainiere, desto schlechter werde ich.

Auf einen Blick

Im Alltag

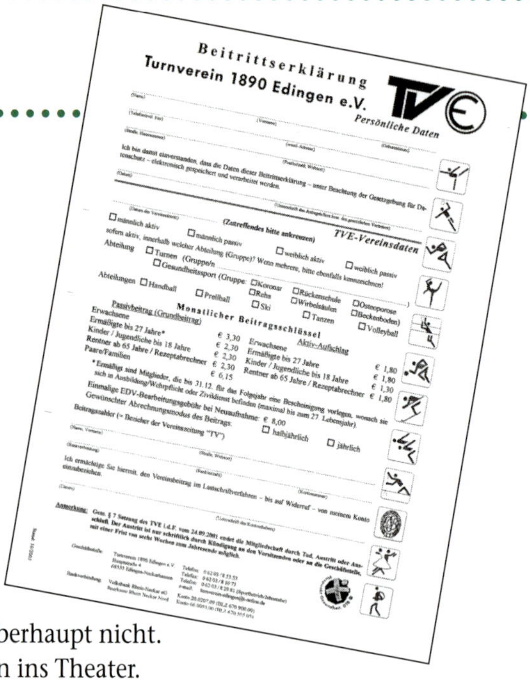

1 Vereine – Informationen erfragen

Was kann man in diesem Verein tun?
Wie hoch ist der Mitgliedsbeitrag?
Gibt es zusätzliche Kosten?
Gibt es eine Familienmitgliedschaft?
Gibt es Ermäßigungen für Kinder/Behinderte/Studenten …?

2 Über Freizeitaktivitäten sprechen

☺
Ich mag Fußball.
Ich gehe gern ins Theater.
Ich helfe gern Menschen.
Ich liebe Picknick.
Ich gehe oft spazieren.

☹
Ich mag Fußball überhaupt nicht.
Ich gehe nicht gern ins Theater.
Ich mache nicht gern Sport, aber ich …
Picknick finde ich langweilig.
Spazierengehen mag ich nicht so. Ich fahre lieber Rad.

Grammatik

3 Indefinita

Personen   man • jemand • niemand
Sachen   etwas • nichts

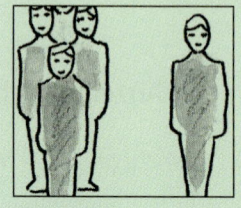

Personen/Sachen   alle (Pl.)   viele (Pl.)   einige (Pl.)

4 Deklination von *jemand/niemand* und *alle/viele/einige*

	nur Singular	nur Plural
Nominativ	jemand, niemand	alle, viele, einige
Akkusativ	jemand(en), niemand(en)*	alle, viele, einige
Dativ	jemand(em), niemand(em)*	allen, vielen, einigen

* *Jemand* und *niemand* gebraucht man auch ohne Kasusendungen.

5 Pronomen *kein* und Possessivpronomen

| Singular Nominativ | Maskulinum keiner/meiner/deiner ... | Neutrum keins/meins/deins ... | Femininum keine/meine/deine ... |

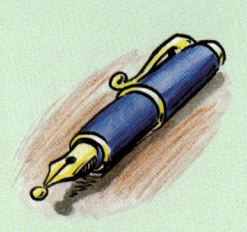

der Füller
● Ist das deiner?
○ Ja, das ist meiner.

das Buch
● Ist das unsers?
○ Ja, das ist euers.

die Tasche
● Ist das seine?
○ Nein, das ist ihre.

6 Verben mit Präpositionen (→ Liste S. 270)

Einige Verben kommen oft mit Präpositionen vor. Hier einige Beispiele:

sich engagieren für   Ich engagiere mich für die Behinderten in unserem Ort.
sich interessieren für   Ich interessiere mich für Hunde.

sich freuen auf   Ich freue mich auf meinen Geburtstag.
sich freuen über   Ich freue mich über eure Geschenke.

sprechen von   Sie sprechen von dem letzten Fußballspiel.
sprechen mit/über   Er spricht mit der Kollegin über den Chef.

TIPP   Verben immer mit Präpositionen lernen.

Aussprache

7 Wörter verbinden (Assimilation)

Sie lesen zwei Konsonanten.
Brauchst **d**u

Sie hören/sprechen nur den 2. Konsonanten.
Brauchs͜t **d**u viel Geld in deiner Freizeit?

p + b, t + d, g + k, f + w spricht man an der gleichen Stelle im Mund.

Sie lesen **zwei** Konsonanten, sprechen aber nur **einen** Konsonanten.

87

siebenundachtzig

Jobsuche

A

Suche
Nebenjob als Haushaltshilfe für 15 Stunden pro Woche
Kann
putzen, bügeln, kochen, Kinder betreuen ...
Rufen Sie mich an

06203 3422233 (x8)

B

Schlichte Hof

Familienhotel im Teutoburger Wald
sucht für sein junges Serviceteam

eine/n Empfangssekretär/in

einen Nachtportier
(Aushilfe)

Bewerbungen unter Telefon 96211,
Herr Krause

C

Reinigungsfirma sucht Mitarbeiterin
für die Sommermonate.
Gute Bezahlung, kein Wochenenddienst, kein Nachtdienst.

**Bei Interesse melden Sie sich
bitte bei Frau Austermann.
Tel. 337012**

D

Wir suchen wegen Krankheit ab sofort
3x in der Woche
eine Haushaltshilfe,
12 Stunden.
Leichte Hausarbeiten,
Einkauf (2 Personen) und Begleitung
bei Arztbesuchen erwarten wir.
Führerschein Kl. 3 Voraussetzung.

Bitte rufen Sie uns an:
Tel. 91 19 11

E BEWERBUNG

ABSCHLUSSZEUGNIS

Maria Weber
(Sämtliche Vornamen, Familienname)

geboren am 27. Februar 1979 in München   Bekenntnisses,
_____ hat sich als
Kreis München
wohnhaft in München
Schülerin der obengenannten Schule im Jahre 20 01 der Abschlussprüfung für die Realschulen in
Bayern in der Wahlpflichtfächergruppe I unterzogen.

Frau Weber arbeitete ruhig, selbständig und durchdacht.
Besonders hervorzuheben ist ihre gewandte Ausdrucksfähigkeit. Ihr Verhalten war vorbildlich.

F **LEBENSLAUF**

Maria Weber
Frühlingstraße 3
83034 Rottenburg
Tel. 08785/502

PERSÖNLICHE DATEN:

Geburtsdatum: 27.2.1979
Geburtsort: München
Nationalität: deutsch
Familienstand: ledig

SCHULAUSBILDUNG:

1985 - 1989   Grundschule in Rottenburg
1989 - 1995   Hauptschule in Landshut
               Hauptschulabschluss 1
1995 - 1998   Städtische Abendrealschule
               München - Realschulabschluss

AUSBILDUNG:

1995 - 1998   Kaufmännische Lehre
               Abschluss Industriekauffrau

1998 - 2001   Sachbearbeiterin bei
               Müller & Co., Rottenburg

seit Januar 2001

G

Lernziele 20

- über Arbeit und Arbeitssuche sprechen
- Ratschläge/Empfehlungen geben
- Modalverb: *sollen*
- Relativsatz (N/A)

20

1 Jobs – Welche Abbildungen passen zu den Aussagen 1–5?

Abbildung

1. Wenn ich eine feste Stelle suche, gehe ich zum Arbeitsamt oder ich schaue in die Zeitung.   H+B
2. Im letzten Sommer habe ich bei fremden Leuten im Haushalt geholfen.   _____
3. Zu den Bewerbungsunterlagen gehören: Passfoto, tabellarischer Lebenslauf und Zeugniskopien.   _____
4. Die Arbeitszeit ist von 21 Uhr bis 6 Uhr.   _____
5. Samstags und sonntags müssen Sie nicht arbeiten.   _____

2 Wo und als was haben Sie gearbeitet? Sprechen Sie in kleinen Gruppen.

▶ S. 202

Ich habe mal drei Monate auf dem Bau gearbeitet.

Ich jobbe seit zwei Jahren im Restaurant – in der Küche.

Wo?	Was?
in einer Fabrik/Tankstelle …	als Fahrer/Putzhilfe/
im Supermarkt/Restaurant/Hotel	Kassiererin/Lagerarbeiter/
auf dem Bau	Aushilfe/Küchenhilfe/Kellnerin …
bei einem Taxiunternehmen	

Ich habe … Jahre in meinem Beruf als … gearbeitet.
(ein)mal/… Wochen/Monate/Jahre als Aushilfe gearbeitet.
schon Zeitungen ausgetragen / Prospekte verteilt …
Ich jobbe/arbeite seit …

Was war bisher dein bester/liebster Job?

Warum?

Was hast du gar nicht gerne gemacht?

3 Frau Kiesel sucht eine Stelle

a Richtig oder falsch? Hören Sie zu und kreuzen Sie an.

Was für eine Stelle sucht sie?
1. Frau Kiesel sucht eine volle Stelle. r f
2. Sie möchte vormittags arbeiten. r f
3. Sie verdient netto 650 Euro. r f

Wo sucht sie?
4. Frau Kiesel hat eine Anzeige aufgegeben. r f
5. Sie sucht eine Stelle in der Zeitung. r f
6. Sie hat eine eigene Website. r f

b Sind die Bewerbungsunterlagen komplett? Ordnen Sie die Satzelemente zu.

1. Frau Kiesel muss — und das Datum hinten auf das Passfoto schreiben.
2. Sie muss ihren — gehört ein Passfoto.
3. In die Bewerbungsmappe — Lebenslauf unterschreiben.
4. Sie muss ihren Namen — der Firma einen Brief schreiben.

4 Empfehlungen/Ratschläge berichten – Was hat der Arbeitsberater gesagt?
Frau Kiesel berichtet ihrer Freundin. Schreiben oder sprechen Sie wie im Beispiel.

ich soll　　wir sollen
du sollst　　ihr sollt
er/es/sie soll　　sie/Sie sollen

Der Arbeitsberater hat gesagt:
1. „Schauen Sie jeden Samstag in die Zeitung."
2. „Fragen Sie direkt bei Firmen nach!"
3. „Schauen Sie auch im Internet nach."
4. „Geben Sie in der Zeitung eine Stellenanzeige auf."
5. „Schicken Sie die Bewerbungsunterlagen später."
6. „Schreiben Sie Ihren Lebenslauf am PC."
7. „Legen Sie Ihre Bewerbungsunterlagen in eine Mappe."

*Der Arbeitsberater hat gesagt, ich soll jeden Samstag in die Zeitung schauen.
Er hat gesagt, ich soll direkt ...*

5 Ein Telefongespräch

a Hören Sie zu. Welche Anzeige passt? Kreuzen Sie an.

> Wir suchen zur Unterstützung unseres Teams drei Pflegekräfte ab sofort oder zu einem späteren Zeitpunkt. ☎ 875829

> Suche Verkäufer/in für Imbiss. ☎ 367812

> Aushilfe für Gartenarbeit in Gütersloh-Friedrichsdorf gesucht. Tel: 05209-24612

> **Serviererin/Kellner** mit guten Deutschkenntnissen für Restaurant 2-3x wöchentlich von 18–24Uhr gesucht. **Restaurant Zum goldenen Huhn. Frau Schmitt** ☎ 9862660

> Aushilfsfahrer f. LKW Kl. II gesucht ☎ 982796

b Hören Sie noch einmal und ergänzen Sie den Text. Üben Sie dann zu zweit.

- ● Gerofil KG, mein Name ist Frauke Eydt, was kann ich für Sie tun?
- ○ Dölken, guten Tag, ich rufe wegen Ihrer _____ an.
  Ist die _____ noch frei?
- ● Ja. Wir haben noch freie _____ .
  Möchten Sie sofort _____ ?
- ○ Eigentlich ja. Mich interessiert aber die Arbeitszeit.
  Gibt es _____ und muss ich auch am _____ arbeiten?
- ● Wir haben sehr _____ Arbeitszeiten, die wir im Team besprechen.
  Unsere Teambesprechung ist immer mittwochs, da müssen alle _____ .
- ○ Und wie ist der _____ ?
- ● 8 Euro 50. Am Wochenende 9 Euro.
- ○ Die Stelle interessiert mich, wann kann ich mich _____ ?
- …

anfangen   Anzeige   flexible   Schichtdienst   Stelle   Stellen   Stundenlohn   vorstellen   Wochenende   anwesend sein

6 Sie möchten einen Job / Sie bieten einen Job an. Führen Sie ein Telefongespräch. Diese Redemittel helfen.

▶ S. 204

Arbeitnehmer	Arbeitgeber
Ich rufe wegen Ihrer Anzeige in der Zeitung an.	
Ist die Stelle noch frei?	Ja, die Stelle ist noch frei. / Nein, die Stelle ist leider schon besetzt.
Wie ist die Arbeitszeit?	Sie arbeiten von … bis … / … Std. in der Woche / (nicht) am Wochenende.
Was verdient man?	Wir zahlen … die Stunde.
Muss ich auch am Wochenende arbeiten?	Wir haben Schichtdienst / flexible Arbeitszeiten.
Wann kann ich mich vorstellen?	Haben Sie am … um … Uhr Zeit?
Wann kann ich anfangen?	Sie können sofort / am … anfangen.

7 Berufsbiografien – Lesen Sie die Texte A–D und die Aussagen 1–12. Was steht wo? Notieren Sie.

A

Ich habe mich vor einem halben Jahr um eine neue Stelle beworben und hatte Glück! Ich bin jetzt fast 30 und war schon lange unzufrieden in meinem Job. Eine kleine Firma, ein kleines Büro, ein relativ schlechtes Gehalt und praktisch keine Karrieremöglichkeit. Dann war ich beim Arbeitsamt und habe dort gleich zwei Stellenangebote bekommen, die interessant waren. Die Firmen habe ich angeschrieben und meine Bewerbungsunterlagen hingeschickt. Die eine Firma hat gleich abgesagt, bei der anderen Firma arbeite ich jetzt seit einer Woche. Und ich habe genau den Job, den ich gesucht habe!
Alisa Olsen

B

Ich bin 46 und habe mich noch nie offiziell um eine Stelle beworben. Ich war auch noch nie beim Arbeitsamt. Meine Stellen habe ich immer über Kollegen bekommen. Zurzeit arbeite ich in einem Freizeitzentrum und organisiere die Kurse, die dort angeboten werden: Krabbelgruppen, Näh- und Kochkurse, Tanzabende für Senioren usw. Eine Rentnerin bietet zum Beispiel seit zwei Jahren einen Kochkurs an, der kostenlos ist. Aber auch die anderen Kurse, die dort stattfinden, sind sehr billig, weil wir von der Stadt finanziell unterstützt werden. Das Freizeitzentrum ist ein Treffpunkt für alle Generationen. Die Arbeit macht mir Spaß!
Elvira Fritsch

C

Für meinen tabellarischen Lebenslauf brauche ich fast drei Seiten! So oft habe ich die Stelle gewechselt. Ich weiß nicht, wie viele Bewerbungsmappen ich schon verschickt habe. Ich bin jetzt 58 und hoffe, dass ich nicht mehr zum Arbeitsamt muss. Drei Jahre war ich auch mal ohne Beschäftigung, weil meine Firma Pleite gemacht hat. Das war schrecklich. Jetzt arbeite ich in einem Altenpflegeheim als Hausmeister. Das ist ein guter Arbeitsplatz, den ich vor allem auch noch als Rentner ausüben kann.
Walter Heilmann

D

Im Moment bin ich noch in der Ausbildung – ich studiere Maschinenbau, aber ich habe ein Hobby, das viel Geld kostet: Biken! Als Aushilfe findet man fast immer etwas – auf dem Bau, Lagerarbeiten, in Kneipen aushelfen, Nachtdienst in der Tankstelle usw. Zurzeit arbeite ich in der Fahrradwerkstatt, wo ich mein Mountainbike gekauft habe.
Dirk Bose

	A	B	C	D
1. Ich arbeite in einem Seniorenheim.	☐	☐	☒	☐
2. Meine Arbeit hat mir nicht mehr gefallen.	☐	☐	☐	☐
3. Meine Kollegen haben mir oft geholfen.	☐	☐	☐	☐
4. Ich war arbeitslos.	☐	☐	☐	☐
5. Ich arbeite nur als Aushilfe.	☐	☐	☐	☐
6. Ich habe viele Bewerbungen geschrieben.	☐	☐	☐	☐
7. Das Arbeitsamt hat mir geholfen.	☐	☐	☐	☐
8. Ich muss viel organisieren.	☐	☐	☐	☐
9. Mountainbike fahren ist teuer.	☐	☐	☐	☐
10. Ich bin Student.	☐	☐	☐	☐
11. Ich habe mich bei der Firma beworben.	☐	☐	☐	☐
12. Ich war noch nie beim Arbeitsamt.	☐	☐	☐	☐

8 Nebensätze: Relativsätze (Nominativ und Akkusativ)

a Sehen Sie sich die Tabelle an und markieren Sie die Relativsätze in den Texten A–D auf S. 92.

Hauptsatz 1	Hauptsatz 2	
Der Job ist interessant.	Der Job steht heute in der Zeitung.	
	Den Job habe ich gefunden.	
Hauptsatz 1	Relativsatz	Hauptsatz 1
Der Job,	der heute in der Zeitung steht, Relativpronomen (N)	ist interessant.
	den ich gefunden habe, Relativpronomen (A)	ist interessant.

b Ergänzen Sie die Sätze.

1. Ich habe heute zwei Stellenangebote bekommen. Die Stellenangebote sind interessant.
   Ich habe heute zwei Stellenangebote bekommen, *die* _____.

2. Die Firma bietet heute eine Stelle an. Die Firma hat auch eine Website.
   Die Firma, _____, bietet heute eine Stelle an.

3. Er hat einen neuen Job. Er mag den Job sehr.
   Er hat einen neuen Job, _____.

4. Der Nähkurs steht im neuen VHS-Programm. Frau Talis möchte den Kurs besuchen.
   Der Nähkurs, _____, steht im neuen VHS-Programm.

9 Definitionen – Schreiben Sie Sätze wie im Beispiel.

1. Haushaltshilfe / Person / bei der Hausarbeit helfen
2. Waschmaschine / Maschine / Wäsche waschen
3. Arbeitsberater / jemand / Arbeitsuchende beraten
4. Teilzeitarbeiter / Person / weniger als 35 Stunden in der Woche arbeiten
5. Computer / Maschine / bei vielen Arbeiten helfen

> Eine Haushaltshilfe ist eine Person, die bei der Hausarbeit hilft. Eine Waschmaschine ist …

10 Aussprache: viele Konsonanten – Hören Sie und sprechen Sie langsam nach.

die Arbeit + der Platz	der Arbeitsplatz
der Aufstieg + die Möglichkeiten	die Aufstiegsmöglichkeiten
das Gehalt + die Erhöhung	die Gehaltserhöhung
der Beruf + der Wunsch	der Berufswunsch

11 Projekt: Wo findet man Stellenangebote in Ihrer Region?

Deutsch verstehen

12 Arbeit und Leben

a Lesen Sie den Text und die Aussagen 1–6 und kreuzen Sie an.

Arbeit ist das halbe Leben?

Ja! – aber eben nur das halbe. Die andere Hälfte ist genauso wichtig. Sie spielt sich in der Freizeit ab. Obwohl ich sehr viel arbeite und oft unterwegs bin, brauche ich Zeit für die Familie und für meine Freunde. Zeit für Kultur oder Fortbildung. Und Zeit für soziales Engagement, Mitarbeit in einem Verein oder einer Initiative. Und dann ist da natürlich noch der ganz normale Alltag: Einkaufen – Putzen und Wäschewaschen – Reparaturen – Arztbesuche – Steuererklärung – Beziehungsstress – Wohnungssuche – usw. Und manchmal will man einfach nichts tun, ausruhen, lesen, reden, spazieren gehen, lieben oder über das Leben nachdenken.
Ganz schön viel für eine Hälfte!

	r	f
1. Wir müssen wieder mehr arbeiten.	r	☒
2. Arbeit ist wichtig, aber nicht allein.	r	f
3. Man muss auch genug Zeit für andere Aktivitäten haben.	r	f
4. Wenn man gar nichts tut, dann ist das Leben langweilig.	r	f
5. In der „Freizeit" muss man auch viele Dinge erledigen.	r	f
6. Wir leben falsch, weil wir zu viel arbeiten müssen.	r	f

b Was ist Ihre Meinung zu dem Artikel?

13 Ein ungewöhnlicher Beruf

a Hören Sie den ersten Teil des Interviews. Was ist richtig? Kreuzen Sie bitte an.

1. Herr Rasenberger
   - a will Feuerwehrmann werden.
   - b ist freiwilliger Feuerwehrmann.
   - c ist Feuerwehrmann von Beruf.

2. Der Einstellungstest
   - [a] ist nur schriftlich.
   - [b] ist schriftlich und mündlich.
   - [c] dauert neun Monate.

3. Man kann den Beruf
   - [a] als EU-Bürger mit 18 Jahren und abgeschlossener Berufsausbildung ausüben.
   - [b] mit 18 Jahren ausüben.
   - [c] als Handwerker aus der EU ausüben.

b Hören Sie den zweiten Teil des Interviews. Welche Aussagen passen? Kreuzen Sie bitte an.

1. Arbeitszeit:
   - [a] Er arbeitet jede Woche drei Tage.
   - [b] In einer Neun-Tage-Woche arbeitet er dreimal 24 Stunden.
   - [c] Er arbeitet jeden 2. Tag.

2. Gehalt:
   - [a] Mit Kindern verdient man mehr.
   - [b] Mit 30 verdient man 3.500 Euro.
   - [c] Er sagt, dass das Gehalt circa 1.750–1.800 Euro ist.

3. Hobbys:
   - [a] Er verbringt seine ganze Freizeit mit seinen Kindern.
   - [b] Er hat immer viel vor: Kinder, Camping, Motorrad fahren.
   - [c] Er hat wenig Zeit.

14 Hören Sie beide Teile des Interviews noch einmal. Ergänzen Sie die Sätze.

> Herr Rasenberger ist gern bei der Feuerwehr, weil …
> Nach der Bewerbung im Rathaus gibt es … und dann … Danach …
> In seiner Freizeit …

15 Feuerwehrmann, Pilot, Sanitäter … – Welchen ungewöhnlichen Beruf würden Sie gerne ausüben?

Strukturen verstehen

16 Nebensätze mit *obwohl* – Lesen Sie die Sätze und ergänzen Sie Satz 3.

1. Ich habe einen Arbeitsplatz.
   → Ich schaue **nicht** regelmäßig in die Stellenangebote.
   Obwohl ich einen Arbeitsplatz habe, schaue ich regelmäßig in die Stellenangebote.

2. Ich verdiene genug Geld.
   → Wir kaufen uns ein Auto.
   Wir kaufen uns **kein** Auto, **obwohl** ich genug Geld verdiene.

3. Ich suche **keinen** neuen Job.
   → Ich muss mein Examen machen.
   Ich suche einen neuen Job, *obwohl* _____.

Auf einen Blick

Im Alltag

❶ Fragen und Antworten zum Arbeitsplatz

Arbeitnehmer

Ich rufe wegen Ihrer Anzeige in der Zeitung an.
Ist die Stelle noch frei?

Wie ist die Arbeitszeit?

Was verdient man?
Muss ich auch am Wochenende arbeiten?
Wann kann ich mich vorstellen?
Wann kann ich anfangen?

Arbeitgeber

Ja, die Stelle ist noch frei. / Nein, die Stelle
  ist leider schon besetzt.
Sie arbeiten von ...bis... / ... Std. in der Woche /
  (nicht) am Wochenende.
Wir zahlen ... die Stunde.
Wir haben Schichtdienst / flexible Arbeitszeiten.
Haben Sie am ... um ... Uhr Zeit?
Sie können sofort / am ... anfangen.

Welche Dokumente brauchen Sie von mir?

Bitte bringen Sie Ihre Lohnsteuerkarte und Ihren Sozialversicherungsausweis mit.

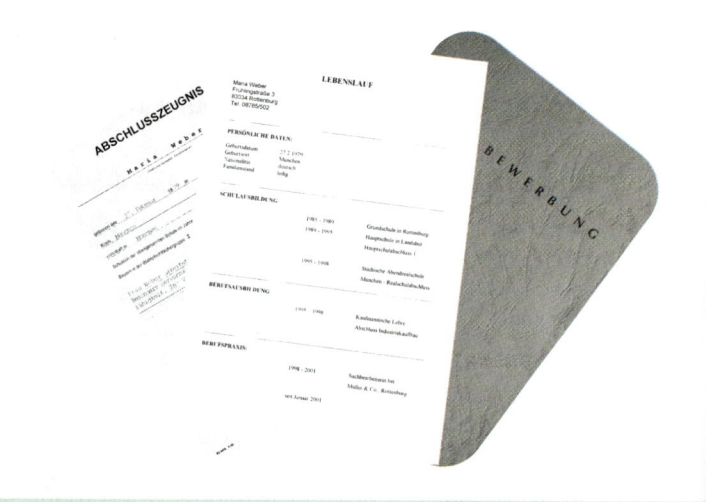

Brauche ich eine bestimmte Arbeitskleidung?

Ich habe gute Fremdsprachenkenntnisse in ...

❷ Die Bewerbungsmappe

- ❏ Anschreiben mit Unterschrift
- ❏ Schulabschlusszeugnis(se) (Kopie)
- ❏ Arbeitszeugnis(se)
- ❏ tabellarischer Lebenslauf
- ❏ aktuelles Passfoto (Rückseite mit Name und Datum)

Grammatik

❸ Modalverb *sollen*

Konjugation

ich	soll
du	sollst
er/es/sie	soll
wir	sollen
ihr	sollt
sie/Sie	sollen

Gebrauch: über Ratschläge und Aufträge berichten

Ratschlag	Frau Kiesel soll eine Stellenanzeige aufgeben.
	Ich soll regelmäßig im Internet nachsehen.
Auftrag	Ich soll eine Bewerbungsmappe zusammenstellen.
	Du sollst um neun Uhr zum Chef kommen.
	Guten Tag, wir sollen hier den Computer reparieren.

4 Nebensätze: Relativsätze im Nominativ und Akkusativ

Hauptsatz 1	Hauptsatz 2
Der Job ist interessant.	Der Job steht heute in der Zeitung.
	Den Job habe ich gefunden.

Hauptsatz 1	Relativsatz	Hauptsatz 1
Der Job,	der heute in der Zeitung steht,	ist interessant.
	Relativpronomen (N)	
	den ich gefunden habe,	ist interessant.
	Relativpronomen (A)	

Die meisten Relativpronomen sehen aus wie die bestimmten Artikel: der, das, die, dem, den …

5 Relativsätze und Satzstellung

Hauptsatz	Relativsatz	
Frau Kiesel liest die Anzeigen,	die in der Zeitung stehen.	

Hauptsatz	Relativsatz	Hauptsatz
Das Gehalt,	das ich bekomme,	ist nicht hoch.

Der Relativsatz steht immer möglichst nahe bei dem Wort, das er näher beschreibt.

Aussprache

6 Wörter mit vielen Konsonanten

TIPP Sprechen Sie Wörter mit vielen Konsonanten zuerst langsam und sehr deutlich. Sie müssen jeden Laut sprechen.

der Arbeitsplatz
die Haushaltshilfe
die Gehaltserhöhung
der Berufswunsch

siebenundneunzig

Wenn ich Politiker wäre ...

der Bundestag / das Parlament

Der Bundesadler ist das Wappentier der Bundesrepublik.

Hier sitzen die Zuschauer / die Besucher.

Hier sitzt die Bundesregierung (der/die Bundeskanzler/in, die Minister / die Ministerinnen).

Hier sitzen die Abgeordneten der Parteien (SPD, CDU/CSU ...).

Es gibt die Regierungspartei(en) und die Opposition.

Politikwörter
der Bundesstaat: der Bund, die Länder (die Städte und Gemeinden)
die Parlamente: der Bundestag, der Landtag, der Kreistag, der Stadtrat, der Gemeinderat
die Wahlen: die Bundestagswahl, die Landtagswahl, die Stadtratswahl/Gemeinderatswahl
die Regierungen: die Bundesregierung, die Landesregierung(en)

Nach dem Zweiten Weltkrieg (1939–45) gab es von 1949 bis 1989 zwei deutsche Staaten. Seit 1961 trennte eine Mauer Ost- und Westberlin. Durch die friedliche Revolution von 1989 fiel die Mauer am 9. November. Die Bürger der DDR (der Deutschen Demokratischen Republik) durften zum ersten Mal seit 1961 frei reisen. Nach dem Ende der DDR sind die heutigen östlichen Bundesländer (Thüringen, Sachsen usw.) 1990 der Bundesrepublik beigetreten. Der 3. Oktober ist deshalb ein Feiertag, der Tag der deutschen Einheit.

Lernziele 21

- über Politik sprechen
- Meinungen äußern
- Wünsche/Träume äußern
- Konjunktiv II

Die Bundesrepublik Deutschland
Die Bundesrepublik Deutschland ist ein Bundesstaat mit 16 Bundesländern. Das deutsche Parlament heißt Bundestag. Es hat seinen Sitz in Berlin im „Reichstagsgebäude". Alle vier Jahre wählen die Bürger/innen ihre Abgeordneten. Jedes Bundesland hat ein eigenes Parlament, den Landtag.*
Wenn man 18 Jahre alt ist und einen deutschen Pass hat, darf man wählen.
Meistens bilden zwei Parteien zusammen die Regierung, weil eine allein nicht die Mehrheit im Parlament hat. Die anderen Parteien bilden dann die Opposition.
Das Parlament wählt den Bundeskanzler / die Bundeskanzlerin und diese/r wählt dann die Minister/innen aus. Das Staatsoberhaupt heißt Bundespräsident/in. Er/Sie muss alle Gesetze unterschreiben, hat aber nur wenig politische Macht.

* In Hamburg, Bremen und Berlin heißt das Landesparlament „Senat".

www.bundestag.de
www.bundesregierung.de
www.bundesrat.de

1 Ein Politikquiz – Finden Sie die Informationen.

1. Wie heißt das deutsche Parlament?
2. In welcher Stadt ist das Parlament?
3. Wie heißt der/die Chef/in der Regierung?
4. Wann ist der deutsche Nationalfeiertag?
5. Ab welchem Alter darf man wählen?
6. Die Bundesrepublik hat 16 …
7. Wie viele deutsche Staaten gab es 1988?
8. Seit wann ist die „Berliner Mauer" weg?
9. Wie oft finden Parlamentswahlen statt?
10. Wie heißt das Gegenteil: Regierung <-> …?

2 Was möchten Sie noch zum Thema wissen? Schreiben Sie Fragen. Fragen Sie im Kurs.

Wer ist zurzeit …?   Wie viele …?   Seit wann …?   Was macht …?   Wo ist …?   Wie oft …?

▶ S. 208

3 Themen der Politik – Sehen Sie sich die Illustrationen an und hören Sie zu.

a   Wer findet was am wichtigsten? Notieren Sie.

Armin

1. Ausländerpolitik
2. Bildungspolitik 
3. Familienpolitik 

Volkan

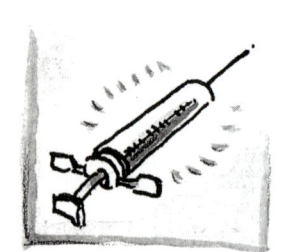

4. Gesundheitspolitik
5. Kulturpolitik 
6. Sozialpolitik 

Tina

7. Umweltpolitik
8. Verkehrspolitik 
9. Wirtschaftspolitik 

b   Ordnen Sie die Meinungen den passenden Themen in 3a zu.

1. Ich finde die _____ am wichtigsten, weil wir Arbeitsplätze brauchen.
2. Ohne eine gute _____ hat Deutschland in der Zukunft keine Chancen. Die Kinder lernen zu wenig von dem, was sie fürs Leben brauchen.
3. Ich denke, dass man mehr für die _____ tun muss. Wir müssen die Natur besser schützen.
4. Die _____ finde ich auch wichtig. Wir brauchen mehr Busse und Straßenbahnen.
5. Na ja, die _____ finde ich nicht so wichtig, meine Freizeit organisiere ich schon allein.
6. Ich glaube, dass in der _____ schon mehr gemacht werden muss, wenn die Leute wieder mehr Kinder bekommen sollen.

einhundert

4 Was ist für Sie wichtig / nicht so wichtig? Warum?
Wählen Sie die drei für Sie wichtigsten Themen der Politik aus.
Begründen Sie Ihre Meinung. Die Aussagen in 3b helfen.

> sehr wichtig
> wichtiger als
> am wichtigsten
> nicht so wichtig wie
> unwichtig

▶ S. 209

Ich glaube, dass …   Ja, das glaube ich auch.   Das glaube ich nicht, ich …
Ich denke, dass …   Das stimmt!   Im Gegenteil …
                          Da hast du Recht!
                          …   Ich weiß nicht.
                                                        Kann sein.

5 Sagen, was (noch) nicht Realität ist: *Wenn ich … wäre, dann würde ich …*
a Lesen Sie die Tabelle und den Text. Markieren Sie die Konjunktiv-II-Formen im Text.

Infinitiv		werden	sein	haben	müssen	können	dürfen
Konjunktiv	ich	würde	wäre	hätte	müsste	könnte	dürfte

Wenn ich Bundeskanzler **wäre**, dann **würde** ich das Militär **abschaffen**. Das Geld würde ich für bessere Schulen ausgeben. Jeder Schüler hätte dann einen Computer mit Internetanschluss. Ich würde die Atomkraftwerke sofort abschalten und mehr Solaranlagen bauen. Die Reichen müssten mehr Steuern zahlen. Die Kinder könnten …

b Meine Wünsche – Schreiben Sie zwei Sätze wie in 5a und lesen Sie vor.

Wenn ich Bundeskanzler/in wäre,
  dann würde ich … 　　　　　　　.
Wenn ich in unserer Stadt Bürgermeisterin
  wäre, dann müssten … 　　　　　　　.
Wenn ich … wäre, dann dürften … 　　　　　　　.

6 Wünsche im Alltag – Sammeln Sie im Kurs.

Wenn ich genügend Geld hätte, …

Wenn ich mehr Zeit hätte, …

Wenn ich perfekt Deutsch könnte, …

Wenn ich ein Mann / eine Frau wäre, …

7 Aussprache: langsam/schnell sprechen – Hören Sie und sprechen Sie den Satz zuerst langsam und dann schnell. Achten Sie auf die Akzente.

Bei mir | steht die Wirtschaft | auf Platz 1, | weil die Arbeitsplätze | am wichtigsten sind.
Bei mir steht die Wirtschaft auf Platz 1, → weil die Arbeitsplätze am wichtigsten sind. ↘

▶ S. 210 Bildung | ist auch wichtig, | aber nicht so wichtig | wie Gesundheit.
Bildung ist auch wichtig, → aber nicht so wichtig wie Gesundheit. ↘

8 Politische Parteien – Lesen Sie die Texte 1–5 und sehen Sie sich die Wahlplakate an. Ordnen Sie zu. Wie heißen die Parteien?

Christlich-Demokratische Union   Wahl 1983

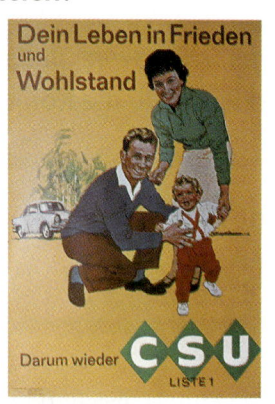

Christlich-Soziale Union   Wahl 1961

Sozialdemokratische Partei Deutschland   Wahl 1998

Bündnis90/Die Grünen   Wahl 2002

Freie Demokratische Partei   Wahl 1983

Partei des Demokratischen Sozialismus   Wahl 1998

Es gibt noch viele andere Parteien, aber sie bekommen bei den Wahlen zum Bundestag meistens nur wenige Stimmen.

Generationen Partei
DIE GRAUEN
Graue Panther
GRAUE

① Diese Partei engagiert sich besonders für die Umwelt. Sie ist z.B. gegen Atomenergie und für mehr Energiesparen. Sie tritt auch für mehr demokratische Rechte und besonders für die Rechte von Minderheiten ein. Sie ist für eine bunte, multikulturelle Gesellschaft in Deutschland.

einhundertzwei

② Diese Partei gibt es seit 1869. Sie ist die älteste Partei Deutschlands. Früher war sie eine Arbeiterpartei. Ihr Hauptthema ist auch heute noch die soziale Gerechtigkeit. Viele Mitglieder dieser Partei sind auch Mitglieder in den Gewerkschaften. Drei Bundeskanzler stammen aus dieser Partei.

③ Diese beiden großen Parteien sind konservativ, christlich geprägt. Die eine Partei gibt es nur in Bayern, die andere in allen anderen Bundesländern. Ein wichtiges Ziel für sie war und ist die Einheit Europas. Vier Bundeskanzler der Bundesrepublik Deutschland waren Mitglieder in einer dieser Parteien.

④ Diese Partei will weniger staatliche Kontrolle. Sie will eine liberale Wirtschaftspolitik und mehr Freiheit für den einzelnen Bürger. Sie tritt für niedrigere Steuern und weniger Staatsausgaben ein.

⑤ Diese Partei ist vor allem in den östlichen Bundesländern (Sachsen, Thüringen …) stark. Viele Mitglieder waren früher Mitglieder in der Staatspartei der DDR, der SED. Aber es arbeiten heute auch viele junge Menschen mit, die mehr soziale Gerechtigkeit wollen.

9 Parteien und Politik in Ihrem Land – Fragen Sie im Kurs und berichten Sie.

- Gibt es bei euch Parteien?
- Gibt es Wahlen?
- Weißt du, wie der Staatschef heißt?
- Wie heißt …?
- Gibt es ein Parlament?
- Ich weiß nicht, wer/wann/wie oft …
- Wie oft?
- Seit wann …?
- Wer darf wählen?
- Gibt es eine Opposition?
- Ist das ein Präsident oder ein König?
- Welche Partei regiert?
- Wie lange … ?

10 Projekt – Wie funktioniert unsere Stadt / unser Dorf?

Welche Parteien sitzen im Stadt-/Gemeinderat? Wo und wann tagt er?
Welche Themen diskutiert er? Kontaktadressen/Telefonnummern …
Wie heißt der/die Bürgermeister/in? In welcher Partei ist er/sie?
Gibt es eine Ausländervertretung? Was macht sie?
Gibt es eine/einen Ausländerbeauftragte/n?
Wie viel verdienen die Stadt-/Gemeinderäte?
Woher bekommt die Stadt/Gemeinde ihr Geld?
…

▶ S. 212

Deutsch verstehen

11 Die Karriere des Arthur Krull

a   Lesen Sie den Abschnitt 1. Welche Aussagen sind richtig? Kreuzen Sie an.

1. ☐ 1998 war ein schlechtes Jahr für Arthur Krull, weil er keine Arbeit hatte.
2. ☐ Vorher hat er viele Jahre in einem Beruf gearbeitet.
3. ☐ Seine Freundin sucht einen Job.
4. ☐ Auf dem Arbeitsamt findet er zufällig eine Zeitungsanzeige.
5. ☐ Arthur Krull findet, dass er der ideale Kandidat für die Stelle ist.

1 Ich hatte schon viele Berufe in meinem Leben. Ich war Skilehrer, Taxifahrer, Gärtner, Kellner und Schauspieler usw. Aber ich war nie lange an einem Arbeitsplatz, deswegen hatte ich auch nie Geld. 1998 war wieder so ein
5 Jahr, in dem alles schief ging. Nachdem ich meinen Job verloren hatte, verließ mich auch meine Freundin. Dann wollte mir die Bank keinen Kredit mehr geben, deshalb musste ich mir einen Job suchen. Ich ging also
10 zum Arbeitsamt.
Aber da war ich nicht allein. Viele warteten. Und das dauert, kann ich Ihnen sagen. Zum Glück hatte jemand seine Zeitung liegen lassen. Ich blätterte, las ein bisschen und dann sah ich diese Anzeige:

> **Bürgermeister gesucht!** Neustadt, die aufstrebende Kreisstadt an der Wümme, sucht einen Bürgermeister. Sind Sie berufserfahren, dynamisch, voller Ideen und zupackend? Dann schicken Sie uns Ihre Bewerbungsunterlagen mit Lebenslauf.

15 Nachdem ich die Anzeige ein paarmal gelesen hatte, war mir klar, dass das genau der Job für mich war! „Berufserfahren", bei meinen vielen Jobs – passte genau! „Dynamisch"? Natürlich! „Voller Ideen"? Klar, außer Ideen hatte ich sowieso nichts. Und ich packte zu! Ich beschloss, gleich persönlich nach Neustadt zu fahren.

b   Lesen Sie nun Abschnitt 2 und beantworten Sie die Fragen.

1. Warum bekommt er die Stelle?   2. Warum kommt seine Freundin zurück?

2 Mein letzter Freund lieh mir das Geld für das Bahnticket und seinen Anzug. Ich fuhr nach Neustadt,
20 schaute mich im Ort um und ging zum Bewerbungsgespräch. Ich war superfreundlich (Ich war ja mal Kellner!) und spielte die Rolle des neuen Bürgermeisters perfekt (Ich war ja auch mal Schauspieler!). Am meisten hat die Stadträte beeindruckt, wie ich ihnen meine Pläne für den
25 neuen Stadtpark erklärt habe (Ich war ja auch mal Gärtner!). Nach einer Stunde hatte ich den Job und bin gleich dageblieben.
Ich hatte ein riesiges Büro, viele Telefone, eine Sekretärin, ein Dienstauto mit Chauffeur und eine tolle Wohnung.
30 Ich verdiente viel Geld, darum ist nach drei Monaten meine Freundin zu mir zurückgekommen. Wir zogen dann in eine schöne Villa am Stadtrand.

c Lesen Sie Abschnitt 3. Was ist richtig? Kreuzen Sie an.

1. ☐ Die Stadt baut den Stadtpark.
2. ☐ Er und die Gemeinderäte verdienen Geld mit Müll.
3. ☐ Man braucht die Autobahn, weil der Müll aus ganz Europa kommt.
4. ☐ Er ist gegen Atomkraftwerke.

3 Aber das war erst der Anfang. Richtig gut lief die ganze Sache, nachdem ich den Stadtrat vom Bau der Müllverbrennungsanlage im Stadtpark überzeugt hatte. „Investieren und kassieren!" war mein Motto. Ich wurde Mitglied im Aufsichtsrat und wir verbrannten Müll. Wir verbrannten nicht nur den Müll von Neustadt, sondern von der ganzen Umgebung. Bald hatten wir die größte Anlage in Europa. Damals hatte ich schon eine Transportfirma mit 100 Müllautos. Und ich hatte noch viele Ideen.
An der Wümme plante ich ein Atomkraftwerk und ein Lager für den Atommüll und …

d Lesen Sie Abschnitt 4: Gefällt Ihnen der Schluss der Geschichte? Haben Sie andere Ideen? Schreiben Sie Stichworte für den weiteren Lebenslauf auf.

4 Aber dann hatte ich Pech! Stadtratswahl! Nachdem die „Umweltpartei" die Wahlen gewonnen hatte, verlor ich die Mehrheit im Stadtrat und meinen Job. Aber es geht mir gut. Ich wohne jetzt in Grünstadt und arbeite als Fahrradkurier. Ich habe viel Bewegung, viel frische Luft und wieder viele Ideen! Ich bin jetzt Mitglied in der „Umweltpartei" und Vorsitzender der „Stadtpark-Initiative". Und nächstes Jahr ist die Wahl für den neuen Bürgermeister. Ich kandidiere!

Strukturen verstehen

12 Plusquamperfekt – Vergangenheit vor der Vergangenheit
a Lesen Sie die Beispiele.

1
Zuerst habe ich meinen Job verloren,
Nachdem ich meinen Job verloren hatte,

Zuerst bin ich Bürgermeister geworden,
Nachdem ich Bürgermeister geworden war,

2
dann hat mich meine Freundin verlassen.
verließ mich meine Freundin.
hat mich meine Freundin verlassen.

dann habe ich eine Müllverbrennungsanlage gebaut.
baute ich eine Müllverbrennungsanlage.
habe ich eine Müllverbrennungsanlage gebaut.

b Lesen Sie die Zeilen 30–47 noch einmal und markieren Sie die Formen im Plusquamperfekt.

Auf einen Blick

Im Alltag

❶ Seine Meinung ausdrücken

Ich glaube, dass man mehr Geld für die Schulen ausgeben müsste.
Ich finde, dass es zu wenig Spielplätze gibt.
Ich denke, dass …
Ich halte viele Politiker für gut, aber manche …

❷ Zustimmen und widersprechen

Das stimmt! / Das ist richtig!	Das stimmt nicht. / Das ist nicht richtig.
Ich glaube das auch (nicht).	Das glaube ich nicht.
Sie haben Recht. / Du hast Recht.	Im Gegenteil …
Das sehe ich auch so.	Das sehe ich anders.

❸ Unsicherheit ausdrücken

Vielleicht! / Kann sein.
Ich weiß nicht.
Ich weiß nicht, wie man das sagt.
Ich kenne mich da nicht aus.

❹ Wünsche ausdrücken

Ich würde gern mehr verdienen.
Ich möchte gern in einer größeren Wohnung wohnen.
Ich hätte gern mehr Zeit für mich.
Wenn ich …, dann würde ich …
Man könnte/sollte/müsste …

❺ Vergleiche

wichtiger als	Die Umweltpolitik ist für mich wichtiger als die Kulturpolitik.
nicht so wichtig wie	Aber sie ist nicht so wichtig wie die Familienpolitik.
am wichtigsten	Am wichtigsten finde ich die Wirtschaftspolitik.
unwichtig	Politik ist unwichtig. Die da oben machen, was sie wollen.

Aus dem Grundgesetz der Bundesrepublik Deutschland: Grundrechte

Artikel 1 (1): Die Würde des Menschen ist unantastbar. […]
Artikel 2 (1): Jeder hat das Recht auf die freie Entfaltung seiner Persönlichkeit …
Artikel 3 (1): Alle Menschen sind vor dem Gesetz gleich.
Artikel 4 (1): Die Freiheit des Glaubens, des Gewissens und die Freiheit des religiösen und weltanschaulichen Bekenntnisses sind unverletzlich.
Artikel 5 (1): Jeder hat das Recht, seine Meinung in Wort, Schrift und Bild frei zu äußern …

einhundertsechs

Grammatik

6 Konjunktiv II – Formen

Infinitiv		werden	sein	haben	müssen	können	dürfen
Präteritum	ich	wurde	war	hatte	musste	konnte	durfte
Konjunktiv II	ich	würde	wäre	hätte	müsste	könnte	dürfte

Die Endungen	ich	würde	wir	würden
sind wie im	du	würdest	ihr	würdet
Präteritum.	er/es/sie	würde	sie/Sie	würden

7 Der Konjunktiv mit *würde* + Verb im Infinitiv

Bei den meisten Verben benutzt man nicht die Konjunktiv-II-Formen, sondern *würde* + Verb im Infinitiv. Dabei bildet man eine Satzklammer.

    würde (konjugiert)   Verb (Infinitiv)

Ich (würde) gerne weniger (arbeiten).
(Würdest) du mir bitte (helfen)?
Sie (würden) gerne zur Party (kommen), aber sie haben keine Zeit.

Bei *sein/haben* und den Modalverben benutzt man die Konjunktiv-II-Formen (*wäre, hätte, müsste* …).

8 Konjunktiv II: Bedeutung

sagen, was nicht Realität ist	Wenn ich Millionär wäre, würde ich weniger arbeiten.
Wünsche	Ich würde gern perfekt Deutsch sprechen.
höfliche Bitten	Könntest du mir bitte helfen?
höfliche Ratschläge	Ich würde an deiner Stelle mehr für die Gesundheit tun.

Aussprache

9 Akzente und Pausen

Langsam und sehr genau sprechen: **mehr** Akzente und Pausen.
Die Wortgruppen spricht man ohne Pausen!

Jeder‿Schüler | hätte‿einen‿Computer | mit‿Internetanschluss.

Schnell sprechen: **weniger** Akzente und Pausen.

Jeder‿Schüler hätte‿einen‿Computer mit‿Internetanschluss.

Raststätte 7

❶ Wiederholungsspiel – Drei in einer Reihe

Das Spielfeld und die Spielregeln finden Sie auf Seite 72.

1. Nennen Sie fünf Freizeitaktivitäten.
2. Wie heißt die Präposition? Ich interessiere mich … Sport.
   Das Rote Kreuz kümmert sich … Kranke.
3. Kennst du hier j…? – Nein, n…. Ich bin neu hier.
4. Wie heißt das Verb? Eine Stelle s… – Viel Geld v… – Eine Anzeige a…
5. Nennen Sie fünf Berufe.
6. Wie heißt das Verb? Ich habe mich um die Stelle b…
   Das Arbeitsamt hat mir die Stelle v…
7. Fünf Wörter aus der Politik: die Regierung …
8. Wie heißt das Gegenteil: die Regierung und die …
9. Wie heißt die deutsche Verfassung? Das G…
10. Wie heißt das deutsche Parlament?

---

1. Beschreiben Sie einen normalen Samstag (6 Sätze): „Samstags stehe ich …"
2. Was kann man im Park alles machen? Drei Sätze.
3. Eine Verabredung: morgen / Park / um 12 Uhr / Picknick / Volleyball
4. Welche Vereine finden Sie interessant? Warum? (zwei Beispiele)
5. Wie viele Vereine gibt es in Deutschland: ≈ 1 Mio. – ≈ 100.000 – ≈ 0,5 Mio.?
6. Welche Jobs haben Sie schon gemacht? Wie war das? Drei Sätze.
7. Einen Ratschlag berichten. Lehrerin: „Lesen Sie regelmäßig Zeitung."
   Sie: „Meine Lehrerin hat gesagt, ich …"
8. Definition: Ein Lehrer ist eine Person, d…
9. Was ist ein „Arbeitsamt"?
10. Präpositionen: Ich hab … dem Bau, … Supermarkt und … einem
    Zahnarzt gearbeitet.
11. Wie oft sind in Deutschland Parlamentswahlen?
12. Wie heißen zurzeit der Bundeskanzler und der Außenminister?
13. Widersprechen Sie: Das Arbeitslosengeld ist zu hoch!
14. Wenn ich Bundeskanzler/in wäre …
15. Wenn man in Deutschland wählen will, dann muss man … Jahre alt sein
    und einen d… P… haben.

---

1. Nennen Sie drei wichtige Vereine in Ihrer Stadt. Was tun sie?
2. Sie möchten Informationen über einen Verein. Formulieren Sie drei Fragen.
3. Ergänzen Sie bitte: Ich finde es gut… / Ich finde es nicht gut…
4. Was gehört in eine Bewerbungsmappe?
5. Was war bisher Ihr liebster Job? Geben Sie drei Gründe.
6. Definitionen: Teilzeitarbeiter/in – Gehaltserhöhung
7. „Arbeit ist das halbe Leben." Geben Sie zwei Gründe.
8. Was ist in diesen Jahren passiert: 1945/1989?
9. Welche Parteien sind zurzeit im Parlament?
10. Warum finden Sie die Regierung zurzeit gut / nicht gut?
    Geben Sie zwei Gründe an.

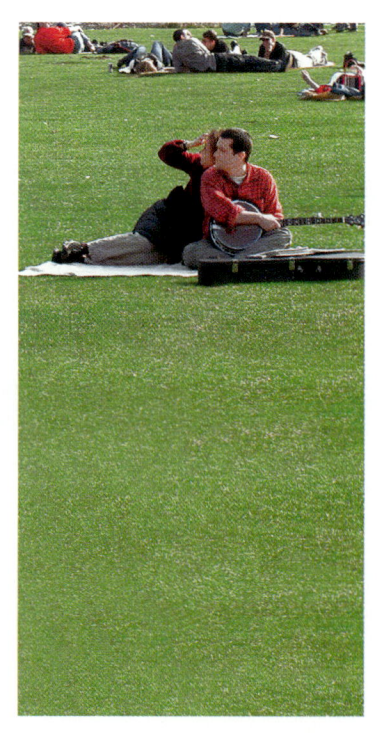

2 Leute

Arbeiten Sie in kleinen Gruppen. Auf dem Foto sehen Sie neun Menschen.
Wählen Sie sich eine Person aus. Was für eine Person ist das? Erfinden Sie die Person.

- Name, Alter, Schulbildung, Beruf
- Hobbys, Interessen
- verheiratet, ledig, geschieden
- Familie, Kinder
- Geschmack (Kleidung, Essen, Musik …)
- Welche Partei wählt er/sie und warum?
- Eigenschaften (in/tolerant, un/kritisch, un/politisch, un/sympathisch …)
- Ein wichtiges Ereignis in seinem/ihrem Leben
- …

Schreiben Sie die „Biografie" auf ein ‚Plakat'. Die anderen müssen raten, welche Person das ist.

Er heißt Andreas Tomanski.
Er ist 50 Jahre alt, 1,85 groß und wiegt 82 Kilo.

Sie hat die Realschule besucht und danach eine Lehre bei der Bank gemacht.
Heute arbeitet sie in einem Hotel in der Buchhaltung.
Sie war verheiratet und hat eine Tochter.
…

Nein, die ist doch keine Lehrerin, die ist Buchhalterin.

Macht er Sport?

Ja, er, äh, wie heißt das? Er geht auf Berge …

Bergsteiger!

Vielleicht ist sie Lehrerin.

Raststätte 7

Leipzig: ein Porträt

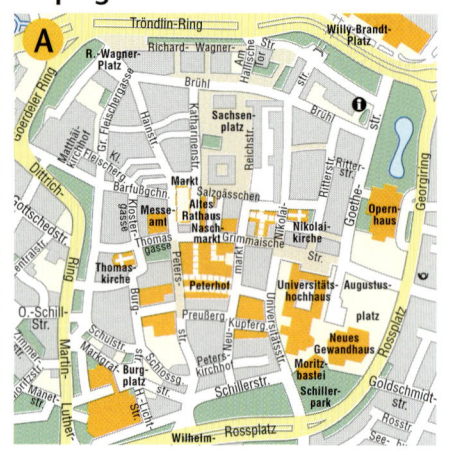

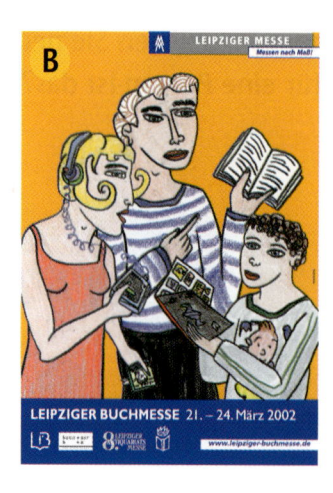

A B C

Aussage 1

3 Stadtporträt – Zu welchen Aussagen passen die Bilder? Hören Sie zu und notieren Sie.

4 Viele Städte in einer – Lesen Sie zuerst die Kurzinformationen 1–5 und dann die Textabschnitte a–e und ordnen Sie a–e den Kurzinformationen zu.

1 Leipzig, die Stadt der Genießer
In Leipzig steht eines der bekanntesten Gasthäuser Deutschlands: *Auerbachs Keller*. Er ist weltbekannt, weil hier eine Szene des berühmtesten deutschen Theaterstücks – Goethes „Faust" – spielt.

2 Leipzig, die Messestadt
Durch seine günstige geographische Lage war Leipzig schon lange ein wichtiges Handelszentrum. Seit dem Mittelalter gibt es Messen in Leipzig. Und die berühmte „Leipziger Messe" ist heute über 500 Jahre alt. In Leipzig finden Sie auch eines der ältesten Kaffeehäuser Deutschlands.

3 Leipzig, die „Buchstadt"
Die Leipziger Buchmesse ist die älteste der Welt. Vor 1945 hatte die Stadt die meisten Verlage Deutschlands.

4 Leipzig, die Musikstadt
Das *Gewandhausorchester* ist seit 250 Jahren weltberühmt. Den Thomanerchor gibt es seit 800 Jahren. Der berühmte Komponist Johann Sebastian Bach lebte und arbeitete hier von 1723 bis 1750.

5 Leipzig, die Stadt der friedlichen Revolution
Zehntausende Menschen gingen im Herbst 1989 nach den traditionellen Montagsgebeten in der Nicolaikirche zum öffentlichen Protest auf die Straße.

a Die aufregenden Bilder von den „Montagsdemos" gingen um die ganze Welt: Die Menschen riefen „Wir sind das Volk!" und forderten demokratische Rechte. Mit ihrer Kritik an den undemokratischen Verhältnissen in der DDR hatten sie großen Anteil an der Wiedervereinigung Deutschlands im Jahr 1990.

b Jährlich kommen Hunderttausende zum neuen Messegelände am Stadtrand und in die Messehäuser im Stadtzentrum. Im Laufe der Zeit hat sich die „Leipziger Messe" gewandelt: Früher wurden in erster Linie Konsumgüter, also Waren, ausgestellt. Dann wurde sie zur ersten Mustermesse der Welt.

c Seit über dreihundert Jahren gibt es in Leipzig das erste Kaffeehaus Sachsens. Es heißt „Zum Coffe Baum" und wurde im Jahre 1694 eröffnet. Der erste Kaffeefilter der Welt kommt aber aus Dresden! Frau Melitta Bentz hat ihn Anfang des 20. Jahrhunderts erfunden.

d Der „Börsenverein des Deutschen Buchhandels" wurde 1825 in Leipzig gegründet. Die *Deutsche Bücherei* sammelt seit 1917 alle deutschsprachigen Veröffentlichungen und hat zurzeit etwa 5,5 Millionen Bücher.

e Wenige Monate nach dem Ende der DDR trafen sich fünf junge Musiker und gründeten eine Band, die als „Die Prinzen" eine der bekanntesten Popgruppen Deutschlands wurde. Die fünf Sänger, die sich schon vom Thomanerchor kannten, hatten alle eine klassische Musikausbildung. Ungewöhnlich sind vor allem ihre A-cappella-Aufnahmen, bei denen sie ihre Popsongs ohne jedes zusätzliche Instrument vortragen.

5 Projekt: Deutsche Städte
a **Sammeln Sie Informationen zum Thema:**

Was ist interessant in Ihrer Stadt / einer anderen Stadt in Deutschland?

Essen/Trinken   Kultur   Natur/Umgebung   Politik/Geschichte   …

b **Machen Sie in Gruppen Wandzeitungen oder kleine „Touristeninformationen".**

Raststätte 7

💡 Effektiv lernen

6 **Deutsch im Alltag – Ein Fragebogen**
Beantworten Sie die Fragen und vergleichen Sie dann im Kurs. Überlegen Sie:

Wer hat wie gelernt? Wer kann was besser machen? Wer kann wem helfen?

---

1. Wie viel Zeit (in Minuten) haben Sie in der letzten Woche außerhalb des Kurses
   - Deutsch gesprochen?   _____ Minuten
   - Deutsch gehört?   _____ Minuten
   - Deutsch gelesen?   _____ Minuten
   - Deutsch geschrieben?   _____ Minuten

2. Mit wem außerhalb des Kurses haben Sie Deutsch gesprochen?
   - Mit anderen Lernenden.   ☐
   - Mit Leuten auf der Straße. ☐ In welchen Situationen? _____
   - Mit anderen Personen.   ☐ _____

3. Waren die Gespräche „erfolgreich"? ☐ ja ☐ nein

   Wenn es Probleme gab: Welche?
   _____
   _____

4. Was haben Sie auf Deutsch gelesen? War es (leicht/schwer, interessant/langweilig …)?
   _____
   _____

5. Haben Sie etwas auf Deutsch geschrieben? Was? Wie war es?
   _____
   _____

6. Notieren Sie fünf Wörter, die Sie außerhalb des Unterrichts neu gelernt haben.
   _____
   _____

   Wo haben Sie sie gelernt? _____

7. Welche Fortschritte haben Sie in der letzten Woche in Deutsch gemacht?
   Markieren Sie bitte (10 = große Fortschritte – 1 = fast kein Fortschritt).

   ☐10 ☐9 ☐8 ☐7 ☐6 ☐5 ☐4 ☐3 ☐2 ☐1

8. Was möchten Sie in der nächsten Woche besonders üben (Lesen, Hören, Grammatik …)?
   Wie wollen Sie das machen?

Nach: Michael Koenig: Testen mit *sowieso*, S. 16 f.

✓ Was kann ich schon?

7 **Bearbeiten Sie die Aufgaben 1–6 und kontrollieren Sie im Kurs.**

1. Über Freizeit sprechen 1 – Formulieren Sie drei Fragen.

   1. _____
   2. _____
   3. _____

2. Über Ihre Freizeit sprechen 2 – Wählen Sie ein Thema und schreiben Sie drei Sätze.

   Freizeit/Sport • Geld • Verein • Freunde • Familie • Hobby

   1. _____
   2. _____
   3. _____

3. Was ist richtig? – Markieren Sie bitte.

   Ich kümmere mich über/um/für meine Kinder?
   Ich interessiere mich (nicht) an/auf/für Sport.
   Ich engagiere mich für/um/über die Behinderten in unserem Ort.

4. Sie möchten Informationen über eine neue Arbeitsstelle haben. Fragen Sie:

   Arbeitszeit • Gehalt • Termin für ein Gespräch

5. Welche Informationen gehören in einen tabellarischen Lebenslauf?

   _____
   _____

6. Seine Meinung sagen – Ordnen Sie zu. Was passt?

   vielleicht • Das stimmt! • Ich finde, dass ... • Ich weiß nicht. • Ich glaube, dass ... • Das stimmt nicht. • Im Gegenteil ... • Kann sein. • Das ist richtig. • Sie haben Recht ... • Ich glaube das auch. • Ich kenne mich da nicht aus. • Das ist auch meine Meinung.

seine Meinung sagen/zustimmen	widersprechen	Unsicherheit ausdrücken

Mein Ergebnis finde ich: ☺   😐   ☹

Mobil in der Stadt

Stau

Acht Stunden Maloche.
Mein Hirn ist leer.
Freu mich auf zu Hause,
auf dich meine Liebe,
doch der Weg ist schwer.

Ich steh im Stau.
Es geht nicht vorwärts.
Es geht nicht zurück.
Warten, warten, auf dich,
mein Glück.

Tausend Autos.
Benzin in der Luft.
Das Hupen ein Schmerz.
Mach mich auf den Weg
zu dir mein Herz.

Ich steh ...

Hab keinen Bock mehr.
Ich parke die Karre.
Und nehme den Bus.
Doch was für ein Irrtum.
Der gleiche Verdruss.

Ich steh ...

Der Himmel wird grau.
Der Weg ist noch weit.
Ich hab es jetzt satt.
Und eile zu Fuß.
Ans Ende der Stadt.

Ich lauf durch den Stau.
Schaue nur vorwärts.
Schau nicht zurück.
Wart noch 'ne Weile.
Ich komme, mein Glück.

Worterklärungen

die Maloche (umgangssprachlich/ugs.)	die (schwere) Arbeit im Beruf	der Verdruss	der Ärger
das Hirn	das Gehirn / der Kopf	etwas (etw.) satt haben (ugs.)	etw. nicht mehr wollen / ertragen können
keinen Bock haben (ugs.)	keine Lust haben		
die Karre (ugs.)	das Auto		

Lernziele 22

- über Verkehrsmittel sprechen
- Nebensatz: *als, (immer) wenn deshalb*
- Präpositionen mit Akkusativ

1 Stau – Hören Sie das Lied. Was ist das Problem? Beschreiben Sie die Situation.

2 Mobil in der Stadt – Welche Verkehrsmittel benutzen Sie wann und warum?

> Zur Arbeit fahre ich immer mit dem Bus.

> Zum Einkaufen benutze ich meistens ...

einhundertvierzehn

3 Wortfeld „Verkehrsmittel in der Stadt"

a Welche Ausdrücke passen zu den Verkehrsmitteln? Notieren Sie.   ▶ S. 219

einen Platten haben • eine Monatskarte haben • zur Tankstelle fahren • eine Fahrkarte kaufen • den Führerschein haben • im Parkhaus parken • den Fahrplan lesen • einen Parkschein ziehen • an der Haltestelle warten • zum Bahnsteig gehen • einen Strafzettel bekommen • (k)einen Parkplatz finden • bei der nächsten Station aussteigen • pünktlich kommen • den Radweg benutzen • tanken • bremsen • abbiegen • anhalten

Fahrrad	Auto	Bus / Straßenbahn
einen Platten haben		

b Ergänzen Sie weitere Wörter und Ausdrücke.

▶ S. 220

4 Mobilität – Lesen Sie die Texte.
Welche Verkehrsmittel benutzen die Personen sehr oft ++, häufig +, (fast) nie –

	P. Schulze	M. Kuse	J. Kuss
Auto	–		
Fahrrad			
ÖPNV (Bus/Bahn …)			

A Paul Schulze (28)
Natürlich haben wir ein Auto, sogar ein ziemlich großes – gebraucht! Aber ich fahre seit fast drei Jahren fast nur mit öffentlichen Verkehrsmitteln, mit dem Bus oder der U-Bahn. Parkplatz suchen, mindestens drei Strafzettel im Monat, die hohen Benzinkosten, im Stau stehen usw. Das gefällt mir alles nicht mehr. Deshalb steht das Auto fast immer in der Garage. Mit dem Fahrradfahren bin ich in der Stadt vorsichtig. Vor zwei Jahren hatte ich einen schweren Unfall. Zum Glück hat mir mein Helm das Leben gerettet. Aber seitdem habe ich Angst.

B Margot Kuse (48)
Vor 30 Jahren habe ich zwar meinen Führerschein gemacht, aber Autofahren kommt für mich nicht infrage. Früher hatte ich kein Geld für ein Auto. Deshalb bin ich immer mit dem Fahrrad gefahren. Und jetzt habe ich mich daran gewöhnt. Ich bin fast 50 Jahre alt und will fit bleiben. Auch deshalb fahre ich immer Fahrrad. Morgens fahre ich damit zur Arbeit, danach zum Einkaufen. Ich benutze es auch, wenn ich Freunde besuchen will oder zum Sport fahre. Ich habe zwei Fahrräder, falls mal eins einen Platten hat. Im Winter ist es manchmal hart. Wenn es regnet, nehme ich fast immer die Straßenbahn. Und in den Urlaub fahre ich mit dem Zug, aber meistens nehme ich mein Fahrrad auch da mit!

C Janek Kuss (38)
Meine Frau und ich wohnen mit unserer Tochter Meike und meinen Eltern in einem Haus auf dem Land. Bis jetzt haben wir drei Autos, aber in zwei Monaten macht Meike ihren Führerschein und dann will sie sich sofort ein gebrauchtes Auto kaufen. Es kann alt sein, Hauptsache, es ist billig und fährt. Mein Arbeitsplatz ist fast 20 km von meinem Wohnort entfernt, deshalb brauche ich ein Auto und meine Frau will unabhängig sein. Meine Eltern finden ein Auto einfach bequem. Einkaufen, Arztbesuche, Bekannte besuchen – das ist mit dem Auto am einfachsten. Natürlich ist das ganz schön teuer. Deshalb arbeitet meine Frau auch. Wir haben zwar auch alle ein Fahrrad, aber wir benutzen es selten. Im Sommer machen wir manchmal eine Radtour, aber nicht sehr oft.

5 Auto/Fahrrad/Bus: Vor- und Nachteile
a Notieren Sie Stichwörter aus den Texten auf Seite 116.
b Gibt es noch andere Vorteile? Sprechen Sie im Kurs.

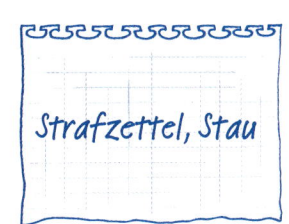

Strafzettel, Stau

(Am Auto finde ich gut, dass man …) (Aber das Fahrrad hat den Vorteil, dass …) (Ein Problem bei Bussen ist, dass …)

c **Frau Fritsche – Hören Sie zu und kreuzen Sie an.**

Friederike Fritsche (40)
1. Frau Fritsche fährt immer mit dem Auto zur Schule. r f
2. Sie fährt immer sehr schnell mit dem Auto. r f
3. Zum Einkaufen in der Stadt benutzt sie öffentliche Verkehrsmittel. r f
4. Es gibt im Ort keine breiten Straßen. r f
5. Das Fahrrad benutzt sie nie. r f
6. Sie fährt auch in ihrem Ort nur Auto. r f

d **Wann benutzt sie was?**

1. Wenn sie zur Arbeit fährt, benutzt sie das Auto.

   Sie benutzt das Auto, wenn sie _____ .

2. Wenn sie in der Stadt einkaufen will, _____ .

   Sie benutzt _____ , wenn _____ .

3. Wenn sie in ihrem Ort einkauft, _____ .

   Sie benutzt _____ , wenn_____ .

6 Konsequenzen angeben: *deshalb* – Schreiben Sie Sätze wie im Beispiel.

Hauptsatz	Hauptsatz
Sie hatte wenig Geld.	Sie ist immer mit dem Fahrrad gefahren.
Sie hatte wenig Geld,	**deshalb** ist sie immer mit dem Fahrrad gefahren.

1. Es regnet heute.
2. Autofahren ist teuer.
3. Sie will etwas für ihren Körper tun.
4. Sein Arbeitsplatz ist 20 km entfernt.
5. Die Benzinkosten sind hoch.

a) Das Auto steht in der Garage.
b) Sie fährt mit der Straßenbahn.
c) Sie macht Sport.
d) Seine Frau arbeitet auch.
e) Er braucht ein Auto.

Es regnet heute, deshalb fährt sie mit der Straßenbahn.

▶ S. 221

7 Nebensätze mit *als* – Schreiben Sie Sätze wie im Beispiel.

		WANN?
Er hat ein Fahrrad bekommen.		Er war 9 Jahre alt.
Er (hat) ein Fahrrad (bekommen),		**als** er 9 Jahre alt (war).
Als er 9 Jahre alt (war),		(hat) er ein Fahrrad (bekommen).

1. Pedro war 18 Jahre alt. — Er hat seinen Führerschein gemacht.
2. Monika wollte Michael abholen. — Es hat geregnet.
3. Es war Viertel nach fünf. — Hosni ist endlich gekommen.
4. Tom wollte gerade losfahren. — Helgi hat angerufen.
5. Paul war mit der Arbeit fertig. — Wir sind zusammen ins Kino gegangen.
6. Dagmar war in Hamburg. — Sie hat Amir besucht.

> 1. Als Pedro 18 Jahre alt war, hat er ... / Pedro hat seinen Führerschein gemacht, als er ...
> 2. Als ...

8 Ein Leben auf Rädern – Schreiben/Erzählen Sie die Geschichte.

Kinderwagen → Spielzeugauto → Dreirad → Fahrrad → Mountainbike →
gebrauchtes Auto (Schrottkiste) → Mittelklassewagen → Familienwagen (Bus)
→ Sportwagen → Gehhilfe

> Als sie drei Monate alt war, hatte sie einen Kinderwagen. Das war ihr erstes Fahrzeug.
> Als sie ein Jahr alt war, hat sie ein Spielzeugauto bekommen. Als sie ..., hat sie ...

9 Präpositionen mit Akkusativ – Ordnen Sie die Sätze den Bildern zu.

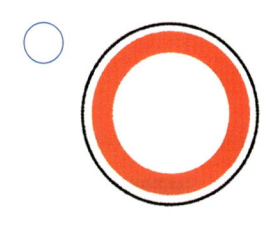

1. Man darf nicht **ohne** einen Fahrschein fahren. Das kostet 30 Euro Strafe.
2. Sie dürfen nicht **durch** den Park fahren. Fahren Sie hier rechts **um** den Park **herum**.
3. Hier ist heute gesperrt. Fahren Sie **um** die Kurve und dann rechts.
4. Es ist 23.00 Uhr. **Um** diese Zeit dürfen Sie hier kostenlos parken.
5. ○ Ein Schnäppchen! **Für** den Wagen habe ich nur 1000 Euro bezahlt.
   ● Na prima, damit kannst du wenigstens nicht **gegen** einen Baum fahren.

10 Aussprache: viele Konsonanten – Hören Sie und sprechen Sie langsam nach.

sechs	Strafzettel	sechs Strafzettel
nächste Straße	rechts	nächste Straße rechts
Parkplatz	Probleme	Parkplatzprobleme

11 Projekt: Gebrauchtwagen

a Lesen Sie die Anzeigen. Welche Informationen können Sie erraten?

Ford Fiesta, 1,6 Diesel, Bj88, schw.-met., Reifen neu, TÜV 1 J, 350 Euro VHB. Tel.: 35221

Opel Kadett, EZ 10/90, Glasdach, TÜV neu, Kat., 130t km, VHB 650E Tel.: 546451

b Was soll Ihr Wunschauto haben? Machen Sie Notizen.

Cabrio / Hi-Fi-Anlage / …

c Suchen Sie passende Autos in der Zeitung oder im Internet.

Deutsch verstehen

12 Die theoretische Führerscheinprüfung

a Lesen Sie zuerst die Fragen. Schlagen Sie unbekannte Wörter nach.
b Kreuzen Sie an (Mehrfachlösungen sind möglich).
c Vergleichen Sie mit den Lösungen auf S. 122 unten.

16. Was ist hier zu beachten (keine Vorfahrtstraße)?

a	Parken ist erlaubt, wenn zwischen einem parkenden Fahrzeug und der Mittellinie ein Fahrstreifen von mindestens 3 m bleibt
b	Die Mittellinie darf überfahren werden, wenn es der Gegenverkehr zulässt
c	Fahrzeuge dürfen die Mittellinie nicht überqueren oder über ihr fahren

17. Worauf weist dieses Verkehrszeichen hin?

a	Auf einen Parkplatz mit Raststätte an der Autobahn
b	Auf einen Parkplatz mit Anschluss an den öffentlichen Nahverkehr
c	Auf markierte Parkflächen, auf denen nur rückwärts eingeparkt werden darf

18. Worauf müssen Sie sich bei diesem Verkehrszeichen einstellen?
Darauf, dass

a	auf der Fahrbahn Wintersport betrieben wird
b	auf der Fahrbahn Schnee oder Eisglätte herrscht
c	Wintersport nur auf den Gehwegen stattfindet

19. Wer darf auf dieser Straße mit einem Kraftfahrzeug fahren?

a	Wer etwas einkaufen will
b	Wer Waren liefern muss
c	Wer jemanden besuchen will

20. In welchen Fällen dürfen Sie die Leitlinie überfahren?

a	In keinem Fall
b	Um an einem Hindernis vorbeizufahren
c	Zum Überholen

einhundertzwanzig

21. Welches Verhalten ist richtig?

- a ☐ Ich muss den Traktor vorbeilassen
- b ☐ Ich darf vor der Straßenbahn abbiegen
- c ☐ Ich muss die Straßenbahn vorbeilassen

22. Welches Verhalten ist richtig?

- a ☐ Ich muss den blauen Lkw durchfahren lassen
- b ☐ Der Traktor muss mich durchfahren lassen
- c ☐ Ich muss den Traktor abbiegen lassen

Abdruck mit freundlicher Genehmigung des Verlages Heinrich Vogel GmbH, http://www.fahren.lernen.de; Nummerierung und Rechtschreibung wurden angepasst.

13 Wichtige Verkehrszeichen

a Testen Sie sich selbst! Ordnen Sie zu.

a) Verbot der Einfahrt
d) Fußgängerüberweg
b) unbeschrankter Bahnübergang
e) vorgeschriebene Fahrtrichtung rechts
c) Überholverbot für Kraftfahrzeuge aller Art
f) verengte Fahrbahn

b Hören Sie den Dialog und vergleichen Sie mit Ihrem Ergebnis.

Strukturen verstehen

14 Partizipien als Adjektive – Lesen Sie die Beispiele und markieren Sie die Formen in den Führerscheinaufgaben 16, 17 und in Aufgabe 13a.

Partizip Präsens: Infinitiv + **d** + **Adjektivendung**

Bitte fahren Sie langsam an den parken**d**en Autos vorbei.   parken-**d**-en
Bitte achten Sie auf die überholen**d**en Lkws.   überholen-**d**-en

Partizip Perfekt: Partizip + **Adjektivendung**

Bitte fahren Sie langsam an den geparkt**en** Autos vorbei.   geparkt-**en**
Bei geschlossen**er** Schranke müssen Sie warten.   geschlossen-**er**

Partizipien kann man wie Adjektive verwenden.

Auf einen Blick

Im Alltag

① Infos rund um den Führerschein

Den Führerschein machen ...

Voraussetzungen:	18 Jahre / Sehtest / Erste-Hilfe-Schein
Fahrstunden:	Stadt-, Überland-, Autobahn-, Nachtfahrt
Prüfung:	Theorie / praktische Fahrprüfung: 45 Minuten.
Probezeit:	zwei Jahre
Fahrausweis	unbegrenzt gültig

... und verlieren

Bußgeld und Punkte in Flensburg

In Flensburg (Schleswig-Holstein) ist die deutsche „Verkehrssünderkartei". Bei Verstößen gegen die Verkehrsregeln muss man ein Bußgeld bezahlen. Bei Geldbußen über 40 Euro bekommt man Punkte. Mit 18 Punkten ist das Konto voll. Dann bekommt man Fahrverbot für eine bestimmte Zeit. Die Höhe der Strafe richtet sich nach dem einzelnen Verstoß.

Punktekonto

8–13 Punkte:	Verwarnung
14–17 Punkte:	Teilnahmepflicht an einem Aufbauseminar
18 Punkte:	Der Führerschein ist weg.

Die Punkte werden jeweils nach zwei Jahren gelöscht.
Beispiel: Alkohol im Blut: 0,5 Promille = 250 Euro Bußgeld, ein Monat Fahrverbot, vier Punkte in Flensburg

② Abkürzungen in Anzeigen

VP	Verkaufspreis
NP	Neupreis
Bj.	Baujahr
1. Hd.	aus 1. Hand
15 tkm	fünfzehntausend Kilometer
VHB	Verhandlungsbasis
1a Zustand	sehr guter Zustand
AU	Abgasuntersuchung
TÜV 01/06	technische Zulassung bis 01/2006
EZ	Erstzulassung

Audi A4 - Bj. 96
Allgemeine Fahrzeugdaten: Limousine / 74 kW / Kraftstoff: Benzin / Erstzulassung: 01/1995 / 115 tkm / TÜV 01/2004 / AU: Ja / Bis 01/2004 / 1. Hd / Türen: 4 / Farbe: Metallic / Preis: 5800 Euro VHB.

Lösungen zur Führerscheinprüfung auf S. 120–121.
Richtig sind: 16. a/c, 17. b, 18. a/b, 19. b, 20. b/c, 21. c, 22. a/c

einhundertzweiundzwanzig

Grammatik

3 Konsequenzen angeben: *deshalb*

Hauptsatz	Konsequenz (Folge) ➔ Hauptsatz
Das Fahrrad (hat) einen Platten,	**deshalb** (kommt) sie mit dem Bus.

Für *deshalb* kann man auch *daher*, *deswegen*, *darum* sagen.

4 Präpositionen mit Akkusativ

durch	Man darf mit dem Auto nicht **durch** den Park fahren.
für	Das Formular brauche ich **für** den Führerschein.
gegen	Man kann nichts **gegen** die Benzinpreise machen.
ohne	Fahren Sie nicht **ohne** einen gültigen Fahrschein!
um	Sie können hier **um** diese Zeit immer parken.
um (… herum)	Fahren Sie **um** den Park (**herum**) und dann geradeaus.

5 Nebensätze mit *als* und *(immer) wenn*

WANN?

Er (hat) ein Fahrrad (bekommen), **als** er 9 Jahre alt (war).
Als er 9 Jahre alt (war), (hat) er ein Fahrrad (bekommen).
Sie (fährt) mit der Straßenbahn, **wenn** es (regnet).
(Immer) **wenn** es (regnet), (fährt) sie mit der Straßenbahn.

Mit *als* drückt man eine **einmalige** Handlung in der **Vergangenheit** aus.
Mit *(immer) wenn* drückt man eine **regelmäßige** Handlung aus.

Aussprache

6 Konsonantenverbindungen

am Anfang	in der Mitte	am Ende
eine **Spr**achschule	die Tan**ks**telle	im He**rbst**
der **Str**afzettel	ein Verke**hrs**zeichen	ein Stru**mpf**

Ein Erfo**lgspr**ogramm! Du **schr**eib**st** und **spr**ich**st** jetzt schon gut Deu**tsch**!

> **TIPP** Sprechen Sie schwierige Wörter langsam, Sie müssen jeden Laut sprechen!

Mein Medienalltag

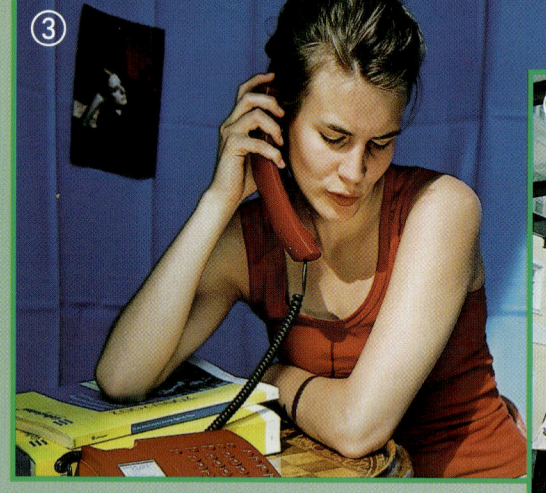

1 Ordnen Sie die Wörter und Ausdrücke den Bildern zu.

das Handy • der Computer • die Zeitung • das Radio • der Fernseher • das Fax • das Telefon • die E-Mail • der Film • das Buch
hören • sprechen • schreiben • abschicken • fernsehen • zappen • mailen • faxen • telefonieren • anrufen • empfangen • herunterladen • anschalten • ausschalten • umschalten
Rufst du mich zurück? • Ich ruf dich später noch mal an. • Es war immer besetzt. • Sprich mir auf den Anrufbeantworter. • Ich verbinde Sie mit … • Ich hab dir eine Mail geschickt. • Ich komm zurzeit nicht ins Netz. •
Hast du schon den neuen Roman von Grass gelesen? • Wann kommen die Nachrichten?

Bild 1	Bild 2	Bild 3	Bild 4	Bild 5	Bild 6	Bild 7	Bild 8
das Radio hören anschalten							

2 Betrachten Sie die Fotos.

a Sie hören drei Alltagsbeschreibungen. Welche passt zu den Bildern?

b Hören Sie noch einmal und machen Sie Notizen zu den anderen Personen.

c Ihr Medienalltag – Schreiben Sie und erzählen Sie im Kurs.

Morgens um kurz vor sieben klingelt mein Wecker.
Ich habe einen Radiowecker, weil ich gerne mit Musik aufwache.
Wenn ich ins Bad gehe, stelle ich das Radio an und höre die Nachrichten.
Ich mache das Frühstück.
Ich gehe zum Briefkasten und hole die Zeitung.
Beim Frühstück lese …

3 Dialoge – Hören Sie das Beispiel und schreiben/sprechen Sie eigene Dialoge. Verwenden Sie dabei möglichst viele Wörter und Ausdrücke aus 1.

Lernziele 23

- über Medien sprechen
- über Fernsehgewohnheiten sprechen
- Meinungen äußern
- nachfragen
- einen Zweck angeben: *um ... zu / damit*

▶ S. 224

einhundertfünfundzwanzig

4 Die Deutschen und die Medien – Lesen Sie die Statistik und ergänzen Sie die Sätze.

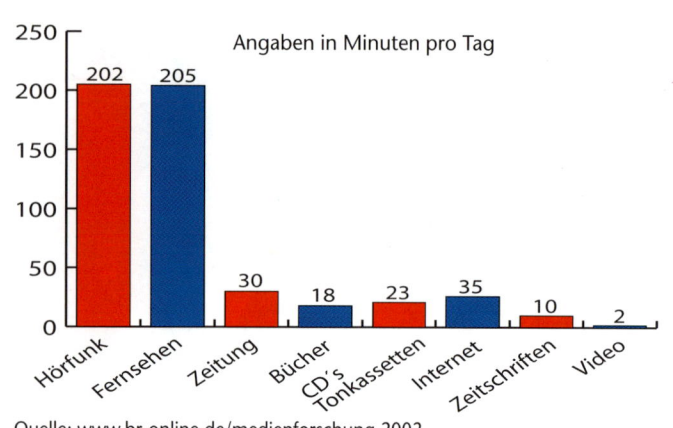

Angaben in Minuten pro Tag

- Hörfunk: 202
- Fernsehen: 205
- Zeitung: 30
- Bücher: 18
- CD's Tonkassetten: 23
- Internet: 35
- Zeitschriften: 10
- Video: 2

Quelle: www.br-online.de/medienforschung 2002

1. Am meisten benutzen die Deutschen ...
2. Die Deutschen sitzen jeden Tag ...
3. Sie lesen länger ...
4. Video sehen sie ...
5. Ein Buch lesen sie laut Statistik ...
6. Zeitschriften sind weniger ...

▶ S. 225

5 Welche Medien benutzen Sie?

a Schreiben Sie die Minuten in die Tabelle.

	täglich	fast täglich	mehrmals pro Monat	(sehr) selten	(fast) nie
Buch					
CDs/Tonkassetten					
Computer/Internet					
Fernsehen					
Handy					
Radio					
Telefon					
Video/DVD					
Zeitschrift					
Zeitung					

b Sprechen Sie im Kurs. Die Dialogbeispiele helfen.

Dialog 1

○ Liest du jeden Tag Zeitung?↗
● Nein.↘
○ Wie oft?↗
● Ein- oder zweimal pro Woche.↘ Und du?↗

Dialog 2

○ Hast du einen Computer?↗
● Ja.↘
○ Wie viel Zeit sitzt du am Computer?↘
● Vielleicht zwei Stunden am Tag.↘

c Machen Sie gemeinsam eine Statistik im Kurs.

6 Radio, Fernsehen, Zeitungen … Wozu verwendet man was?

a Ordnen Sie zu und lesen Sie vor.

WOZU? → ZIEL

1. Ich höre morgens gerne Radio,
2. Ich lese regelmäßig die Zeitung,
3. Viele Leute haben ein Handy,
4. Abends sehe ich eine Stunde fern,
5. Meine Oma hat jetzt auch Internet,
6. Ich habe meiner Freundin einen DVD-Spieler geschenkt,

a) damit ich ihr E-Mails schicken kann.
b) um überall telefonieren zu können.
c) um besser aufzuwachen.
d) um mich zu entspannen.
e) damit sie Filme im Original sehen kann.
f) um immer gut informiert zu sein.

b Nebensätze mit *damit* oder *um … zu* – Vergleichen Sie. Was ist anders?

Meine Oma möchte auch Internet haben, um E-Mails zu schreiben.
Meine Oma möchte auch Internet haben, damit **ich** ihr E-Mails schreiben kann.

7 Wozu?/Warum? – Schreiben Sie eine Frage mit *wozu* oder *warum* auf einen Zettel. Tauschen Sie im Kurs und beantworten Sie die Fragen.

▶ S. 225

Fernsehprogramme • Kino • Internet • Zeitungen • Zeitschriften • Comics • Auto • Fahrrad • Straßenbahn • Wetter/Klima • Deutschunterricht …

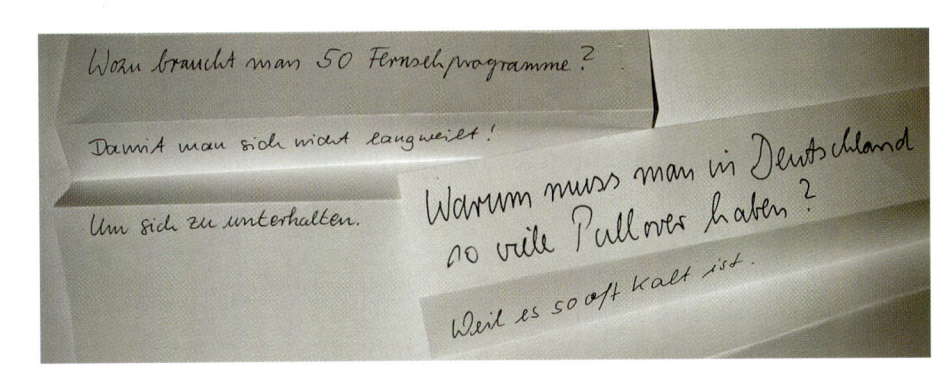

> Wozu braucht man 50 Fernsehprogramme?
> Damit man sich nicht langweilt!
> Um sich zu unterhalten.
> Warum muss man in Deutschland so viele Pullover haben?
> Weil es so oft kalt ist.

8 Aussprache: Rückfragen

a Hören Sie den Dialog.

b Hören Sie und sprechen Sie nach.

▶ S. 226

Wer spricht da bitte?↗
Was möchten Sie verkaufen?↗
Was möchten Sie wissen?↗
Wie bitte?↗
Wann wollen Sie zurückrufen?↗
Wo sind Sie jetzt?↗

c Schreiben Sie Minidialoge und üben Sie im Kurs.

9 Fernsehen in Deutschland

a Sehen Sie sich die Logos an. Welche Sender und Sendungen kennen Sie?

SAT.1   3sat   mdr MITTELDEUTSCHER RUNDFUNK   7   ZDF   VOX   ARD Das Erste   arte   RTL

b Fernsehen in Deutschland und in Ihrem Land – Lesen Sie den Text und vergleichen Sie: Was ist gleich, was anders?

> In Deutschland kann man Fernsehen über normale Antennen, Satellitenantennen und über Kabel empfangen. Es gibt so genannte „öffentlich-rechtliche" (ARD, ZDF ...) und „private" (RTL, SAT 1 ...) Sender. Für die öffentlich-rechtlichen muss man Rundfunkgebühren bezahlen. Sie sollen die „Grundversorgung" mit Information, Bildung und Unterhaltung anbieten
> 5 und auch auf die Interessen von kleinen Zielgruppen (z.B. von Theaterfreunden, ausländischen Mitbürgern ...) eingehen. Sie dürfen nur wenig Werbung senden.
> Die privaten Sender bekommen ihr Geld nur durch Werbung. Über Satellit und Kabel kann man auch viele Programme aus anderen Ländern sehen, zum Beispiel aus der Türkei, Polen, Frankreich, Italien und Großbritannien. Für einen Kabelanschluss muss man Geld bezahlen.
> 10 Es gibt auch „Pay-TV"-Programme (Premiere), die z.B. oft aktuelle Spielfilme oder wichtige Fußballspiele senden. Aber sie kosten ziemlich viel Geld pro Monat.

▶ S. 227

10 Fernsehgewohnheiten – Wählen Sie fünf Fragen aus und fragen Sie Ihre Nachbarin / Ihren Nachbarn. Berichten Sie im Kurs.

1. Wann siehst du meistens fern?
2. Welche Fernsehsender siehst du häufig?
3. Welche Programme siehst du gern?
4. Welche Sendungen magst du nicht? Warum?
5. Hast du schon Fernsehprogramme auf Deutsch gesehen? Welche?
6. Welche Programme nimmst du auf?
7. Was gehört für dich zu einem guten Fernsehabend (Programm, Essen, Trinken ...)?
8. Es ist Samstag, 20 Uhr, dein Fernseher ist plötzlich kaputt. Was machst du?
9. ...

> Sie sieht meistens TVE, weil das auf Spanisch ist.

> Magdalena hat gesagt, dass sie oft fernsieht.

> Sie hat aber auch ...

11 Projekt – Medien und Sprachenlernen

1. Wie können Zeitungen/Radio/Fernsehen/Video ... beim Lernen helfen?
2. Was gibt es im Sprachinstitut?
3. Was gibt es im Internet?
4. Wo gibt es Internetcafés?

12 Pro und Contra

▶ S. 228

a Suchen Sie sich drei Thesen aus und notieren Sie Ihre Meinung dazu.
Die Redemittel und Argumente helfen.

Thesen

1. Kostenloser Internetanschluss für jeden Bürger
2. Einen Tag im Monat ohne Fernsehen
3. Computerunterricht schon im Kindergarten
4. Kinder ab 12 brauchen ein Handy
5. Erdnüsse und Chips gehören zu einem Fernsehabend
6. Theater ist viel interessanter als Fernsehen
7. Fernsehen macht dumm
8. Computer machen die Kinder krank
9. Handys im Park verbieten! Sie stören die Ruhe
10. In Deutschland gibt es zu viele Regeln

> Ich finde, das ist eine gute Idee, weil sonst nur die Reichen an wichtige Informationen kommen.

> Ich finde, dass das Internet Privatsache ist.

> Ich weiß nicht, warum man alles regeln muss.

☺	Ich finde/meine, dass ... (weil) ...	☹	Ich finde nicht, dass ... (weil) ...
☺	Es ist doch klar, dass ...	☹	Das glaube ich nicht. Ich ...
☺☹	Das stimmt! Aber ...	☹☹	Das ist Unsinn. Ich glaube, dass ...
☺☺	Das ist eine ganz gute /gute /super Idee.	☺?	Ich weiß nicht, warum ...

Argumente

- Das Internet ist Privatsache.
- Sonst kommen nur die Reichen an wichtige Informationen.
- Ich will selbst bestimmen, wann ich fernsehe.
- Dann haben alle mal Zeit für die Familie.
- Man kann die Leute dann immer erreichen.
- Man hat dann endlich mal seine Ruhe.
- Die Kinder können damit noch gar nicht umgehen.
- Man kann doch nicht alles verbieten.
- Nur, wenn man schon dumm ist.
- Es gibt auch viele interessante Sendungen.
- Aber nur, wenn sie zu lange damit spielen.
- Essen nach sieben Uhr abends ist ungesund.
- Kinder sollen draußen spielen.
- Das ist viel zu teuer.
- ...

b Suchen Sie einen Partner / eine Partnerin im Kurs, der/die mindestens eine Meinung zum selben Thema notiert hat.

Deutsch verstehen

13 Thema „Fernsehen" – Ein Lesetext

a Überfliegen Sie die Textabschnitte. Welche Überschrift passt zum ganzen Text?

Leben ohne Fernsehen? Undenkbar!

Fernsehkonsum macht Jugendliche krank

Die Geschichte des Fernsehens in Deutschland

b Lesen Sie die Textabschnitte und bringen Sie sie in eine logische Reihenfolge.

1 ☐ 1952 wurde vom Nordwestdeutschen Rundfunk täglich ein dreistündiges Programm gesendet. Eine Stunde am Nachmittag, für Kinder und Jugendliche, und zwei Stunden am Abend. Aber fast niemand hatte ein eigenes Gerät. „Fernsehen" konnte man in Gaststätten, Turnhallen, Gemeindesälen oder im Freien. Zwei Programmhöhepunkte waren damals: 1953 die Krönung der britischen Königin Elisabeth II. – übrigens die erste Sendung der Eurovision – und 1954 das Endspiel der Fußballweltmeisterschaft, das von Deutschland gewonnen wurde.

Fernsehen wurde danach populär. 1957 gab es schon über eine Million Fernsehapparate und 1960 schon 3 Millionen. Ein Gerät kostete damals ungefähr 400 Euro und die „Rundfunkgebühren" gerade mal 2 1/2 Euro.

Seit 1963 gibt es auch ein 2. Programm (ZDF) und bis 1964 stieg die Zahl der Fernsehempfänger auf zehn Millionen. Ab 1967 wurden die Bilder dann bunt. Die Farbfernseher kamen auf den Markt.

2 ☐ Das Fernsehen hat unser Leben verändert. Heute sitzen die Deutschen im Durchschnitt 3 Stunden vor der „Flimmerkiste". Sie können aus mehr als 30 Programmen auswählen, rund um die Uhr. Wie hat das eigentlich alles angefangen?

Im März 1935 wurde in Deutschland, als erstem Land der Welt, ein regelmäßiges Fernsehprogramm ausgestrahlt. Jeden Montag, Mittwoch und Samstag gab es zwei Stunden Programm: Wochenschauen, Nachrichten und Unterhaltung. Aber zum „Fernsehen" musste man in eine „Fernsehstube" gehen. Die erste Fernsehstube wurde in Berlin eingerichtet. Bis zu 100 Zuschauer hatten Platz und der Eintritt war frei.

1936 wurde zum ersten Mal „live" gesendet. 150 000 Zuschauer erlebten die Olympischen Spiele in 28 Berliner Fernsehstuben. Private Fernsehgeräte hatten damals nur 50 Haushalte.

3 ☐ In den neuen Bundesländern, der ehemaligen DDR, startete das Fernsehen offiziell erst 1956. Die Programme wurden staatlich kontrolliert und zensiert. Darum schauten viele Leute meistens „Westfernsehen", was der Regierung zwar nicht gefiel, was sie aber nicht verhindern konnte.
In den 80er-Jahren kamen private Fernsehanbieter auf den Markt, die ihre Programme ausschließlich aus Werbung finanzieren. Über Satellit oder Kabel können heute auch viele ausländische Programme empfangen werden. Wurde früher der Tagesablauf durch das Fernsehprogramm bestimmt – pünktlich um 20 Uhr sah die Familie die „Tagesschau" und danach mussten die Kinder ins Bett – so ist Fernsehen heute kein besonderes Ereignis mehr. Die „Flimmerkiste" läuft in vielen Familien rund um die Uhr.

c   Was passt zusammen? Ordnen Sie 1–5 und a–e zu.

1. Die erste große Fernsehübertragung
2. Viele Bürger der DDR haben
3. Die ersten Fernsehgeräte
4. Zunächst konnte man
5. Privatfernsehen gibt es in Deutschland

a) nur in „Fernsehstuben" fernsehen.
b) waren sehr teuer.
c) seit Mitte der Achtzigerjahre.
d) war von den Olympischen Spielen in Berlin.
e) lieber West- als Ostfernsehen gesehen.

d   Notieren Sie die wichtigsten Ereignisse der deutschen Fernsehgeschichte auf dem „Zeitstrahl".

1935
1. regelm. Programm

1936

Strukturen verstehen

14 Passiv Präteritum (→ S. 33)
a   Lesen Sie die Beispiele.

Das Passiv Präsens: *werden* (konjugiert) + Partizip 2
Heute (wird) rund um die Uhr Programm (gesendet).

Beim Passiv Präteritum steht *werden* im Präteritum.
1952 (wurde) vom NWDR täglich ein dreistündiges Programm (gesendet).

b   Markieren Sie die Formen in den Textabschnitten 2 und 3.

Auf einen Blick

Im Alltag

1 Über Statistiken sprechen

Die Deutschen lesen **mehr** Zeitung **als** Bücher.
Am meisten benutzen die Deutschen …
Laut Statistik hören die Deutschen am liebsten Radio.
Die Deutschen sehen **fast so** lange fern, **wie** sie Radio hören.
Die Deutschen lesen **weniger** Zeitschriften **als** Zeitungen.
50 Prozent **aller** Deutschen …

2 Meinungen äußern

Das glaube ich nicht. Ich …
Ich finde/meine, dass …
Ich finde (nicht), dass …, weil …
Das ist Unsinn. Ich glaube, dass …

Das ist eine ganz gute / gute/super Idee.
Das stimmt! Aber …
Es ist doch klar, dass …
Ich bin mir nicht sicher, aber ich glaube …

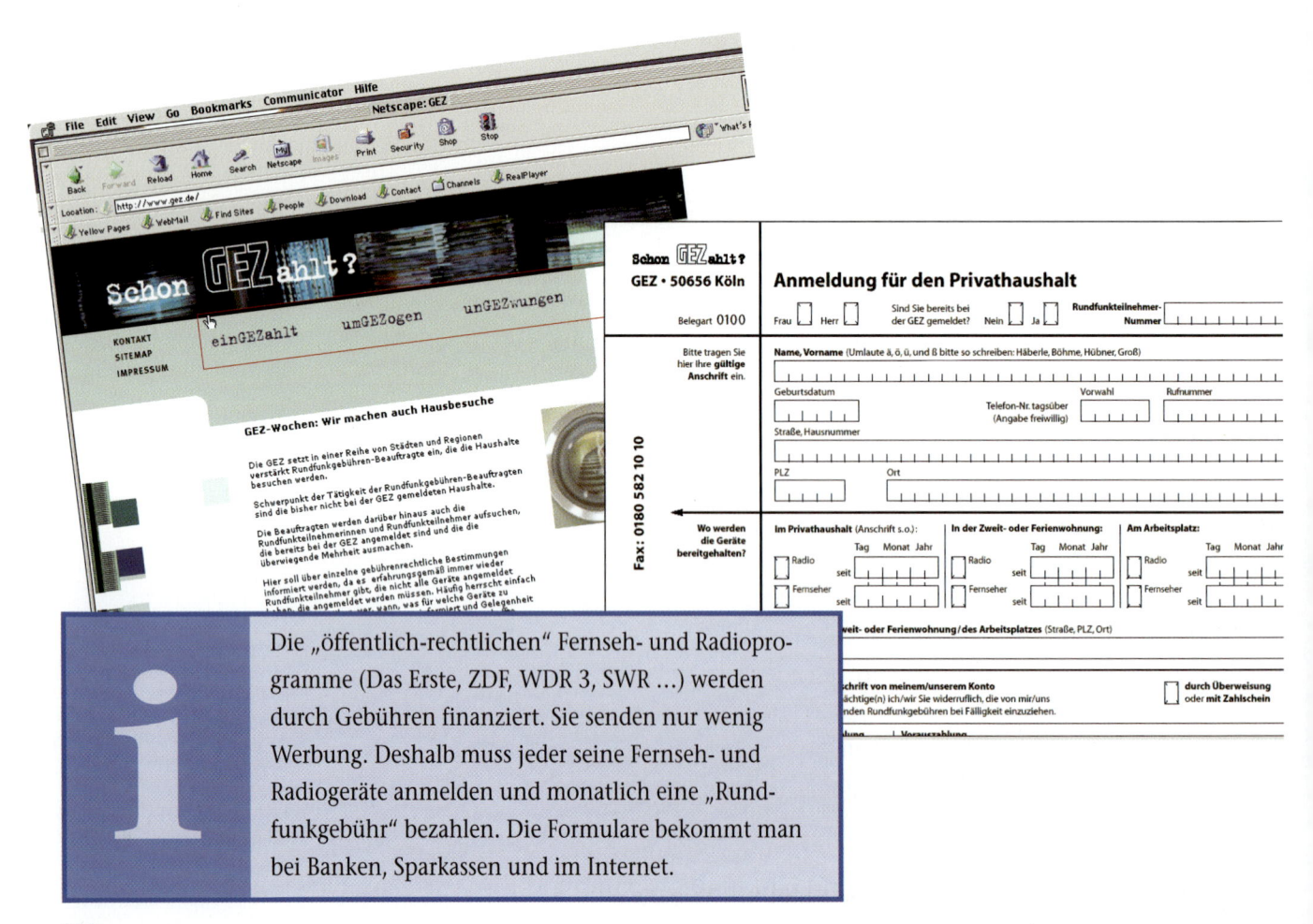

> ℹ Die „öffentlich-rechtlichen" Fernseh- und Radioprogramme (Das Erste, ZDF, WDR 3, SWR …) werden durch Gebühren finanziert. Sie senden nur wenig Werbung. Deshalb muss jeder seine Fernseh- und Radiogeräte anmelden und monatlich eine „Rundfunkgebühr" bezahlen. Die Formulare bekommt man bei Banken, Sparkassen und im Internet.

132

einhundertzweiunddreißig

Grammatik

3 Warum (Grund) – Wozu (Absicht/Ziel) (→ S. 25)

Warum siehst du fern? ← Weil es unterhaltsam ist. Grund

Wozu hast du einen Videorecorder? → Damit ich Filme aufnehmen kann. Absicht/Ziel
→ Um Filme aufnehmen zu können.

4 Nebensätze: damit und um … zu

WOZU? →

Ich lese regelmäßig Zeitung. Ich (bin) immer gut informiert.
Ich lese regelmäßig Zeitung, damit ich immer gut informiert (bin).

Ich gehe mit meiner Tochter zum Spielplatz. Sie (kann) mit anderen Kindern spielen.
Ich gehe mit meiner Tochter zum Spielplatz, damit sie mit anderen Kindern spielen (kann).

Wenn der Nebensatz kein eigenes Subjekt hat, dann verwendet man *um … zu*:

WOZU? →

Ich lese regelmäßig Zeitung, um immer gut informiert zu (sein).
Meine Tochter geht oft zum Spielplatz, um mit anderen Kindern zu (spielen).

5 Wortbildung: un- + Adjektiv = das Gegenteil

bekannt	← →	unbekannt
freundlich	← →	unfreundlich
interessant	← →	uninteressant
möglich	← →	unmöglich
regelmäßig	← →	unregelmäßig
zufrieden	← →	unzufrieden

Aber z.B:

schön — *hässlich*

reich — *arm*

TIPP Adjektive immer mit ihrem Gegenteil lernen.

Aussprache

6 Satzmelodie und Akzent

Bei Rückfragen mit einem W-Wort wird meistens das W-Wort stark betont.
Die Satzmelodie steigt ↗.

Wer spricht da bitte? ↗   **Was** möchten Sie wissen? ↗   **Was** möchten Sie verkaufen? ↗

Bei uns und bei euch

1. Zeit ist Geld.

2. Immer mit der Ruhe.

3. Was du heute kannst besorgen, das verschiebe nicht auf morgen (sondern auf übermorgen).

4. Fünf Minuten vor der Zeit ist des Kaisers Pünktlichkeit.

1 Sprichwörter und Redewendungen – Schauen Sie die Bilder an und ordnen Sie zu.

Redewendung 1 2 3 4 5 6 7 8
Bild ☐ ☐ ☐ ☐ ☐ ☐ ☐ ☐

2 Hören Sie bitte. Welche Aussage passt zu welchem Sprichwort / welcher Redewendung?

Lernziele 24

- über Zeit sprechen
- Probleme ansprechen
- interkulturelle Vergleiche
- Nebensätze mit *bis*, *bevor*

5. Morgenstund hat Gold im Mund.

6. Man soll den Tag nicht vor dem Abend loben.

7. Kommt Zeit, kommt Rat.

8. Die Zeit totschlagen.

3 The early bird … – Welche Sprichwörter zum Thema „Zeit" gibt es in Ihren Sprachen?

Englisch: The early bird catches the worm. =					
Wörtlich: Der frühe Vogel fängt den Wurm. = Morgenstund hat Gold im Mund.					
Italienisch: Non rimandare a domani ciò che puoi fare oggi.					
Wörtlich: Verschiebe …					

4 Welche Bilder und Sprichwörter passen zu Ihnen? Warum?

▶ S. 231

5 Zeitgefühl – Was ist für Sie lang, kurz, oft, selten, alt, jung …

Lesen Sie die Aussagen und kreuzen Sie an (4 = stimme voll zu, 0 = stimme nicht zu).
Machen Sie danach eine Kursstatistik.

	4	3	2	1	0
1. Vier Stunden Deutschunterricht am Stück sind kurz.	☐	☐	☐	☐	☐
2. Eine Stunde Hausaufgaben machen ist lang.	☐	☐	☐	☐	☐
3. Eine Stunde Fahrt zu einem Freund ist kurz.	☐	☐	☐	☐	☐
4. Drei Stunden tanzen ist kurz.	☐	☐	☐	☐	☐
5. Drei Monate Sommer ist lang.	☐	☐	☐	☐	☐
6. Eine Stunde warten beim Arzt ist kurz.	☐	☐	☐	☐	☐
7. Eine halbe Stunde spazieren gehen ist kurz.	☐	☐	☐	☐	☐
8. Zwei Stunden einkaufen gehen ist kurz.	☐	☐	☐	☐	☐
9. Eine Stunde lang zu Abend essen ist kurz.	☐	☐	☐	☐	☐
10. Eine Frau mit 45 Jahren ist jung.	☐	☐	☐	☐	☐
11. Eine Frau bekommt ihr erstes Kind mit 28. Das ist spät.	☐	☐	☐	☐	☐
12. Ein Mann mit 45 Jahren ist alt.	☐	☐	☐	☐	☐

6 Einladungen – Welche Probleme kann es geben?

a Sehen Sie sich die Bilder an und sammeln Sie im Kurs.

A Einladung
Liebe Freunde, wir möchten euch am Samstag um sieben zu uns zum Essen einladen. Kommt bitte pünktlich, weil es warmes Essen gibt.

Ich hab noch ein paar Freunde mitgebracht.

Dürfen Sie etwas nicht essen?

Vielen Dank für die Einladung.

Entschuldigung, ich esse/trinke kein/keinen …

b Lesen Sie die Texte. Wer sagt was? Notieren Sie A (Arndt) oder B (Buballa).

Susanne Arndt
Wenn ich Freunde zum Abendessen einlade, bereite ich das genau vor. Bevor ich das Menü zusammenstelle, frage ich meine Gäste. Manche essen kein Fleisch oder mögen keine Kartoffeln. Manche trinken keinen Alkohol. Zu einem guten Essen gehört für mich auch eine schöne Tischdekoration. Vieles bereite ich schon einen Tag vorher vor. Eine halbe Stunde bevor die Gäste kommen, muss alles fertig sein. Dann mache ich mich schön, lege eine CD ein und warte, bis es an der Tür klingelt.

Heinz Buballa
Ich bin oft bei anderen Leuten zum Abendessen eingeladen. Meistens bringe ich dann auch eine Flasche Wein mit. Ich ziehe mich aber nicht besonders an. Das mache ich nur zu feierlichen Einladungen. Da ziehe ich dann schon Anzug und Krawatte an und bringe Blumen oder ein kleines Geschenk mit. Ich warte mit meinen Einladungen meistens, bis der Sommer kommt und man auf dem Balkon grillen kann. Dann sitzen wir fast jedes Wochenende draußen, bis es dunkel wird und alle Würstchen gegessen sind.

---

1. Zu einer Feier ziehe ich etwas Besonderes an. _____
2. Die Vorbereitungen dauern lange. _____
3. Ich habe nur im Sommer Gäste. _____
4. Ich decke den Tisch mit dem guten Geschirr. _____
5. Kurz bevor die Gäste kommen, höre ich Musik. _____

7 Nebensätze mit *bevor* – Schreiben Sie Sätze wie im Beispiel.

▶ S. 233

Sie machen zuerst **A**, **BEVOR** **B** passiert.

1. Ich frage nach den Essgewohnheiten — Ich stelle das Menü zusammen.
2. Es muss alles fertig sein. — Ich ziehe mich um.
3. Ich mache mich schick. — Ich gehe zu einer Abendeinladung.
4. Sie legen eine CD ein. — Die Gäste kommen.

Ich frage nach den Essgewohnheiten, bevor ich das …

8 Nebensätze mit *bis* – Schreiben Sie Sätze wie im Beispiel.

▶ S. 233

Sie machen **A** ➔ **BIS** ➔ zum Zeitpunkt **B**.

1. Sie warten. — Die Gäste kommen.
2. Es dauert noch zehn Minuten. — Das Essen ist fertig.
3. Wir sitzen auf dem Balkon. — Es wird dunkel.
4. Ich warte mit dem Essen. — Alle sitzen am Tisch.

Sie warten, bis …

9 Projekt: Benimmregeln und „Fettnäpfchen" – Machen Sie eine Umfrage im Sprachinstitut und/oder im Bekanntenkreis.

Was sind wichtige „Benimmregeln" bei Deutschen zu Hause / im Restaurant / beim Kennenlernen und was sind die schlimmsten Fehler, die man machen kann?

10 Bertolt Brecht: „Vergnügungen" – Hören Sie zu und sehen Sie sich die Bilder an. Welches Bild passt nach Ihrem Gefühl besser zum Gedicht?

Vergnügungen

Der erste Blick aus dem Fenster am Morgen
Das wiedergefundene alte Buch
Begeisterte Gesichter
5 Schnee, der Wechsel der Jahreszeiten
Die Zeitung
Der Hund
Die Dialektik
Duschen, Schwimmen
10 Alte Musik
Bequeme Schuhe
Begreifen
Neue Musik
Schreiben, Pflanzen
15 Reisen
Singen
Freundlich sein

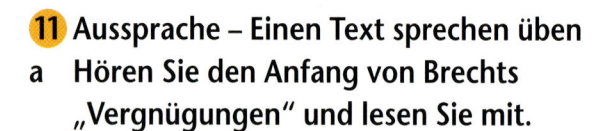

11 Aussprache – Einen Text sprechen üben

a Hören Sie den Anfang von Brechts „Vergnügungen" und lesen Sie mit.

Der‿erste‿Blick | aus‿dem‿Fenster | am‿Morgen↘||
Das‿wiedergefundene | alte‿Buch↘||
Begeisterte‿Gesichter↘||
Schnee, | ↘der‿Wechsel | der‿Jahreszeiten↘||

b Bereiten Sie das Lesen vor.

– Sprechen Sie zunächst einzelne Teile bis zur nächsten Pause.
– Sprechen Sie dann den ganzen Satz.
– Sprechen Sie mit verschiedenen Emotionen (träumerisch, sachlich, begeistert …)

c Üben Sie jetzt den Text mit einem Partner / einer Partnerin.

– Sie lesen/sprechen und der Partner / die Partnerin hört zu.
– Schauen Sie Ihren Partner / ihre Partnerin an (am Satzende): Blickkontakt!
– Wählen Sie eine „Stimmung" aus und sprechen Sie mit Emotion.
– Sprechen Sie vor Publikum.

12 Texte von Deutschlernern und Deutschlerinnen
a   Welcher gefällt Ihnen am besten und warum?

▶ S. 235

Vergnügungen	Vergnügungen	Vergnügungen
Christian (Ecuador), 19 Jahre	Aynur (Türkei), 29 Jahre	Min-Ah (Korea), 24 Jahre
Ein Traum	Ich denke an ein Land	Der Sonnenschein am Morgen
Ein Motorrad kaufen	Wo alle Leute frei sind	Der Duft von Kaffee
Aufstehen	Wo es keinen Krieg und keinen Hunger gibt	Schöne klassische Musik hören
Der erste Blick aus dem Fenster am Morgen	Wo alle in Frieden leben	Die Kinder
Dunkler Himmel	Wo das Wetter im Sommer warm, im Winter kalt ist	Der Hund
Ein Buch lesen	Die Kinder	Das Herbstlaub
Lernen	Die Vögel	Ein Film
Duschen	Die Sonne	Ein schönes Kindermärchen
Musik hören	Neue Musik	Das Mondlicht – der Mond
Schlafen	Schlafen	Für meinen Mann kochen
Fernsehen	Essen	Schöne Kleidung, Parfum
Einkaufen	Andere Menschen treffen	Das Küssen im Bett am Morgen
Spazieren gehen		Beim Untergang der Sonne
		Duschen

b   Sprechen/Schreiben Sie: Was mögen die Personen? Was ist Ihnen wichtig?

… träumt von …
… mag …
… findet schön, wenn …
… genießt …

Für … ist … wichtig, wie …
Für … ist … wichtig, dass …
… möchte in einem Land leben, wo …

> Christian träumt von einem Motorrad. Er …

gerne … trinken
ihren Mann lieben
gerne mit … zusammen sein
Politik / wichtig sein
in Frieden leben
gerne … gehen / Musik hören

Musik mögen
romantisch sein
gerne zu Hause sein
mit Menschen zusammen sein
die Jahreszeiten / bunte Blätter / die Natur mögen
…

> Für Aynur ist Politik wichtig.

13 Ihre Vergnügungen – Schreiben Sie Ihren Text. Die Beispiele helfen Ihnen.
Lesen Sie Ihre Texte im Kurs vor.

Deutsch verstehen

Herr Müller, machen Sie uns mal Kaffee?

Ich heiße Kurt.

Der gute

A Männer und Frauen

Die Frauen in Deutschland haben sich auf vielen Ebenen gleiche Rechte erkämpft. Ihr Selbstbewusstsein ist größer denn je und damit das Wissen, dass sie den Männern gleichgestellt sind. Sie verlangen Respekt und Anerkennung und lassen sich keine Vorschriften machen. Das Neue, was Männer lernen müssen: Wenn eine Frau „Nein" sagt, meint sie auch „Nein".

B Anrede: du und Sie

Prinzipiell gilt, dass Sie alle Erwachsenen zunächst mit „Sie" und „Herr" oder „Frau" plus Nachname anreden. Anders als in den USA und anderen angelsächsischen Ländern ist das Siezen auch bei Arbeitskollegen üblich, die man schon seit Jahren kennt. Nur unter Freunden legen die Deutschen ihre distanzierte Haltung ab. Im vertrauten Kreis ist das Duzen normal.

14 Lesen Sie A–D. Zu welchem Text passen die Aussagen 1–6?

1. ☐ Die Deutschen sind steif.
2. ☐ Der Recyclingwahn ist heute schlimmer als die Wegwerfmentalität.
3. ☐ Früher haben sich die Frauen nur um Kinder und Küche gekümmert.
4. ☐ Kleider machen Leute!
5. ☐ Wir haben im Betrieb eine strenge Kleiderordnung.
6. ☐ Ich halte meiner Freundin immer die Tür auf und helfe ihr in den Mantel.

15 Vier Stellungnahmen – Hören Sie bitte.
a Zu welchen „Aussagen" aus A–D äußern sich die Personen?

Silke Paulsen    Ron Winter    Kirsten Bock    Rainer Stauch

Ton

C Kleidung

Kleiderordnungen sind in Deutschland recht locker: Man zieht an, was gefällt, nur sauber und ordentlich sollte die Kleidung sein! In Büros wird das Tragen von Jeans akzeptiert. Abgerissene oder schmutzige Kleidung wird hingegen weniger toleriert. Auch wenn Sie nicht direkt darauf angesprochen werden, müssen Sie damit rechnen, dass trotz der lockeren Kleiderordnung das Schmutzige und Unordentliche negativ bewertet wird.

D Saubermänner und Sauberfrauen

In Deutschland wird in größerem Umfang als in vielen anderen Ländern das Wiederverwerten von Materialien praktiziert. Das Wegwerfen ist „out" und das Sortieren von Müll gehört zum guten Ton. In Stadt und Land finden Sie überall Container für Altpapier, Glas und Plastikabfälle. Das Trennen von Abfall in organischen Müll (z.B. Gemüsereste) und „Restmüll" findet man heute in den meisten Haushalten.

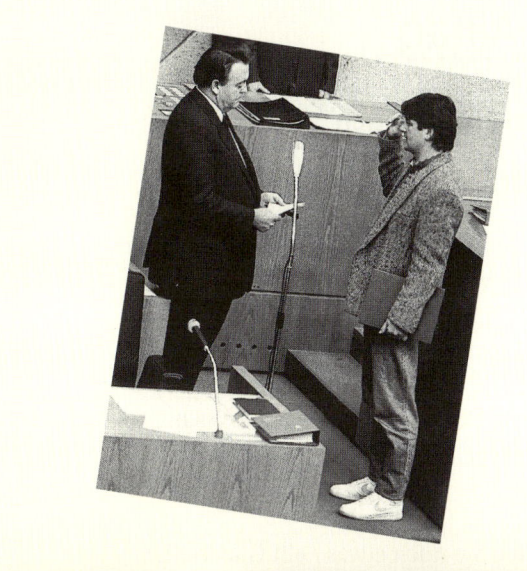

b Hören Sie noch einmal – Wer stimmt zu und wer widerspricht?

c Was ist Ihre Erfahrung? Sammeln Sie im Kurs.

> Silke Paulsen widerspricht Aussage ... Sie sagt, dass ...

Strukturen verstehen

16 Verben und Adjektive als Nomen – Lesen Sie die Beispiele und markieren Sie in A–D die nominalisierten Verben und Adjektive.

Das Neue, was Männer lernen müssen: Wenn eine Frau „Nein" sagt ...	Nomen
Das müssen Männer neu lernen: Wenn eine Frau „Nein" sagt ...	Adjektiv
In Büros wird **das Tragen** von Jeans akzeptiert.	Nomen
In Büros darf man Jeans **tragen**.	Verb
Das Siezen ist auch bei Arbeitskollegen üblich.	Nomen
Arbeitskollegen **siezen** sich.	Verb

Auf einen Blick

Im Alltag

❶ Bei Einladungen

Gastgeber/in		Gast
Herzlich willkommen.	→	Vielen Dank für die Einladung.
Schön, dass Sie gekommen sind.		
Hier ist die Garderobe.	←	Wo kann ich meinen Mantel/… aufhängen?
Bitte nehmen Sie Platz / setzen Sie sich.	→	Danke.
Trinken Sie einen Wein/Saft / ein Bier …?	→	Ich nehme/trinke gerne …
		Danke, ich trinke keinen Alkohol.
Möchten Sie noch etwas / ein Glas Wein?	→	Ja gerne. / Nein danke.
Gibt es etwas, was Sie nicht essen?	→	Ich esse alles. / Ich esse kein Fleisch /
		keinen Fisch / …
Essen Sie auch Fleisch/Fisch …?	→	Nein, ich esse kein Fleisch / keinen Fisch …
Selbstverständlich. Gerne.	←	Darf ich noch etwas Reis nehmen?
Möchten Sie noch etwas …?	→	Ja gerne. / Nein danke.
Bitte nehmen Sie doch noch …		
Das freut mich.	←	Vielen Dank, es hat sehr gut geschmeckt.

❷ Sechs Tipps für Einladungen

1. Die Gastgeber laden zum Essen ein und der Gast „bedankt" sich mit einem kleinen Geschenk, z.B. einem Blumenstrauß.

2. Man gibt den Gastgebern den Blumenstrauß ohne Papier.

3. Zu einer Einladung zum Essen kommt man pünktlich. Sonst wird das Essen kalt.

4. Man beginnt mit dem Essen, wenn alle etwas auf dem Teller haben.

5. Wenn Sie essen, lassen Sie keine Hand unter dem Tisch.

6. Man schneidet das ganze Fleisch nicht auf einmal in kleine Stücke.

Grammatik

3 Nebensatz: *bevor* (Wann?)

Sie machen zuerst **A**	**BEVOR** **B** passiert
Sie (kaufen) ein kleines Geschenk,	**bevor** Sie einen Besuch (machen).

Bevor Sie einen Besuch machen, (kaufen) Sie ein kleines Geschenk.

4 Nebensatz: *bis* (Bis wann?)

Sie machen **A** →	**BIS** → zum Zeitpunkt **B**
Ich höre eine CD,	bis die Gäste kommen.

Bis die Gäste kommen, höre ich eine CD.

5 Nebensätze: Übersicht

Warum?	Hassan kauft Blumen, **weil** er zum Essen eingeladen ist.	Grund
Wann?	**Als** er zu Hause war, hat er an Aynur geschrieben.	Zeitpunkt (Vergangenheit)
Wann?	(Immer) **wenn** Anne abends Wein trinkt, schläft sie schlecht.	Wiederholung
Wann?	**Bevor** ich ins Bett gehe, lese ich noch etwas.	Abfolge
Bis wann?	Sie wartet, **bis** es an der Tür klingelt.	jetzt → Zeitpunkt (Zukunft)
Wozu?	Er beeilt sich, **damit** er nicht zu spät kommt.	Ziel/Zweck
Wozu?	Er beeilt sich, **um** nicht zu spät **zu** kommen.	Ziel/Zweck
Wenn …	**Wenn** sie nicht bald kommen, (dann) wird das Essen kalt.	Bedingung

Aussprache

6 Einen Text sprechen üben

Markieren Sie Akzente, Pausen und Satzmelodie.

– Sprechen Sie zunächst einzelne Sequenzen bis zur nächsten Pause.
– Sprechen Sie die Wortgruppen ohne Pause.
– Sprechen Sie dann den ganzen Satz.
– Sprechen Sie mit verschiedenen Emotionen:

träumerisch   romantisch   sachlich
begeistert   ärgerlich   ungeduldig

Schauen Sie Ihre Zuhörer an: Blickkontakt.

Raststätte 8

1 Wortfelder

a Hier finden Sie 120 Wörter aus allen Kapiteln von *Berliner Platz 1* und *2*.
Arbeiten Sie in Gruppen. Sie haben 15 Minuten Zeit. Wie viele Wörter können Sie in Wortfeldern gruppieren? Es gibt viele verschiedene Möglichkeiten.

abbiegen	Familienname	Kuchen	stellen
Adresse	feiern	Kuli	Straßenbahn
ankommen	Fernsehen	kurz	studieren
Anmeldung	Flasche	lieben	Stundenlohn
anschalten	Freizeit	locker	Süden
anstrengend	Freundeskreis	Messer	sympathisch
Anzeige	frühstücken	mieten	Tasse
anziehen	Gabel	Monatskarte	Tee
arbeiten	Geburtstag	Nebenkosten	Telefonnummer
Arbeitszeit	Gehalt	Ordner	teuer
aufstehen	gehen	Packung	Ticket
Ausbildung	Geld	Park	treffen
Ausflug	Geschenk	Parlament	trinken
ausgeben	gesund	Partei	Verein
Aushilfe	Grippe	praktisch	Verkäufer/in
Bahnhof	groß	probieren	Vorhang
Baumwolle	Haltestelle	Prüfung	Vorname
Bewerbung	Hauptschulabschluss	pünktlich	Vorwahl
Bier	Hochzeit	Realschule	warm
Brief	Jahreszeit	Regierung	Wecker
Bruder	Januar	renovieren	Weihnachten
Butter	jobben	Rezept	Wetter
Cafeteria	kalt	Rock	Winter
dauern	Käse	schicken	Wochenende
einladen	Kasse	schlank	Wohnort
einziehen	kochen	Sekretär/in	Wohnung
Eltern	konservativ	Sessel	Wörterbuch
E-Mail	Kopftuch	sich interessieren für	Zähne putzen
essen	krank	spät	Zahnschmerzen
Fahrplan	Krankenhaus	sportlich	Zeugnis

b Stellen Sie Ihre Wortfelder im Kurs vor.

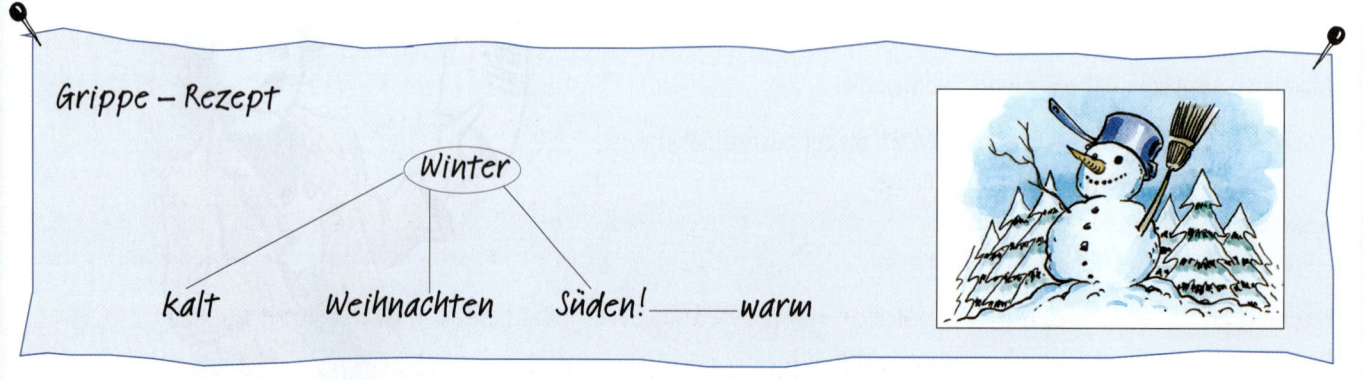

Grippe – Rezept

Winter
— kalt
— Weihnachten
— Süden! — warm

c Ergänzen Sie gemeinsam die Wortfelder mit weiteren Wörtern, die Sie kennen.

2 Situationen – Suchen Sie sich zwei Bilder aus und schreiben Sie einen Dialog oder einen Text.

○ Was kostet denn der Fernseher?
● 30 Euro.
○ Das ist aber teuer.
● Was wollen Sie denn bezahlen?
○ Na ja, vielleicht 10.
● Gut, 20 Euro und er gehört Ihnen.
○ 15.
● 18.
○ O.k.

Sehr geehrter Herr Schmidt,
meine Tochter Silke ist leider krank.
Der Arzt sagt, dass sie bis zum Ende der Woche zu Hause bleiben muss.

Mit freundlichen Grüßen
Ada Kuzlowa

3 Ich kann … – Suchen Sie sich fünf Aufgaben aus. Notieren Sie je ein Beispiel (Aussagen/Fragen) dazu. Sammeln Sie im Kurs.

1. … nach dem Weg fragen / einen Weg beschreiben.
2. … die eigene Meinung sagen: zustimmen/widersprechen.
3. … nach einem Datum fragen.
4. … im Café etwas bestellen.
5. … etwas begründen.
6. … jemandem einen Ratschlag geben.
7. … von einem Ratschlag berichten.
8. … meine Wohnung beschreiben.
9. … mich über eine Wohnung informieren.
10. … sagen, was ich gestern gemacht habe.
11. … zwei Dinge (z.B. Röcke) vergleichen.
12. … meinen Beruf beschreiben.
13. … ein Wort / einen Gegenstand erklären.
14. … Wünsche/Träume äußern.
15. … sagen, wozu ich etwas brauche.
16. … sagen, warum ich etwas tue/brauche.
17. … sagen, was ich gerne anziehe.
18. … mein Land und Deutschland vergleichen.

zu 13: Eine Kaffeemaschine ist eine Maschine, die Kaffee macht.

Raststätte 8

Drei Tage in Berlin

> Seit dem 3. Oktober 1990 ist Berlin Hauptstadt der Bundesrepublik. Sie hat heute 3,4 Millionen Einwohner und ist die größte Stadt Deutschlands vor Hamburg und München. Neben London und Paris ist Berlin die wichtigste Museumsstadt Europas. Drei Universitäten und zahllose wissenschaftliche Institute machen Berlin zum größten Standort für Wissenschaft und Forschung in Deutschland. In den „Goldenen Zwanzigerjahren" galt Berlin als eine der aufregendsten Städte der Welt. Vieles spricht dafür, dass sie diese Rolle auch in Zukunft wieder haben wird.

4 Was wissen Sie über Berlin? Politik, Geschichte, Sehenswürdigkeiten/Kultur …

Berlin — geteilte Stadt von … bis …

5 Ein Brief von Swetlana – Lesen Sie, betrachten Sie die Abbildungen und ordnen Sie zu.

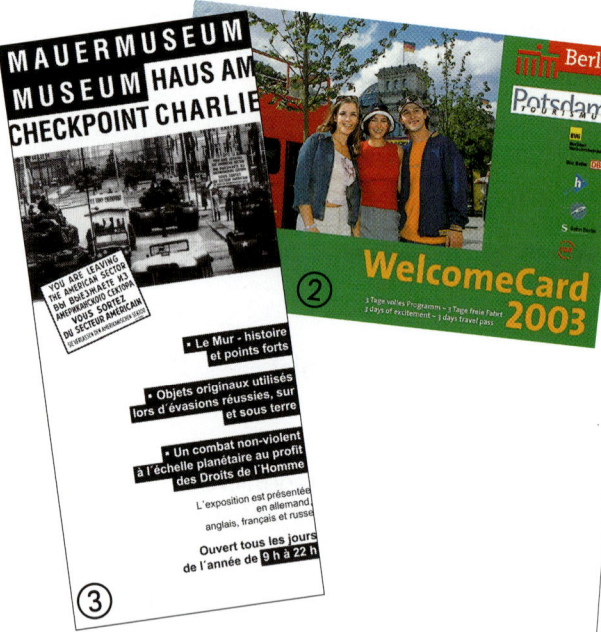

Liebe Brigitte, Berlin, 3. Ju...

ich bin wieder in Berlin! Wie du weißt, ist Berlin meine Lieblingsgroßstadt und seit vielen Jahren besuche ich dort einmal im Jahr meine Freunde. Die Stadt lebt von Kontrasten und man trifft die unterschiedlichsten Kulturen. Im Sommer sind natürlich auch Touristen aus aller Welt in der Stadt.
Mittlerweile gibt es ein ganz bestimmtes Ritual, das ich mir angewöhnt habe, wenn ich mit dem Zug im Bahnhof „Zoologischer Garten" eintreffe. Ich kaufe mir eine „Welcome Card" (2) für 16 Euro und kann damit 72 Stunden lang alle Verkehrsmittel benutzen. Dann steige ich in den Bus ( ) ein und fahre bis zum Roten Rathaus am Alexanderplatz ( ). Von da aus fahre ich mit der S-Bahn zu meinen Freunden.
Oft habe ich bei meinen Besuchen ein „Thema", d.h., ich möchte einen bestimmten Stadtteil genauer kennen lernen, z.B. den Prenzlauer Berg, die Hackeschen Höfe oder die Friedrichstraße. („Berlin erneuert sich ständig!" – Das ist nicht von mir, sondern von Bert Brecht.)

6 Sehenswürdigkeiten
a Hören Sie zu. Welche Sehenswürdigkeiten finden Sie auf den Fotos?
b In welcher Reihenfolge sehen Sie die Sehenswürdigkeiten bei der Busfahrt? Hören Sie noch einmal und nummerieren Sie.

☐ Brandenburger Tor ☐ Gedächtniskirche ☐ Siegessäule ☐ Unter den Linden
☐ Alexanderplatz ☐ Kongresshalle ☐ Reichstag ☐ Schloss Bellevue ☐ Deutsche Staatsoper

einhundertsechsundvierzig

Diesmal habe ich eine Fotosafari geplant. Man sieht beim Spazierengehen die schönsten renovierten Fassaden und direkt daneben sind zerfallene, kaputte Häuser. Berlin hat wunderschöne alte Hinterhöfe und modernste Architektur, wie das Sony-Center am Potsdamer Platz ( ) – die Stadt der Kontraste, aber das habe ich ja schon gesagt. Dieses Jahr will ich endlich auch mal das Mauermuseum am ehemaligen Checkpoint Charlie besuchen ( ). In diesem Museum soll die Geschichte der geteilten Stadt eindrucksvoll dokumentiert sein. Die Reste der Mauer, die Berlin von 1961 bis November 1989 in Ost und West geteilt hat, sind ein spannendes Fotomotiv.
Nach jeder Berlin-Reise entdecke ich auch in meiner Stadt Neues.
Die nächste Reise machen wir zusammen!

Herzliche Grüße

deine Swetlana

7 Projekt: Wie kann man eine Stadt entdecken? Sammeln Sie im Kurs.

- allein
- mit Freunden
- eine Führung machen
- Reiseführer
- Internet

8 Ich hab noch einen Koffer in Berlin – Ein Lied hören und genießen.

Wunderschön ist's in Paris auf der Rue Madeleine.
Schön ist es, im Mai in Rom durch die Stadt zu gehen,
oder eine Sommernacht still beim Wein in Wien.
Doch ich häng, wenn ihr auch lacht, heut noch an Berlin.

Ich hab noch einen Koffer in Berlin,
deswegen muss ich nächstens wieder hin.
Die Seligkeiten vergangener Zeiten
sind alle noch in meinem kleinen Koffer drin.

Ich hab noch einen Koffer in Berlin.
Der bleibt auch dort und das hat seinen Sinn.
Auf diese Weise lohnt sich die Reise,
denn, wenn ich Sehnsucht hab, dann fahr ich wieder hin.
…

Raststätte 8

💡 Effektiv lernen

9 **Tipps für die Prüfungsvorbereitung**

1. Aus welchen Teilen besteht der Test?
   Wie viele Punkte bekommt man für jeden Teil?
   Wie viele Punkte brauche ich?

2. Was kann ich sehr gut / gut / nicht so gut ?

   a) Notieren Sie ++/+/0 in Ihrer Tabelle von 1.
   b) Kontrollieren Sie im Testtraining 1-4.

	Hören	Lesen	Schr
Teil 1	5 Punkte ++		
Teil 2	++		
Teil 3	0		

3. Was, wann, wie lange, wie, wo muss ich lernen?

4. Machen Sie einen Lernplan: Was möchte ich verbessern, wo finde ich Übungen?

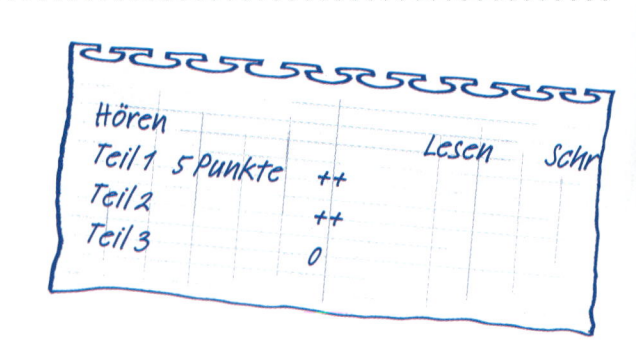

Problem	Übungen
Hören Teil 3	Testtraining 3 + 4
Lesen Teil 2	Testtraining 2 + 4, Kapitel 10, Ü11

5. Machen Sie einen Zeitplan.

   – Fangen Sie früh genug an.
   – Arbeiten Sie jeden Tag etwas.
   – Denken Sie an Pausen – nicht zu lange lernen!
   – Denken Sie auch an körperlichen Ausgleich: spazieren gehen, Fahrrad fahren …

6. Wie lernen Sie? Kreuzen Sie an. Überlegen Sie dann: Was möchten und können Sie ändern?

	ja	nein	manchmal
Ich lerne allein.	☐	☐	☐
Ich höre Musik beim Lernen.	☐	☐	☐
Ich brauche regelmäßige Lernzeiten.	☐	☐	☐
Ich mache Lernplakate.	☐	☐	☐
Ich lerne mit Lernkarten.	☐	☐	☐
Ich höre viel Radio / sehe viel fern.	☐	☐	☐

7. Suchen Sie sich Lernpartner/innen. Gemeinsam lernen hilft.

TIPP Prüfungsangst?
Das beste Mittel gegen Prüfungsangst ist eine gute Vorbereitung!

einhundertachtundvierzig

Zusammen

10 Friede
a Hören Sie den Text. Wie heißt „Friede" in Ihrer Sprache?
b Sammeln Sie das Wort in den verschiedenen Sprachen aus Ihrem Kurs.

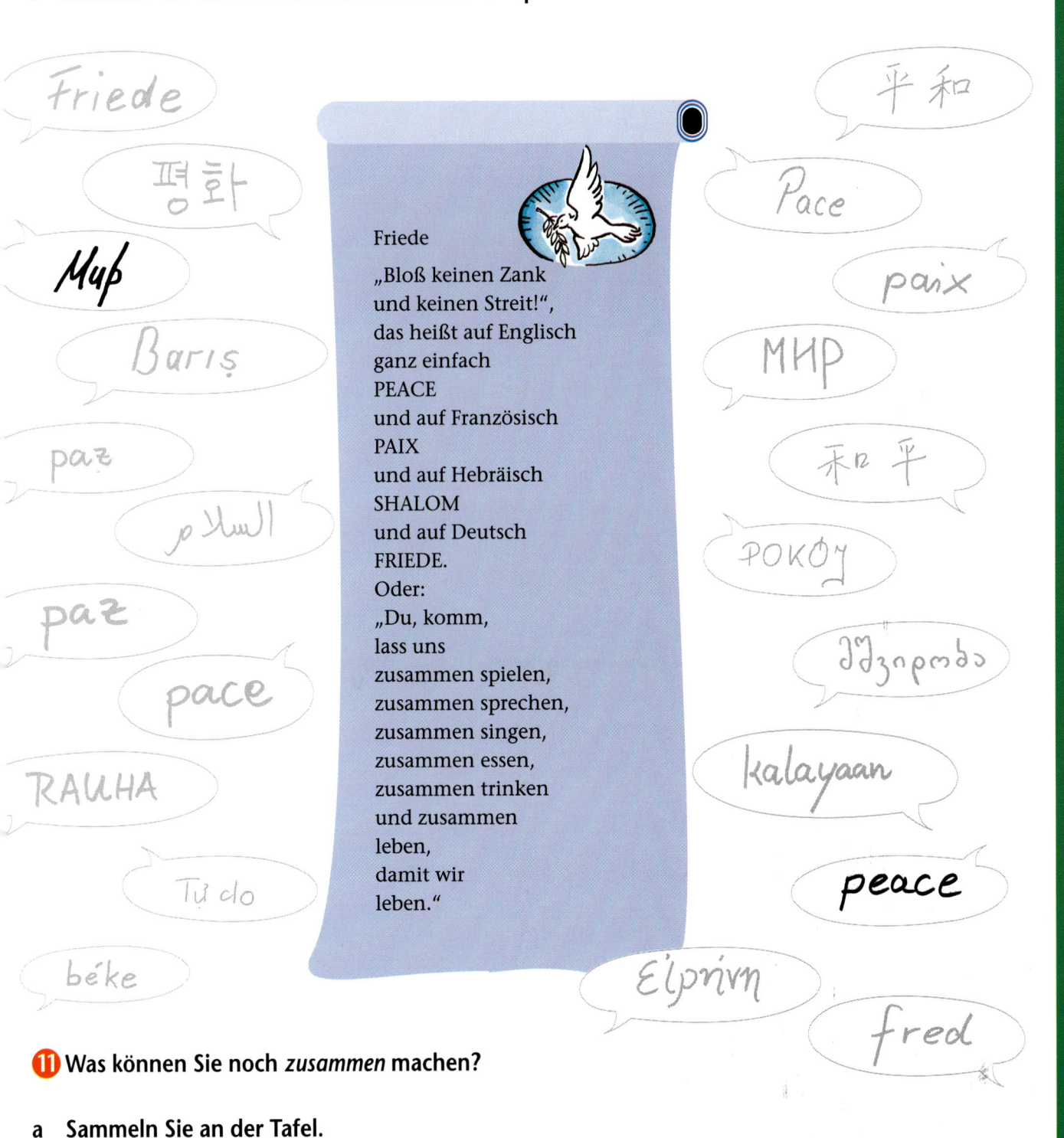

- Friede
- 평화
- Мup
- Barış
- paz
- السلام
- paz
- pace
- RAUHA
- Tụ do
- béke
- 平和
- Pace
- paix
- МИР
- 和平
- POKÓJ
- მშვიდობა
- kalayaan
- peace
- Ειρήνη
- fred

Friede

„Bloß keinen Zank und keinen Streit!",
das heißt auf Englisch
ganz einfach
PEACE
und auf Französisch
PAIX
und auf Hebräisch
SHALOM
und auf Deutsch
FRIEDE.
Oder:
„Du, komm,
lass uns
zusammen spielen,
zusammen sprechen,
zusammen singen,
zusammen essen,
zusammen trinken
und zusammen
leben,
damit wir
leben."

11 Was können Sie noch *zusammen* machen?

a Sammeln Sie an der Tafel.
b Schreiben Sie Ihr Kursgedicht und lesen Sie das Gedicht vor.
Sprechen Sie den Text mit mehreren Personen.

Arbeitsbuchteil

13 Meine Familie und ich

Wiederholung

1 Modalverben – Was passt zusammen? Ergänzen Sie die Modalverben und ordnen Sie zu. Es gibt mehrere Möglichkeiten.

1. Ich m*uss*_____   _____ a) am Wochenende unsere Großeltern besuchen.
2. Wann k_____ du   _____ b) viele Kinder haben.
3. M_____ ihr   _____ c) Oma nicht zwischen ein und drei Uhr anrufen. Sie schläft.
4. Wir w_____   __1__ d) jeden Morgen um sechs aufstehen.
5. Ich mö_____   _____ e) mich mal wieder besuchen?
6. Ihr d_____   _____ f) eure Verwandten sehr?

▶ 3

2 Verwandtschaft – Ergänzen Sie die Sätze.

1. Die Frau von meinem Vater ist *meine Mutter*_____.
2. Der Sohn von meiner Mutter ist *mein*_____.
3. Der Vater von meiner Mutter ist _____.
4. Der Bruder von meinem Vater ist _____.
5. Die Tochter von meinem Bruder ist _____.
6. Der Sohn von meinem Bruder ist _____.

TIPP Verwandtschaftswörter in Paaren lernen. Schreiben Sie Lernkarten für schwierige Wörter.

Schwiegervater

Schwiegermutter

3 Dialoge – Ergänzen Sie bitte.

geschieden • getroffen • Hochzeit • liebsten • Mann • rechts • Schwager • sympathisch • Tante • Verwandten • vorne • wann

○ Ganz **rechts** ist meine Schwester Helga und hier _____ ist ihr _____ Paul.
● Helga sieht _____ aus. Von _____ ist das Foto?
○ Wir haben uns vor fünf Jahren _____. Da haben wir die goldene _____ von meinen Großeltern gefeiert.
● Und wer ist die Frau neben dir?
○ Das ist meine _____ Gisela. Sie ist _____.
● Wen magst du am _____ von deinen _____?
○ Meine Tante Gisela mag ich sehr und meinen _____ Paul.

4 Aussprache Satzakzent: Gegensatz – Hören und sprechen Sie.

1. ○ Ist das deine Mutter?↗
   ● Meine Mutter?↗ Das ist meine Schwester!↘

2. ○ Das ist bestimmt dein Vater.↘
   ● Mein Vater?↗ Das ist mein Großvater!↘

3. ○ Ist das deine Schwester?↗
   ● Entschuldigung, aber das ist meine Tochter!↘

5 Personalpronomen im Nominativ oder Akkusativ – Ergänzen Sie bitte die Sätze.

1. Das ist mein Bruder Erkan. **Ich** mag **ihn** sehr.
2. ○ Siehst d**u** m**ich** auf dem Foto? ● Ja, d**u** stehst dahinten links.
3. Wir haben e**uch** gestern gesehen, aber i**hr** habt u**ns** nicht erkannt.
4. Wo ist denn Hülya? I**ch** warte hier schon seit einer Stunde auf s**ie**.
5. ○ Hast d**u** m**ich** vergessen? ● I**ch** habe d**ich** doch gestern angerufen und dir auf den Anrufbeantworter gesprochen.
6. ○ I**ch** muss e**uch** mal was fragen. Liebt i**hr** e**uch** noch?
   ● So etwas kannst d**u** u**ns** doch nicht fragen!
7. ○ Möchtet i**hr** u**ns** am Wochenende besuchen?

10

6 Reflexivpronomen im Akkusativ – Schreiben Sie die Sätze mit den passenden Pronomen.

1. sich langweilen / ich / selten — *Ich langweile mich selten.*
2. sich streiten / wir haben / gestern — *Wir haben uns gestern gestritten.*
3. sich verlieben / Carmen hat / in Tim — *Carmen hat in Tim sich verliebt.*
4. sich ärgern über / er hat / den Film — *Er hat sich über den Film geärgert.*
5. sich amüsieren / Sie / auf Partys / ? — *Amüsieren Sie sich auf Partys?*
6. sich treffen / wir / selten / mit unseren Eltern — *Wir treffen uns selten mit unseren Eltern.*
7. sich gut unterhalten / hast du / bei dem Fest / ? — *Hast du dich bei dem Fest gut unterhalten?*

7 Was machen die Leute? – Schreiben Sie bitte.

Er *rasiert* ___*sich*___ täglich.

Ich *ziehe* ___*mich*___ für das Fest gut an.

○ *Schminkst* du *dich* jeden Tag? ● Ja.

Die Kinder *freuen* ___*sich*___ auf Weihnachten.

11

8 Was passt zusammen? – Ordnen Sie zu. Es gibt z.T. mehrere Möglichkeiten.

1. Wann   ____ a) bist du am liebsten zusammen?
2. Bist du   ____ b) ist deine Großmutter geboren?
3. Wer   ____ c) magst du überhaupt nicht?
4. Wie oft   ____ d) Personen lädst du zu deinem Geburtstag ein?
5. Mit wem   ____ e) das einzige Kind oder hast du Geschwister?
6. Wen   ____ f) kostet eine Kinokarte?
7. Wie viele   _1_ g) besuchst du deine Eltern?
8. Wie viel   ____ h) kann meinen Staubsauger reparieren?

14

9 *Dürfen, können, müssen, wollen* – Schreiben Sie die Sätze.
Wählen Sie das passende Modalverb aus.

1. ich / schon ein bisschen / Deutsch sprechen
   (können/müssen) _Ich kann Deutsch sprechen_

2. Sie / hier nicht parken
   (dürfen/müssen) _dürfe_

3. ○ du / am Sonntag / arbeiten / ?
   (müssen/dürfen) _Musst du am Sonntag arb_

   ● nein / ich / ausschlafen
   (können/müssen) _Ich kön_

4. ihr / uns bitte helfen / ?
   (können/dürfen) _____

5. wir / einen Brief auf Deutsch schreiben
   (wollen/können) _____

6. Helgi / am Wochenende / Leopold besuchen
   (wollen/müssen) _____

10 *Ich wollte und konnte, aber ich durfte nicht.*
Ergänzen Sie die passenden Modalverben.

1. Mit 16 _wollte_ ich Auto fahren, aber ich _durfte_ nicht.
2. Mit 20 _wollte_ wir eine Weltreise machen, aber es hat nie geklappt.
3. Petra war krank. Sie _durfte_ nicht rauchen und keinen Alkohol trinken.
4. Früher _konnte_ ich immer mit dem Fahrrad zur Schule fahren, aber ich _wollte_ mit der Straßenbahn fahren.
5. ○ _Durfst_ du mit 13 schon Partys feiern? ● Nein, meine Mutter hat das nie erlaubt.
6. Meine Oma _konnte_ keine Fremdsprache sprechen, meine Mutter eine und ich zwei.
7. Mein Bruder _konnte_ schon mit vier Jahren lesen.
8. ○ Wo warst du gestern? ● Ich _konnte_ nicht kommen, weil ich mit meinem Sohn zum Arzt musste.

11 Schreiben – Eine Freundin hat Nadine einen Brief geschrieben.

Ladenburg, 18. Juni

Hallo, Nadine,
am Samstag, dem 4. Juli, ziehen wir zusammen in unsere neue Wohnung. Am 11. Juli wollen wir mit unseren Freunden in der neuen Wohnung feiern. Hast du Lust? Du bist herzlich eingeladen. Wir wollen um sieben Uhr anfangen. Für Essen und Trinken ist gesorgt.

Deine Kathrin

Bringen Sie die Textelemente in die richtige Reihenfolge und schreiben Sie Nadines Antwort. Ergänzen Sie auch den Ort und das Datum.

bei euch sein. • bis um sieben arbeiten. • deine Einladung. • Deine Nadine • Ich habe mich sehr gefreut • Ich kann also erst um acht Uhr • Ist das o.k.? • Leider muss ich am Samstag • Liebe Kathrin, • und komme auch gern. • vielen Dank für

---

Ladenburg, 20. Juni

Liebe Kathrin,

Vielen Dank für deine Einladung. Ich habe mich sehr gefreut und komme auch gern. Leider muss ich am Samstag bis um sieben arbeiten. Ich kann also erst um acht Uhr bei euch sein. Ist das o.k.?

Deine Nadine.

---

12 Familiengeschichten – Interview mit Michaela Metz-Schild.

a Hören Sie das Interview einmal ganz. Welche Themen kommen vor? Markieren Sie bitte.

Familiengröße • Hochzeit und Ehescheidung • die Arbeit der Mutter • Familientreffen • Weihnachten • (Leben in einer großen Familie)

b Was sagt Michaela? Kreuzen Sie bitte an. Es kann auch mehr als eine richtige Lösung geben.

1.
- [x] Ich habe zwei eigene Kinder.
- [ ] Ich habe keine Kinder.
- [x] Ich habe ein Pflegekind.

2.
- [x] Ich habe acht Geschwister.
- [ ] Ich habe acht Brüder.
- [ ] Ich habe viele Schwestern. 1 Schwester

3.
- [x] Meine Mutter hat die Hausarbeit gemacht.
- [ ] Meine Eltern haben die Hausarbeit gemacht.
- [x] Die Töchter haben manchmal geholfen.

4. _working_
- [ ] Meine Mutter war auch berufstätig.
- [x] Ich bin berufstätig.
- [x] Meine Mutter hatte keinen Beruf.

5.
- [ ] Meine Geschwister haben keine Kinder.
- [ ] Sie haben alle nur ein Kind.
- [ ] Sie haben alle Kinder.

6.
- [ ] Die ganze Familie trifft sich oft.
- [x] Wir treffen uns einmal im Jahr.
- [ ] Wir treffen uns nur zu Hochzeiten.

Effektiv lernen

13 Redemittel lernen und wiederholen

Sie haben jetzt schon Redemittel für viele Situationen im Alltag gelernt.
So können Sie schwierige Redemittel sammeln und wiederholen:

Vorderseite

> Hose kaufen
> – Preis?
> – teuer!

Rückseite

> Wie viel kostet die Hose?
> Die ist mir zu teuer.
> Haben Sie auch billigere?

> Familie/Verwandte
> – wie viele?
> – Eltern treffen / wie oft?

> Hast du viele Verwandte?
> Wie oft triffst du deine Eltern?

Machen Sie einmal pro Woche einen Wiederholungstag für Redemittel.

Sortieren Sie dann Ihre Karten:

Stapel 1: Das habe ich gekonnt.
Stapel 2: Das habe ich nicht gekonnt.

TIPP Sie können auch Karten im Kurs mit anderen tauschen.

14 Alles Gute!

Wiederholung

1 Konjunktionen: *und, aber, denn* – Schreiben Sie die Sätze.

1. An Weihnachten gehen wir um sechs in die Kirche *und* b)
2. Zu Weihnachten gibt es viele Geschenke *aber* a)
3. Dieses Jahr mache ich ein großes Fest *denn* d)
4. Ich liebe Weihnachten *aber* f)
5. Wir haben nur auf dem Standesamt geheiratet *denn* e)
6. Ich wünsche euch ein schönes Hochzeitsfest *und* c)

a) an Ostern schenken wir uns nichts.
b) danach essen wir gemeinsam. *(together)*
c) viel Glück für euer Leben zu zweit.
d) ich werde vierzig.
e) mein Mann ist nicht in der Kirche.
f) Ostern feiere ich nicht.

An Weihnachten gehen wir um sechs in die Kirche und ...

3

2 Glückwünsche – Schreiben Sie die Glückwünsche zu den Bildern.

1
2
3
4

3 Wie heißen die Wörter? Ergänzen Sie bitte.

1. Bei der H_ochzeit_ trägt die B_raut_ *(carry)* ein B_rautkleid_ und ihr Mann einen A_nzug_.
2. Zu W_eihnachten_ haben die K_inder_ viele W_ünschen_.
   Aber es gibt auch Ü_berraschung_en.
3. Unsere H_ochzeit_ haben wir mit vielen V_erwandten_ *(relatives)* und F_reunden_ gefeiert.

· erwandten · ünsche · reunden · indern · ochzeit · ochzeit · rautkleid · raut · nzug · eihnachten · inder · berraschungen ·

4 Nomen und Verben – Ordnen Sie bitte zu.

bemalen • kaufen • feiern • heiraten • einladen • kochen • machen • singen • essen • treffen • spielen • suchen

1. die Eier — suchen / bemalen / essen
2. die Familie — treffen
3. die Freundin — einladen / heiraten / suchen
4. ein Essen — kochen / essen / machen
5. ein Fest — feiern / machen
6. ein Geschenk — kaufen / machen / suchen
7. Lieder — singen
8. Spiele — spielen / machen / kaufen

5 Lesen Sie die Texte A und B. Sind die Aussagen 1–10 richtig (r) oder falsch (f)?

1. Frau Berger lädt zu ihrer Party ein. [r] [f]
2. Alle sollen etwas zum Essen machen. [r] [f]
3. Alle sollen Getränke selbst mitbringen. [r] [f]
4. Das Fest geht bis in den Abend. [r] [f]
5. Pro Kind muss man 10 Euro bezahlen. [r] [f]
6. Es gibt Musik. [r] [f]
7. Selda kann nicht zum Fest kommen. [r] [f]
8. Sie ist am 30. Juni in Urlaub. [r] [f]
9. Eine Nachbarin kauft für sie Kuchen. [r] [f]
10. Selda kocht die Suppe vor ihrer Reise. [r] [f]

A

Hausfest ✻ Hausfest ✻ Hausfest ✻ Hausfest ✻ Hausfest ✻ Hausfest ✻ Hausfest ✻ Hausfest

Liebe Mitbewohnerinnen und Mitbewohner,
auch in diesem Jahr wollen wir wieder unsere traditionelle Hausparty organisieren. Wir haben bereits alle Mieterinnen und Mieter gefragt und alle sind einverstanden. Als Termin hat sich eine Mehrheit für den 30. Juni ausgesprochen. Die Party beginnt wie jedes Jahr um 17 Uhr und der offizielle Teil ist um 23 Uhr zu Ende. In den nächsten Tagen bekommen Sie alle eine Liste. Auf dieser Liste können Sie bitte eintragen, was Sie zu essen machen wollen. Für Getränke und Sonstiges sammeln wir wieder 10 Euro pro Person ein. Kinder zahlen natürlich nichts. Für CDs mit Musik ist gesorgt oder kennt jemand eine Band, die bei uns gern spielen würde?
Liebe Grüße
Sandra Berger
(Hausmeisterin)

Hausfest ✻ Hausfest ✻ Hausfest ✻ Hausfest ✻ Hausfest ✻ Hausfest ✻ Hausfest ✻ Hausfest

B

29.06

Liebe Sandra,
ich habe mich so auf unser Fest gefreut und nun kann ich nicht kommen. Weil unsere Firma einen Auftrag in Polen bekommen hat, muss ich heute Nachmittag nach Warschau. Ich wollte einen Käsekuchen backen und eine Kartoffelsuppe machen. Aber das ist kein Problem. Petra Lau aus dem vierten Stock macht etwas für mich. Sie will eine Nudelsuppe kochen und kauft einen Kuchen beim Bäcker.
Ich hoffe, das ist auch o.k.
Liebe Grüße
Selda

6 Begründung mit *weil*

a Schreiben Sie die Sätze wie im Beispiel und markieren Sie die Verben im *weil*-Satz.

1. Peter / heute nicht zur Arbeit / kommen / können / Grippe / haben
   Peter kann heute nicht zur Arbeit kommen, weil er Grippe (hat).

2. mein Sohn / nicht am Unterricht teilnehmen / können / einen Termin beim Zahnarzt / haben
   Mein Sohn könnte nicht am Unterricht teilnehmen, weil er einen Termin beim Zahnarzt hat.

3. ich / nicht zu deiner Geburtstagsparty kommen / können / am Samstag arbeiten / müssen
   Ich könnte nicht zu deiner Geburtstagsparty kommen, weil ich am Samstag arbeiten müssen.

4. Erkan / später zu dir / kommen / die Straßenbahn verpasst / haben
   Erkan wirt später zu dir kommen, weil er die Straßenbahn verpasst hatte.

5. ich / die Hausaufgaben nicht gemacht / haben / keine Lust / haben
   Ich habe die Hausaufgaben nicht gemacht, weil ich keine Lust hatte.

6. Birsen und Helgi / eine Fünf im Test geschrieben / haben / nicht gelernt / haben
   Birsen und Helgi haben eine Fünf im Test geschrieben, weil sie nicht gelernt haben.

7. Tom / eine neue Wohnung / suchen / die alte Wohnung / zu klein / sein
   Tom sucht eine neue Wohnung, weil die alte Wohnung zu klein ist.

8. Svetlana / in Minden / arbeiten / in Bielefeld keine Arbeit gefunden / haben
   Svetlana arbeitet in Minden, weil sie in Bielefeld keine Arbeit gefunden hat.

9. Theo / nach Bremen fahren / seine Tochter / Geburtstag / haben
   Theo fährt nach Bremen, weil seine Tochter Geburtstag hat.

10. Christiane / jeden Tag Fahrrad / fahren / es gesund / sein
    Christiane fährt jeden Tag Fahrrad, weil es gesund ist.

b Schreiben Sie die Sätze aus a noch einmal mit *denn*.
Markieren Sie das Verb im *denn*-Satz.
Was ist der Unterschied zu 6a?

> Peter kann heute nicht zur Arbeit kommen, denn er (hat) Grippe.

7 Entschuldigungen

Schreiben Sie eine Entschuldigung wie im Beispiel.
Wählen Sie unten die Situation 1, 2 oder 3.
Kontrollieren Sie im Kurs.

Bei Briefen immer beachten:

1. Ort und Datum nicht vergessen.
2. Anrede und Gruß nicht vergessen.

Offizieller Brief

Anrede	Sehr geehrter Herr …,
	Sehr geehrte Frau …,
	Sehr geehrte Damen und Herren,
Gruß	Mit freundlichen Grüßen

Privater Brief

Anrede	Lieber …,
	Liebe …,
Gruß	Liebe Grüße

Ort + Datum

Sehr … / Liebe/r …

TextTextTextTextTextTextTextTextText-
TextTextTextTextTextTextTextTextText-
TextTextTextTextTextTextTextTextText-
TextTextTextTextTextTextTextTextText-
TextTextTextTextTextTextTextText-
TextTextTextTextTextTextTextText-
TextTextTextTextText

Mit … / Liebe …
Unterschrift

Einige häufige Abkürzungen

usw./etc.	und so weiter
wg.	wegen
bzw.	beziehungsweise
mfg	Mit freundlichen Grüßen
z.T.	zum Teil
u.a.m.	und andere(s) mehr
Dr.	Doktor

Grünstadt, 23.10.

Sehr geehrte Frau Wohlfahrt,
ich kann am Mittwoch erst um 10 Uhr zum Unterricht kommen, weil ich um acht Uhr einen Termin beim Ausländeramt habe.
Mit freundlichen Grüßen
Magdalena Marquez

Situationen

1. Schule (offiziell): Ihre Tochter muss am Montag um acht Uhr zum Zahnarzt und kann erst um zehn in die Schule kommen.
2. Arbeitgeber (offiziell): Sie sind krank und können erst am Donnerstag wieder arbeiten.
3. Freundin (privat): Sie können morgen nicht mit ins Kino. Sie müssen bis 20 Uhr arbeiten.

11

8 Geschenke – Schreiben Sie Sätze wie im Beispiel.

1. ich → (mein Mann) / zum Geburtstag / eine Waschmaschine
   Ich schenke meinem Mann zum Geburtstag eine Waschmaschine.

2. wir → (ihr) / zu Ostern / nichts
   Wir schenken euch zu Ostern nichts

3. ich → (meine Tochter) / zum Geburtstag / ein Fahrrad
   Ich schenke ihr zum Geburtstag einen Fahrrad

4. Peter → (Verena) / eine Reise nach Berlin / zum Hochzeitstag
   Peter schenkt ihr eine Reise nach Berlin zum Hochzeitstag

5. ich → (du) / ein Wochenende im Harz / zur bestandenen Prüfung
   Ich schenke dir einen Wochenende im Harz zur bestandenen Prüfung
   * successful examens

9 Wünsche – Schreiben Sie Sätze mit den passenden Reflexivpronomen.

1. ich ←→ (ich) / zu Weihnachten / Parfüm
   Ich wünsche mir zu Weihnachten ein Parfüm.

2. wir ←→ (wir) / zur Hochzeit / Geschirr und Gläser
   Wir wünschen uns zur Hochzeit Geschirr und Gläser.

3. unsere Kinder ←→ (sie) / zu Ostern / Schokolade
   Unsere Kinder wünschen sich zu Ostern Schokolade

4. mein Freund ←→ (er) / zu Weihnachten / einen Computer
   Mein Freund wünscht sich einen Computer zu Weihnachten.

5. Angelika ←→ (sie) / zur Hochzeit / einen Fotoapparat
   Angelika wünscht sich einen Fotoapparat zur Hochzeit.

10 Geschenke – ein Interview

a Sie hören ein Gespräch mit Frau Füllemann. Wir haben sie gefragt, wem sie Geschenke macht und wann. Welche Aussagen sind richtig? Kreuzen Sie bitte an.

14

1. Frau Füllemann hat
☐ zwei Kinder.
☐ vier Kinder.
☐ drei Kinder.

2. Die Kinder sind
☐ zwischen 13 und 21 Jahre alt.
☐ zwischen 3 und 13 Jahre alt.
☐ alle über 18.

3. Frau Füllemann macht Geschenke
☐ zu Weihnachten, Geburtstagen und Ostern.
☐ zu Weihnachten und Geburtstagen.
☐ immer bei Einladungen.

4. Frau Füllemann wünscht sich meistens
☐ Schmuck.
☐ Bücher und CDs.
☐ Geld.

b Sie haben zehn Wünsche frei.
Schreiben Sie einen Wunschzettel.
Begründen Sie Ihre Wünsche.

Ich wünsche mir einen Schal, weil ich keinen habe.

Mein Wunschzettel
– *einen Schal (habe keinen)*
– *eine CD von ... (höre ich gern)*

13

11 Datum – Hören Sie zu und ergänzen Sie die Daten wie im Beispiel.

1. Der Ostersonntag ist dieses Jahr am _____.
2. *Der Sommer beginnt offiziell am* _____.
3. Der Winter beginnt am _____.
4. Am _____ ist Feiertag: Tag der Deutschen Einheit.
5. Die Fastnachtszeit beginnt am _____.
6. Ich habe am _____ Geburtstag.

Fastnachtsmaske vom Bodensee

👄 Schwierige Wörter

12 Hören Sie und sprechen Sie langsam nach. Wiederholen Sie die Übung.

Über<u>ra</u>schungsfrühstück	ein Über<u>ra</u>schungsfrühstück	ein Über<u>ra</u>schungsfrühstück organisieren. ↘
Ge<u>burt</u>stagswünsche	nach Ge<u>burt</u>stagswünschen	Fragen Sie nach Ge<u>burt</u>stagswünschen. ↘
<u>zwei</u>undzwanzigsten	am <u>Zwei</u>undzwanzigsten	Sie fährt am <u>Zwei</u>undzwanzigsten ab. ↘

15 Die neue Wohnung

Wiederholung

1 Präpositionen mit Dativ – Ergänzen Sie bitte die Präpositionen und Artikel.

1. Von meiner Wohnung bis zur (meine) Schule sind es 20 Minuten mit dem Bus.
2. Ich wohne seit einem Jahr in der Borstellstraße 24.
3. ○ Kaufen Sie auch oft beim Biometzger ein?
4. ● Nein, das ist viel zu teuer, ich gehe immer zu (nach) Aldi.
5. Kommst du nach dem Unterricht mit dazu „Leone" ein Eis essen?
6. Ich komme aus der Türkei und mein Freund Bob aus den USA.
7. Frau Knoll, kommen Sie bitte nach der (after) Mittagspause zu mir ins Büro.
8. Ich muss mit dem Chef sprechen. Was will er?
9. Von hier zum Rathaus sind es zehn Minuten zu Fuß.
10. Seit der letzten Woche bin ich in der neuen Wohnung.

aus · aus · nach · nach · beim · zum · zur · seit · seit · mit · mit · von · zu · zu

3

2 Möbel – Schreiben Sie die Wörter mit den Artikeln.

1. das Regal
2. _____
3. _____
4. _____
5. _____
6. _____
7. _____
8. _____
9. _____
10. _____
11. _____
12. _____

164

einhundertvierundsechzig

3 Pavels Brief – Bei etwa jedem dritten Wort fehlt die Hälfte. Ergänzen Sie bitte.

Liebe Silvia,

endlich ist es so weit. Seit zwei Wochen haben Tom und ich die neue Wohnung und ich bin gestern eingezogen. Toms Zimmer renovieren wir jetzt und er zieht nächste Woche ein. Mein Zimmer hat 20 qm und ist wirklich schön. Ich habe meine Bettcouch links an der Wand gestellt und davor einen kleinen Couchtisch. Den großen Tisch habe ich unter das Fenster gestellt. So habe ich immer viel Licht beim Lernen (schluck!!). Auf den Tisch stelle ich dann irgendwann (hoffentlich bald!) meinen Computer. An der rechten Wand steht ein Regal und ins Regal will ich meinen Fernseher und auch ein paar Bücher stellen. Zuerst wollte ich gar keinen Teppich auf den Boden legen. Aber nun will mir die Vermieterin einen schönen Teppich schenken. Sie sagt, man hört die Schritte zu laut, wenn kein Teppich auf dem Boden liegt. (Ach ja!!!) Tom hat eine Waschmaschine gekauft. Gebraucht natürlich! Die haben wir jetzt in die Küche gestellt. Vielleicht kommt sie später ins Bad. Wenn alles fertig ist, machen wir Anfang des Monats eine Party. Wahrscheinlich am 3. Kommst du? So und jetzt muss ich Tom wieder helfen. Er tapeziert gerade. Helgi ist auch da!! Sie hilft ihm.

Liebe Grüße
Pavel

4 Den Tisch decken – Ergänzen Sie bitte die Präpositionen.

Legen Sie zuerst eine Tischdecke _auf_ den Tisch. Stellen Sie dann die Teller _auf_ den Tisch. Die Gabel kommt links und das Messer rechts _neben_ den Teller. Der Suppenlöffel kommt rechts _neben_ das Messer und der Dessertlöffel _vor_ den Teller. Stellen Sie das Glas rechts oben _vor_ den Teller. Die Serviette können Sie _auf_ oder rechts _neben_ den Teller legen.

auf • auf • neben • neben • vor • vor

5 Wo ist was? Ergänzen Sie die Sätze.

1. Bruno _sitzt auf der Couch_.
2. _Auf dem Tisch_ steht eine Vase.
3. _In der Vase_ sind Blumen.
4. Die Zeitschriften l_iegt neben_ der Vase.
5. _An der Wand_ hängt ein Bild.
6. Das Regal hat er links hin_gestellt_.
7. Die alte Uhr hat er _über die_ Tür _an die_ Wand ge_hängt_.
8. Sein Hund Max l_iegt unter dem Tisch_.

▶10

6 Adjektive in Paaren lernen – Ergänzen Sie das passende Gegenteil.

1. neu — alt
2. warm — kalt
3. groß — klein
4. eng (narrow) — weit
5. günstig (favourable, cheap) — teuer
6. gemütlich — ungemütlich
7. dunkel — hell
8. modern — altmodisch
9. schön — hässlich
10. unpraktisch — praktisch
11. geschieden — verheiratet
12. sympathisch — unsympathisch

~~alt • altmodisch • hell • hässlich • unsympathisch • teuer • praktisch • klein • kalt • ungemütlich • verheiratet • weit~~

7 Wohnungsbeschreibungen – Ordnen Sie die passenden Elemente zu und schreiben Sie die Sätze.

1. Meine Wohnung ist nicht groß, — e) 60 qm / sie / nur / hat / denn
2. Die Wohnung ist ziemlich voll, — g) habe / ich / viele Möbel / weil
3. Meine Lieblingsfarbe ist Weiß, — b) auch Blau und Grün / ich mag / aber
4. Mein liebstes Möbelstück — h) mein Sessel / ist. Ich hab ihn vom Flohmarkt.
5. Ich habe kein Bett, — a) eine Couch / aber. Nachts ist sie ein Bett.
6. Am liebsten bin ich in der Küche, — c) ich / da frühstücke / auch immer
7. Ich habe keine Badewanne, — f) sehr gut / ist / meine Dusche / aber
8. Ich brauche keine Waschmaschine, — d) es / gibt / weil / Waschmaschinen / im Keller

1+e _Meine Wohnung ist nicht groß, denn sie hat nur 60 qm._

8 Nebensätze mit *wenn* – Schreiben Sie die Sätze.

1. heute zu Ende sein / der Kurs – ich / in die Disco gehen
   Wenn der Kurs heute zu Ende ist, gehe ich in die Disco.

2. Geburtstag haben / euch alle einladen

3. Prüfung bestanden haben / wir – wir / ein Fest machen

4. einen Sessel / finden / ich – ich / ihn / sofort kaufen

5. einen Teppich auf den Boden legen / Sie – ich / die Schritte nicht hören

6. den Schreibtisch unter das Fenster stellen / du – du / mehr Licht haben

7. eine Wohnung mieten / Sie – Sie / den Mietvertrag genau lesen / müssen

8. das Bild / gefallen / dir – du / es behalten / können

Wenn das Wörtchen „wenn" nicht wär,
wär ich längst schon Millionär.

9 Sätze verbinden – Verbinden Sie die Elemente mit *weil* oder *wenn*.

1. Er putzt meine Wohnung. • Ich bin nicht zu Hause. (Bedingung)
2. Die Küche ist sauber. • Ich komme nach Hause. (Bedingung)
3. Du bist böse. • Du musst im Haushalt arbeiten. (Grund)
4. Ich komme morgen spät nach Hause. • Ich muss noch in die Stadt. (Grund)
5. Er will ein Bett kaufen. • Er hat Geld. (Bedingung)
6. Ich besuche sie am Sonntag. • Ich habe Zeit. (Bedingung)
7. Ich muss einen Teppich haben. • Man hört sonst die Schritte. (Grund)
8. Er kann bald einziehen. • Er hat die alte Wohnung schon gekündigt. (Grund)

1. Er putzt meine Wohnung, wenn ich nicht zu Hause bin.

14

10 Wohnungen – Lesen Sie die Anzeigen und hören Sie zu.
a Zu welchen Anzeigen passen die zwei Telefongespräche?

a ☐
Wunderschöne, helle Dachwohnung, ca 85 qm, 3 Zimmer, Küche, Diele, Bad. Kaltmiete 500 Euro. Sehr zentral. Nur an ruhiges Paar oder Einzelperson. Tel. 0302 56986934

b ☐
3-Zimmer-Wohnung, Küche, Diele, Bad, WC, 81,5 qm Wohnfläche, Mietpreis einschließlich NK-Vorauszahlung 730 Euro. Einbauküche muss übernommen werden. Preisvorstellung 2200 Euro. Tel. 0301 3038747

c ☐
2-Zimmer-Wohnung, Küche, Bad, Balkon, 65 qm, teilw. möbliert. Kaltmiete 520 Euro, Stellplatz 18 Euro, Nebenkosten 110 Euro. Tel. 03505 7345132

b Hören Sie Telefonat 2 noch einmal und kreuzen Sie an.

1. Frau Stetzer
☒ ist die Vermieterin.
☐ will eine Wohnung mieten.
☐ hat keine Wohnung.

2. Magda Malewitsch sucht
☐ ein Zimmer.
☐ eine möblierte Wohnung.
☐ eine billige Wohnung.

3. Magda Malewitsch kann
☐ die Küche von Stetzers benutzen.
☐ die Waschmaschine benutzen.
☐ bei Stetzers fernsehen.

4. Magda muss
☐ einen Tisch kaufen.
☐ Stühle kaufen.
☐ Geschirr und Besteck kaufen.

11 Aussprache: Konsonanten – Ergänzen Sie, hören Sie zur Kontrolle und sprechen Sie nach.

1. Der _eppich ist zu ku__, er pa__t nich_ in den Flur.
2. Wir können nicht sofo__ ein_iehen, wir mü__en zue___ renovieren.
3. Da____ du auch den Fu_ boden ___eichen?
4. Tom si___ am lieb__en auf dem Sofa.

12 Dalia und Paul Mbecki haben diese Anzeige in der Zeitung gefunden. Sie schreiben einen Brief an die Chiffrenummer. Ordnen Sie die Elemente und schreiben Sie den Brief.

2-Zimmer-Wohnung, Küche, Diele, Bad, WC, 61,5 qm Wohnfläche, Mietpreis einschließlich NK-Vorauszahlung 730 Euro. Einbauküche muss übernommen werden. VHB 1200 Euro. Chiffre 07008-1

- [ ] freuen uns auf Ihre Antwort.
- [ ] gern anschauen und
- [ ] in der Ausgabe vom 27.7. gesehen.
- [ ] Mit freundlichen Grüßen
- [ ] Dalia Mbecki – Paul Mbecki
- [x] **1** Sehr geehrte Damen und Herren,

- [ ] und haben keine Kinder.
- [ ] Wir arbeiten hier in Landshut.
- [x] **2** wir haben Ihre Anzeige
- [ ] Wir interessieren uns für die Wohnung.
- [ ] Wir möchten sie uns
- [ ] Wir sind 27 und 33 Jahre alt

Dalia & Paul Mbecki
Rennweg 8
84034 Landshut
Telefon (0871) 900031

Landshuter Zeitung
– Chiffre 07008-1 –
Altstadt 89

84028 Landshut

Sehr geehrte Damen und Herren,

💡 Effektiv lernen

13 Übungen selbst machen – Zwei Beispiele

1. Kopieren Sie eine Seite aus dem Buch und nehmen Sie einen Textabschnitt.
   Löschen Sie 10 Wörter im Text.
   Nach drei Tagen nehmen Sie den Text wieder und ergänzen die Wörter.
   Kontrollieren Sie mit dem Buch.

> am 12. April habe ich schon wieder ▬▬▬ . Diesmal will ich mit euch und allen ▬▬▬ Freunden richtig ▬▬▬ . Dazu ▬▬▬ ich dich und Bettina herzlich ein. Die ▬▬▬ ist am Freitag, dem 18. April, und ▬▬▬ um acht Uhr (abends natürlich!).

2. Nehmen Sie einen kurzen Artikel aus der Zeitung.
   Machen Sie eine Kopie und schneiden Sie den Artikel in vier Teile.
   Nach drei Tagen nehmen Sie die Textabschnitte und bringen sie in die richtige Reihenfolge.
   Kontrollieren Sie mit dem Original.

TIPP Tauschen Sie selbst gemachte Übungen im Kurs.

Testtraining 5

Testtraining in *Berliner Platz 2*

Die Testtraining-Abschnitte in *Berliner Platz 2* bereiten Sie systematisch auf die A2-Prüfung vor.

Die Prüfung besteht aus vier Teilen: *Hören, Lesen, Schreiben* und *Sprechen*.

In Testtraining 5 üben Sie aus allen vier Teilen den ersten Abschnitt der Prüfung.

In Training 6 und 7 üben Sie die weiteren Abschnitte.

In Testtraining 8 finden Sie dann einen kompletten A2-Test.

Hören Teil 1 – Telefonansagen

Sie hören fünf Ansagen am Telefon. Zu jedem Text gibt es eine Aufgabe. Ergänzen Sie die Telefonnotizen.
Sie hören jeden Text **zweimal**.

0 Beispiel	1	2
Das Einwohnermeldeamt ist im _Rathaus_ in der _Hauptstraße 69_ .	Der Besuch will am _____ um _____ Uhr kommen.	Die Geburtstagsfeier findet am _____ statt.

3	4	5
Die Ärztin hat die Telefonnummer _____ .	Tina bekommt Besuch von ihrer _____ .	Frau Luhmann hat eine _____ für 350 Euro für Herrn Braskow.

Maximale Punktzahl: 5 / Meine Punktzahl: _____

Lesen Teil 1 – Listen/Inventare/Inhaltsangaben

Lesen Sie die Aufgaben 1–5 und den Wegweiser von einem Möbelhaus.

	Wohnland Breitmüller
4	Korb- und Rattanmöbel, Dielen und Garderoben, Moderne Klassiker, Bilder Wohnland-Café
3	Küchen, Badmöbel, Büromöbel, Teppiche und Teppichböden
2	Kinder- und Jugendmöbel, Schlafzimmermöbel, Stilmöbel, Antikmöbel
1	Polster- und Wohnmöbel, Esszimmermöbel, Gardinen und Stoffe
EG	Kleinmöbel, Lampen, Bett-, Bad- und Tischwäsche, Geschirr, Bestecke, Geschenkartikel

Kreuzen Sie an a, b oder c.

0 Beispiel
Sie brauchen einen kleinen Schrank für Schuhe. Wohin gehen Sie?

[x] Erdgeschoss
[b] 3. Stock
[c] anderes Stockwerk

3 Sie haben ein bisschen Hunger und Durst.

[a] 1. Stock
[b] 4. Stock
[c] anderes Stockwerk

1 In Ihrer Wohnung ist nicht genug Licht.

[a] Erdgeschoss
[b] 2. Stock
[c] anderes Stockwerk

4 Im Winter ist der Boden im Wohnzimmer zu kalt.

[a] 3. Stock
[b] 4. Stock
[c] anderes Stockwerk

2 Ihr Sohn braucht ein Bett.

[a] Erdgeschoss
[b] 3. Stock
[c] anderes Stockwerk

5 Sie brauchen einen Tisch für Ihren Computer.

[a] 1. Stock
[b] 3. Stock
[c] anderes Stockwerk

Maximale Punktzahl: 5 / Meine Punktzahl: _____

Testtraining 5

Schreiben Teil 1 – Informationen zur Person geben

Katinka Bugatti hat folgende Rechnung bekommen.

Wie man sich bettet, so liegt man.

BETTENHAUS OBERMEYER — KANTSTRASSE 27 — 10623 BERLIN

01.10.2004

Frau
Katinka Bugatti
Krusauerstr. 34
12305 Berlin-Lichtenrade

Rechnung Nr. 34/10/04
Bitte Rechnungsnummer immer angeben.

Stück	Warenbezeichnung	Artikelnr.	Einzelpreis	Euro
1	Couchbett *Schlafgut*	1637	325	325

Zahlbar ohne Abzug bis spätestens 31.10.04 per Scheck oder Überweisung auf das Konto:
Berliner Bank, Kto.-Nr.: 67345667, BLZ 100 200 00

Füllen Sie das Überweisungsformular aus.

- Empfänger
- Bank des Empfängers mit Bankleitzahl
- Betrag
- Kontonummer des Empfängers
- Verwendungszweck mit Nummer der Rechnung

Maximale Punktzahl: 5 / Meine Punktzahl: _____

Sprechen Teil 1 – Sich vorstellen

> Wir sitzen hier in einer Prüfung und möchten uns kurz kennen lernen. Erzählen Sie uns bitte, wer Sie sind. Formulieren Sie bitte sechs Sätze. Als Hilfe haben Sie hier einige Stichwörter. Als Erstes stelle ich mich vor. Mein Name ist ... Ich komme aus ... und lebe in ... Ich bin seit vielen Jahren Deutschlehrerin. Ich arbeite bei ... Ich spreche Deutsch und ... Meine Hobbys sind ...

Name?
Alter?
Land?
Wohnort?
Sprache?
Beruf?
Hobby?

Maximale Punktzahl: 3 / Meine Punktzahl: _____

Tipps zur Vorbereitung auf die mündliche Prüfung:

1. Notieren Sie sich Begrüßungs- und Frageformeln auf Lernkarten. Vorne Ihre Sprache, hinten Deutsch:

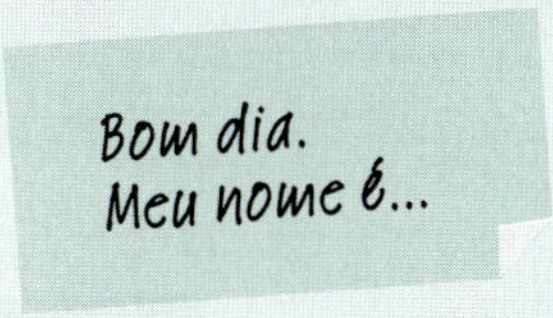

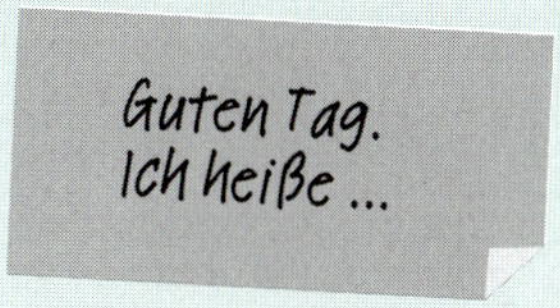

   Bom dia. Meu nome é...   *Guten Tag. Ich heiße ...*

2. Üben Sie allein vor dem Spiegel.

3. Nehmen Sie sich mit einem Kassettenrecorder auf.

4. Üben Sie mit Freunden.

5. Üben Sie regelmäßig.

16 Schule und danach...

Wiederholung

1 Verbformen

a Ergänzen Sie die Sätze.

1. Der Kellner _empfiehlt_ die Tomatensuppe.	empfehlen
2. Frau Trapp _____ einen Salat mit Käse.	nehmen
3. Sie _____ das Restaurant um 22 Uhr.	verlassen
4. Dann _____ sie mit dem Bus nach Hause.	fahren
5. Am Bahnhof _____ sie _____.	umsteigen
6. Um 22 Uhr 45 _____ sie zu Hause _____.	ankommen
7. Peter _____ morgen in seine neue Wohnung _____.	einziehen
8. Er _____ die letzten Kartons _____.	auspacken
9. Seine Freundin Carla _____ die Stühle in die Küche.	tragen
10. Im Flur _____ er die Nachbarn.	treffen
11. Die Nachbarn _____ auch.	helfen
12. Abends _____ sie zusammen bei den Nachbarn.	essen

b Schreiben Sie die Sätze aus Aufgabe 1 im Perfekt.

1. Der Kellner hat die Tomatensuppe empfohlen. 2. Frau Trapp ...

2 Schule in Deutschland – Schreiben Sie Sätze.

1. kommen / mit sechs Jahren / in Deutschland / in die Grundschule / die Kinder
2. in die Schule / man / meistens nur vormittags / geht
3. es / nur wenige Ganztagsschulen / gibt
4. kann / das Gymnasium besuchen / nach der 4. Klasse / man
5. eine Ausbildung im Betrieb machen / nach einem Realschulabschluss / kann / man
6. die Universität besuchen möchte, / man / wenn / braucht / man / das Abitur
7. gibt es / für Erwachsene / viele Weiterbildungsmöglichkeiten
8. schon einen Beruf / wer / hat, / an Abendschulen weiterlernen / kann

1. In Deutschland kommen die Kinder ...

174

einhundertvierundsiebzig

3

3 Meinungen und Hoffnungen – Schreiben Sie Nebensätze mit *dass*.

Eugenia Schulz findet/hofft/sagt, dass ...

1. Ein Realschulabschluss ist wichtig. 2. Sie möchte später Säuglingsschwester werden.
3. Sie bekommt einen Ausbildungsplatz. 4. Man muss zuerst ein Praktikum machen.

1. *Eugenia Schulz findet, dass ein Realschulabschluss wichtig ist.*
2. *Sie sagt, dass sie später Säuglingsschwester werden möchtet. 3. Sie hofft, dass sie einen Ausbildungsplatz bekommt. Sie sagt, dass Mann zuerst ein Praktikum machen muss.*

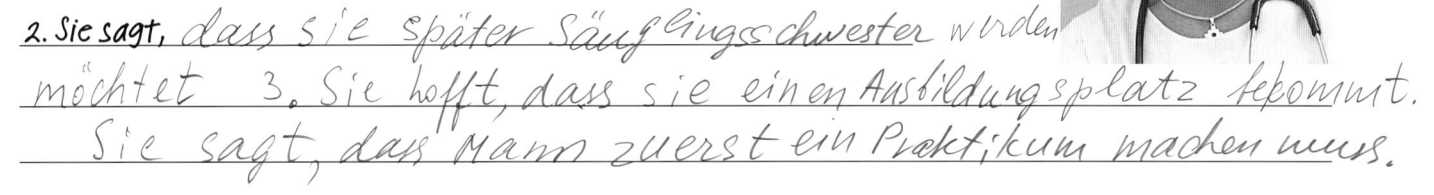

Maria Kempowska findet/hofft/sagt, dass ...

5. Sie war auf einem Gymnasium. 6. Englisch und Französisch machen Spaß.
7. Sprachen sind heute sehr wichtig. 8. Sie bekommt eine Stelle als Europasekretärin.

MK sagt, dass sie auf einem Gymnasium war. Sie findet, dass Englisch und Französisch Spaß machen.

Rolf Becker findet/hofft/sagt, dass ...

9. Heute muss man Abitur machen. 10. Er hat nach der Schule gejobbt.
11. Die Bundeswehr ist wichtig. 12. Er kann jedes Jahr vier Wochen Urlaub machen.

5

4 Aussprache Satzakzent: neue Information – Hören Sie und markieren Sie den Satzakzent. Sprechen Sie.

1. Rolf Becker ist bei der **Bun**deswehr. Sein Berufsziel ist Offizier.
2. Waldemar Braskow hat eine Malerlehre gemacht. Er arbeitet jetzt in einem großen Betrieb.
3. Eugenia Schulz ist Schwesternschülerin. Sie möchte später Säuglingsschwester werden.

5 Biografien – Ergänzen Sie. Vergleiche Sie mit Aufgabe 8 auf Seite 46.

1. zwei Jahren • Abitur • Kollegschule • Medizin • Notendurchschnitt • Schule • Schreinerlehre • Zivildienst

Nach der _Schule_ habe ich eine _Schreinerlehre_ gemacht und dann _Zivildienst_. Seit _zwei Jahren_ gehe ich zur _Kollegschule_ und mache im nächsten Jahr _Abitur_. Ich hoffe, dass ich einen guten _Notendurchschnitt_ bekomme. Dann studiere ich _Medizin_.

2. Deutsch • Geld • später • Lkw-Fahrer • seit zwei Monaten • Taxischein

Ich bin _seit zwei Monaten_ in Deutschland und bin _Lkw-Fahrer_. Meine Zukunft ist klar: Zuerst werde ich _Deutsch_ lernen, dann werde ich meinen _Taxischein_ machen und werde _Geld_ verdienen. Vielleicht mache ich _später_ noch einen Busführerschein.

6 Wortfelder „Ausbildung" und „Beruf" – Ordnen Sie zu.

Abitur • Arbeitszeit • Aufnahmeprüfung • Gehalt • Gehaltsabrechnung • Gleitzeit • Grundschule • Hausaufgaben • Jahresurlaub • Lehre • Lehrer • Notendurchschnitt • Personalbüro • Schulabschluss • Schultüte • Sprachen lernen • Stundenlohn • Tests • Überstunden • Weiterbildung • Wochenendarbeit • Zeitarbeitsfirma

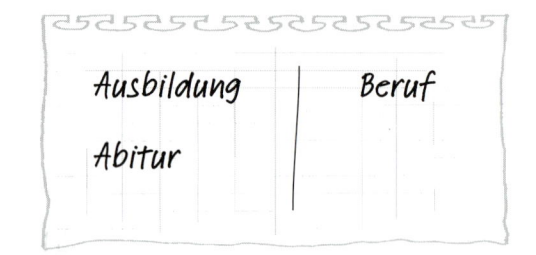

Ausbildung	Beruf
Abitur	

7 Zukunftspläne – Schreiben Sie die Sätze. Verwenden Sie das Futur mit *werden*.

1. Peter Schulze macht eine Umschulung im Krankenhaus. 2. Er hat mit vielen Menschen Kontakt. 3. Er fängt jeden Morgen um 7 Uhr 30 an. 4. Sein Gehalt ist nicht schlecht. 5. Er macht keine Wochenendarbeit. 6. Er hört nachmittags um vier Uhr auf. 7. Er fährt mit dem Fahrrad zur Arbeit. 8. Er hat sechs Wochen Urlaub im Jahr. 9. Seine Frau nimmt auch an einer Weiterbildung teil. 10. Sie macht einen Computerkurs.

1. Peter Schulze (wird) eine Umschulung im Krankenhaus (machen).
2. Er wird mit vielen Menschen Kontakt haben.
3. Er wird jeden Morgen um 7 Uhr 30 anfangen.
4. Sein Gehalt wird nicht schlecht sein.
5. Er wird keine Wochenendarbeit machen.
6. Er wird nachmittags um vier Uhr aufhören.
7. Er wird mit dem Fahrrad zur Arbeit fahren.
8. Er wird sechs Wochen Urlaub im Jahr haben.
9. Seine Frau wird auch an einer Weiterbildung teilnehmen.
10. Sie wird einen Computerkurs machen.

8 Nebensätze üben – Schreiben Sie die Sätze aus Aufgabe 7 wie im Beispiel.

	Präsens	Futur	Perfekt
1. Er sagt, dass er eine Lehre in der Buchhaltung	macht	machen wird	gemacht hat.
2.			

9 Zeitangaben vor und nach dem Verb – Schreiben Sie Sätze wie im Beispiel. Markieren Sie die Verben.

1. Im nächsten Jahr (macht) Erkan seinen Realschulabschluss.

Erkan (macht) im nächsten Jahr seinen Realschulabschluss.

2. Er wird in zwei Jahren mit der Ausbildung fertig sein.
In zwei Jahren wird er mit der Ausbildung fertig sein.

3. Mittwochs muss Herr Boll immer Überstunden machen.
Herr Boll muss Mittwochs immer Überstunden machen.

4. Heute Abend treffen sich die Kollegen aus der Buchhaltung.
Die Kollegen aus der Buchhaltung treffen sich heute Abend.

5. Morgen beginnt das Wochenende.
Das Wochenende beginnt Morgen.

6. Die Stadtbücherei hat montags immer geschlossen.
Montags hat die Stadtbücherei immer geschlossen.

7. Seit zwei Wochen macht Klaus einen Kochkurs. Die Pizza schmeckt jetzt richtig gut.
Klaus macht seit zwei Wochen einen Kochkurs. Jetzt schmeckt die Pizza richtig gut.

10 Ein Brief an Anna

a Ordnen Sie 1–8 und schreiben Sie den Brief.

1. Alles Liebe! `6`
2. Bitte schreib mir bald! Viele Grüße an deine Familie! `7`
3. Deine Marie `8`
4. Meine Chefin ist sehr nett und meine Kolleginnen auch. Im nächsten Jahr bin ich fertig. Hoffentlich bekomme ich eine Stelle. Ich möchte erst einmal arbeiten. Vielleicht gehe ich später noch mal zur Abendschule. `5`
5. gestern habe ich Matthias in der Cafeteria getroffen. Er hatte wenig Zeit und hat mir nur schnell deine Adresse gegeben! Du wohnst ja immer noch in Mannheim! Wie geht es dir? `2`
6. Hast du die Schule abgeschlossen? Was machst du zurzeit? Wie sind deine Pläne? Na, ich schreib erst mal etwas von mir: `3`
7. Ich habe hier den Realschulabschluss gemacht und danach eine Lehre angefangen – als Zahnarzthelferin. `4`
8. Liebe Anna `1`

Liebe Anna,

b Antwortbrief – Beantworten Sie Maries Fragen.

– Welchen Schulabschluss haben Sie gemacht?
– Welche Berufsausbildung machen Sie zurzeit? = at the moment
– Wie sind Ihre Zukunftspläne?
– Sie möchten sich mit Marie treffen. Machen Sie einen Vorschlag.

11 Berufsperspektiven – Sie hören drei Berichte. Ergänzen Sie die Sätze.

1. Franz Hintermann hat nach dem _____ seinen _____ gemacht.

2. Sarah Weekly ist nach der _____ als Aupairmädchen für ein _____ nach London gegangen.

3. Michael Krüger hat sich nach seinem _____ eine _____ gesucht.

Abitur • Hauptschulabschluss • Zivildienst • Lehrstelle • mittleren Reife • Jahr

12 Bildergeschichte – Hören Sie Text 3 aus Aufgabe 11 noch einmal.
a Ordnen Sie die Bilder in der richtigen Reihenfolge.
b Schreiben Sie die Geschichte auf. Schreiben Sie 2 bis 4 Sätze zu jedem Bild.

Schwierige Wörter

13 Hören Sie und sprechen Sie langsam nach. Wiederholen Sie die Übung.

Berufsausbildung ↘	die Berufsausbildung ↘	Wie lange dauert die Berufsausbildung? ↘
Zukunftspläne ↘	viele Zukunftspläne ↘	Sie hat viele Zukunftspläne. ↘
Abschlusszeugnis ↗	ein Abschlusszeugnis ↗	Hast du ein Abschlusszeugnis? ↗

14 Welche Wörter sind für Sie schwierig? Notieren Sie drei Wörter/Sätze wie in Aufgabe 13. Üben Sie mit einem Partner / einer Partnerin:

1. _____
2. _____
3. _____

17 Du siehst gut aus!

Wiederholung

1 Besuch von den Eltern – Ergänzen Sie die Possessivartikel. Hören Sie zur Kontrolle. Einfacher: Hören Sie zuerst und ergänzen Sie dann.

○ Hier wohne ich. Das ist m__ein__ Zimmer und gleich daneben ist u__nsere__ Küche und u__nser__ Bad. Gegenüber wohnt Theo mit s__einer__ Freundin. Möchtet ihr e__ure__ Jacken aufhängen? Hier ist u__nsere__ Garderobe.

● Ach, das ist jetzt e__ure__ Garderobe? Früher hat das in u__nserem__ Badezimmer gehangen.

○ Kennst du noch die Regale von d__einer__ Freundin Inge? Sie hat mir i__hre__ Regale für m__ein__ Zimmer geschenkt – und auch i__hre__ Stühle.

● Interessant! Wie schön, das ist ja die Lampe von d__einer__ Großmutter. D__einen__ Schreibtisch kenne ich auch, der ist bestimmt schon 45 Jahre alt! Und hier finde ich endlich u__nsere__ Bücher. Und hier u__nser__ Fotoalbum!

○ Das gehört mir! Das hat mir m__ein__ Vater geschenkt! D__ein__ Ehemann!

● Also gut. Hier sind d__eine__ Handtücher und d__eine__ Bettwäsche. Sabine schenkt dir i__hre__ Blumen, weil sie ein Jahr ins Ausland geht! Und von uns bekommt ihr noch drei Flaschen Wein zu e__urem__ Einzug.

2 Was passt nicht? – Markieren Sie und notieren Sie dann die Artikel und Pluralendungen.

1. __das__ Jackett, -s • __der__ Anzug, -̈e • __die__ ~~Krawatte, -n~~ • __der__ Mantel, Mäntel
2. __der__ Handschuh, -e • __der__ Schal, -e • __die__ Mütze, -n • __der__ Badeanzug, -̈e
3. __die__ Jeans (pl) • __die__ Hose, -n • __die__ Strumpfhose, -n • __die__ Bluse, -n
4. __die__ Armbanduhr, -en • __das__ Unterhemd, -en • __die__ Brille, -n • __der__ Gürtel, -
5. __das__ Kleid, -er • __der__ Anzug, -̈e • __die__ Bluse, -n • __der__ Rock, Röcke

3 Adjektive

a Markieren Sie die 30 Adjektive im Kasten. Ergänzen Sie 1–10. Es gibt mehrere Möglichkeiten.

t	u	l	c	m	j	u	n	g	o	b	k	s	c	h	ö	n	d	g	r	a	u	d
i	z	p	h	k	m	b	l	l	i	l	a	l	b	e	i	g	e	y	h	e	n	i
n	k	g	b	q	j	o	w	k	p	p	r	a	k	t	i	s	c	h	j	b	c	d
d	t	g	d	b	s	v	n	u	z	s	c	h	n	e	l	l	n	k	l	e	i	n
o	r	a	n	g	e	b	q	k	a	p	u	t	t	a	x	t	i	b	r	a	u	n
h	r	k	j	f	w	d	k	p	o	k	o	n	s	e	r	v	a	t	i	v	s	d
s	a	u	b	e	r	i	a	u	x	i	n	t	e	r	e	s	s	a	n	t	h	f
y	e	k	a	l	t	k	j	i	z	t	e	u	e	r	b	i	l	l	i	g	p	n
d	x	a	u	s	g	y	l	a	n	g	s	a	m	m	s	d	i	c	k	g	k	p
o	m	q	t	b	e	c	g	e	l	b	w	e	i	t	r	o	t	b	o	y	f	j
x	m	g	w	b	d	z	g	r	o	ß	b	l	a	u	v	v	z	g	r	q	z	k
b	w	e	k	o	s	t	e	n	l	o	s	w	a	r	m	g	p	j	n	x	o	y
t	k	t	g	r	ü	n	o	s	c	h	w	a	r	z	l	s	c	h	r	a	n	k

1. Die Anzeige ist _frei_.
2. Mit Anzug und Krawatte siehst du sehr _schön_ aus.
3. Dafür musst du nichts bezahlen, das ist _kostenlos / kaputt / gratis_.
4. Das Gegenteil von unpraktisch ist _praktisch_.
5. In dem Kleid siehst du richtig _dick / schlank / alt / jung_ aus!
6. In der Jacke ist ein Loch – sie ist _alt / wertlos (worthless)_.
7. Der Pullover war in der Waschmaschine. Jetzt ist er _klein / sauber / kaputt_.
8. Dieser Pullover kostet nicht viel. Er ist sehr _billig_.
9. Schuhe für 150 EUR. Das ist aber sehr _teuer_.
10. Du hast Größe 42. Schuhe mit Größe 40 sind dir bestimmt zu _klein_.

b Welche Farben haben Sie gefunden und welche Nomen fallen Ihnen dazu spontan ein? Notieren Sie wie im Beispiel.

> grau – Winter, Stadt

4 Mit welchen Adjektiven beschreiben Sie einen Menschen / ein Auto? Sammeln Sie und vergleichen Sie im Kurs.

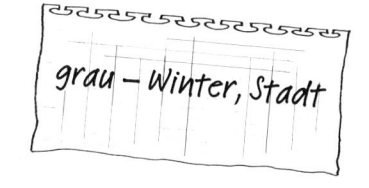

5 Adjektivendungen nach unbestimmten Artikeln und Possessivartikeln – Ergänzen Sie die Tabelle.

	Nominativ Das ist/sind …	Akkusativ Er möchte …	Dativ Er träumt von …
Maskulinum der Pullover	(k)ein neuer Pullover	(k)einen neuen Pullover	(k)einem neuen Pullover
Neutrum das Kleid	(k)ein neues Kleid	(k)ein neues Kleid	(k)einem neuen Kleid
Femininum die Hose	(k)eine neue Hose	(k)eine neue Hose	(k)einer neuen Hose
Plural die Schuhe	keine neuen	keine neuen	keinen neuen

6 Adjektive nach unbestimmtem Artikel und Possessivartikel
a Ergänzen Sie bitte.

①
Heute trägt Herr Schuhmann eine blau__e__ Hose mit einem schwarz__en__ Gürtel. Dazu möchte er sein schwarz__es__ Jackett mit einer gelb__en__ Krawatte anziehen, aber seine lieb__e__ Frau mag keine gelb__en__ Krawatten. Sie findet, dass ein schwarz__es__ Jackett und eine gelb__e__ Krawatte nicht zusammenpassen.

②
Frau Schuhmann zieht heute Abend ihre rot__en__ Jeans mit einer weiß__en__ Bluse an. Zu ihrer weiß__en__ Bluse passt ihre neu__es__ grau__es__ Jacke. Sie trägt auch einen leicht__en__ Schal, weil sie stark__e__ Halsschmerzen hat.

③
Lisa will ihr neu__es__ grün__es__ Kleid nicht anziehen. Sie will auch ihre schick__en__ Schuhe nicht tragen. Sie mag keine neu__en__ Schuhe. Sie will nur ihren blau__en__ Trainingsanzug mit ihren alt__en__ Turnschuhen anziehen und vielleicht auch ein bunt__es__ Halstuch und ihre rot__e__ Mütze.

b Ergänzen und beantworten Sie die Fragen wie im Beispiel.

1. Was für eine Hose _trägt_ Herr Schuhmann?
2. Was für ein Jackett möchte er _____?
3. Was für Krawatten mag seine Frau nicht?
4. Was für eine Jeans _____?
5. Was für einen Schal _____?
6. _____ will Lisa nicht anziehen?

1. Eine blaue.

7 Adjektive nach bestimmten Artikeln – Ergänzen Sie die Tabelle.

	Nominativ Das ist/sind …	Akkusativ Er möchte …	Dativ Er träumt von …
Maskulinum der Pullover	der neue Pullover	den neuen Pullover	dem neuen Pullover
Neutrum das Kleid	das schöne Kleid	das schöne Kleid	dem schönen Kleid
Femininum die Hose	die blaue Hose	die blaue Hose	der blauen Hose
Plural die Schuhe	die alten Schuhe	die alten Schuhe	den alten Schuhe

8 Ergänzen Sie die Endungen.

der Schal

1. Nominativ — Welch**er** Schal gefällt dir besser, d**er** blau**e** oder d**er** grün**e**?
2. Akkusativ — Welch**en** Schal möchtest du, d**en** rot**en** oder d**en** weiß**en**?
3. Dativ — Zu welch**em** Schal passt der Hut, zu d**em** rot**en** oder d**em** weiß**en**?

das Tuch

4. Nominativ — Welch**es** Tuch gefällt dir besser, d**as** gestreift**e** oder d**as** einfarbig**e**?
5. Akkusativ — Welch**es** Tuch möchtest du, d**as** gestreift**e** oder d**as** einfarbig**e**?
6. Dativ — Zu welch**em** Tuch passt die Kette, zu d**em** gestreift**en** oder d**em** einfarbig**en**?

die Bluse

7. Nominativ — Welch**e** Bluse gefällt dir besser, d**ie** hell**e** oder d**ie** schwarz**e**?
8. Akkusativ — Welch**e** Bluse möchtest du, d**ie** hell**e** oder d**ie** schwarz**e**?
9. Dativ — Zu welch**er** Bluse passt das Tuch, zu d**er** hell**en** oder d**er** schwarz**en**?

die Schuhe

10. Nominativ — Welch**e** Schuhe gefallen dir besser, d**ie** braun**en** oder d**ie** schwarz**en**?
11. Akkusativ — Welch**e** Schuhe möchtest du, d**ie** braun**en** oder d**ie** schwarz**en**?
12. Dativ — Zu welch**en** Schuhen passen die Socken, zu d**en** braun**en** oder d**en** schwarz**en**?

9 Adjektivendungen – Nominativ, Akkusativ oder Dativ?

1. Der karierte Rock mit der hellen Jacke mit den dunklen Streifen steht dir gut.
2. Wenn es kalt ist, ziehe ich immer den warmen Pullover und die dicken Socken an.
3. Mein Freund hat sich den gelben Anorak und die hellblauen Hosen im Sonderangebot gekauft.
4. Der jüngere Sohn meiner Schwester kann die gebrauchten Sachen seines Bruders anziehen.

10 Personen beschreiben – Schreiben Sie die Körperteile zu den Figuren und beschreiben Sie dann die Personen.

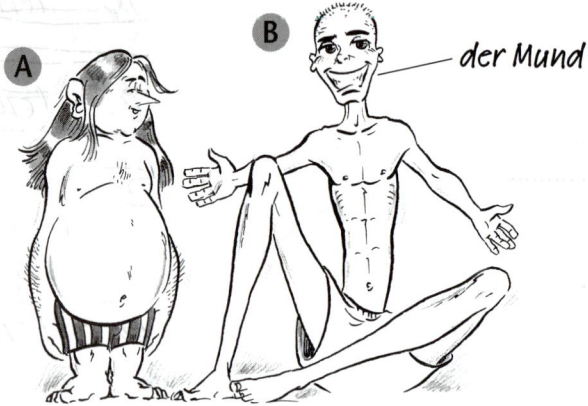

A B — der Mund

Person A hat: eine lange Nase, einen schmalen Mund ...
Person B hat:

11 Was gehört zu einem „guten" Leben? Notieren Sie fünf Wünsche. Vergleichen Sie im Kurs.

Ich träume von einer großen Familie!
Zu einem „guten" Leben gehört eine große Familie.

gut   interessant
schön
        schnell
bequem   teuer

Essen   Fest   Ausbildung   Beruf   Geld
Figur   Familie   Freund/Freundin   Wohnung   Auto   Kinofilm

12 Welches Wort hat den Satzakzent? Markieren Sie und hören Sie zur Kontrolle. Sprechen Sie die Sätze nach.

Ich kaufe meine Strümpfe **immer** im Supermarkt.   (nicht: manchmal)
Ich kaufe meine Strümpfe immer im **Supermarkt**.   (nicht: im Kaufhaus)
Ich **kaufe** meine Strümpfe immer im Supermarkt.   (nicht: die Strümpfe von meinem Freund)
Ich kaufe meine Strümpfe immer im Supermarkt.   (nicht: mein Freund)
Ich kaufe meine **Strümpfe** immer im Supermarkt.   (nicht: die Hosen)

10

**13 Beruf: Hotelkauffrau – Hören Sie das Interview. Was ist richtig? Kreuzen Sie an.
Es kann auch mehr als eine richtige Lösung geben.**

1. Welche Ausbildung hat Frau Kment gemacht?
- [a] Hauptschulabschluss und kaufmännische Lehre
- [b] Abitur und Hotelfachschule
- [c] mittlere Reife und kaufmännische Lehre

2. Sie mag ihre Arbeit,
- [a] weil sie den ganzen Tag telefonieren kann.
- [b] weil sie mit vielen Menschen zusammenkommt.
- [c] weil die Arbeit abwechslungsreich ist.

3. Welche Kleidung trägt sie am Arbeitsplatz?
- [a] Bluse, Rock und Seidenschal
- [b] Jeans und T-Shirt
- [c] gepflegte und seriöse Kleidung

Saskia Kment (26)

Effektiv lernen

14 Strategisch hören

Das Hören vorbereiten – Fragen Sie sich:
– Was weiß ich über die Situation / das Thema?
– Was kenne ich auf Deutsch?
– Was möchte ich wissen und was kommt in der konkreten Situation wahrscheinlich vor?

Beim Hören – Darauf können Sie achten:
– Was verstehe ich?
– Im persönlichen Gespräch: Schauen Sie die Sprecherin / den Sprecher an.
  Achten Sie auf die Körpersprache und den Sprachton.
– Probleme? Bitten Sie: Sprechen Sie bitte langsamer/deutlicher.

Hören trainieren
– Hören Sie möglichst oft Radio.
– Hören Sie die Nachrichtensendungen an einem Tag mehrmals an.
– Nehmen Sie Radiosendungen auf und hören Sie sich Ausschnitte davon
  mehrmals an. Suchen Sie sich Sendungen über Themen aus, die Sie kennen.

Sie hören Nachrichten.

TIPP Wer **aktiv** Deutsch hört, liest und sieht, lernt schneller.

18 Endlich Ferien!

Wiederholung

1 Imperativ – Schreiben Sie Imperativsätze (2. Pers. Sg / 2. Pers. Pl).

1. Ball / rot / mitnehmen — *Nehmt / Nimm den roten Ball mit.*
2. Fotoapparat / neu / aufpassen
3. Badeanzug / neu / nicht vergessen
4. Peter / zu Hause / anrufen
5. Großeltern / eine Postkarte / schreiben
6. Kinder / nicht so spät / aufstehen — *Kinder,*
7. Peter / nicht zu viel / Wein trinken — *Peter,*

2 Perfekt üben – Schreiben Sie die Sätze 1–7 im Perfekt wie im Beispiel.

Hoffentlich haben sie den roten Ball mitgenommen.

3 Termine – Hören Sie den Dialog. Von wann bis wann kann Frau Sans Urlaub nehmen?

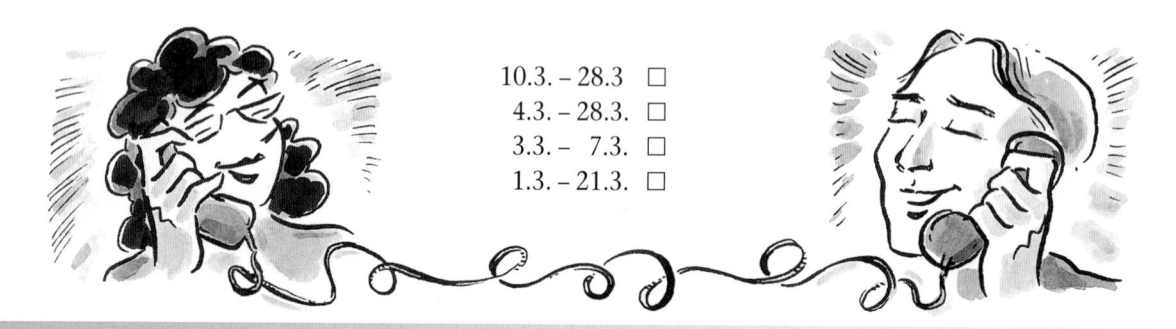

10.3. – 28.3. ☐
4.3. – 28.3. ☐
3.3. – 7.3. ☐
1.3. – 21.3. ☐

4 Lesen Sie die Texte, betrachten Sie die Fotos. Ordnen Sie die Überschriften zu. Zu welchen Texten passen die Fotos?

Von Passau nach Wien am Fluss entlang

Über den Wolken

Bergwandern im Oberharz

einhundertsechsundachtzig

①

Mit der Bahn geht es hinauf, immer weiter hinauf. Und dann sind Sie oben, auf Deutschlands höchstem Berg, der Zugspitze. Für alle Wintersportfans gibt es traumhaften Schnee von November bis Mai. Und es gibt keine Wartezeiten: Die Skilifte transportieren 12.000 Skifahrer in der Stunde! Bei Sonnenschein sehen Sie über die Berge bis nach Österreich und Italien. Auch wenn Sie nicht Ski oder Snowboard fahren, können Sie auf der Zugspitze einen Traumtag erleben. Sie fahren bis zum Zugspitzplatt, besuchen Deutschlands höchste Kirche, schauen den Wintersportlern zu oder sitzen gemütlich auf der Sonnenterrasse und genießen die frische Luft. www.zugspitze.de

②

Mit seiner unmittelbaren Nähe zum Nationalpark und Naturpark ist Sankt Andreasberg idealer Ausgangspunkt für vielfältige Erlebniswanderungen. Das neue Wanderheft mit Leitsystem ermöglicht Ihnen auf über 200 km ausgeschilderten Wald- und Wiesenwegen Ihre eigenen "Entdeckungsreisen". Ob zu Fuß, mit dem Mountainbike oder in der Pferdekutsche, dem aktiven Naturlauber sind keine Grenzen gesetzt. www.st.andreasberg.de

③

Er ist eine der bekanntesten Urlaubsstrecken für Radfahrer. Die Schönheit der Landschaft und sehr gut ausgebaute Fahrradwege zeichnen die Strecke aus. Gastronomisch ist der Donauradweg ebenfalls sehr gut erschlossen. Fast überall findet sich ein Zimmer in Hotels, Gasthöfen oder preiswerten Familienpensionen. Campingplätze und Jugendherbergen sind in vernünftigen Entfernungen erreichbar. Die Touren sind aus praktischen Gründen in Etappen von ca. 100 km aufgeteilt. Von geübten Radlern sind sie locker an einem Tag zu bewältigen. Schöner ist die Aufteilung in zwei Tagesabschnitte. www.radweg.net/Donautal

5 Wortfeld „Wetter und Klima"

a Ordnen Sie die Wörter den Jahreszeiten in Deutschland zu. Es gibt mehrere Möglichkeiten.

es blitzt und donnert • Februar • bunte Blätter • Nebel • grau • kalt • regnen • neblig • viele Blumen • schwitzen • Wind • Badeanzug • gemischt • windig • Mütze • heiß • stürmisch • dunkel • Sonne • September • grün • regnerisch • Sturm • Wolke • Schnee • schneien • Regenschirm • sonnig • nass • Mai • Gewitter • Eis • keine Blätter • weiß • glatt • 32°C

Winter   Frühling   Sommer   Herbst

grau Schnee

b Beschreiben Sie eine Jahreszeit. Benutzen Sie möglichst viele Wörter aus 5a.

6 Und nun zum Wetter …

a Hören Sie die beiden Wetterberichte und vergleichen Sie mit der Wetterkarte. Welcher Wetterbericht passt?

Wetterbericht _____

b Ergänzen Sie die Sätze mit Hilfe des Wetterberichts und der Wetterkarte.

1. In Norddeutschland gibt es viel

   _____.

2. In Ostdeutschland ist die Tagestemperatur

   _____.

3. In Westdeutschland hat es nur

   _____.

4. In Süddeutschland gibt es morgens

   _____.

5. Es weht ein

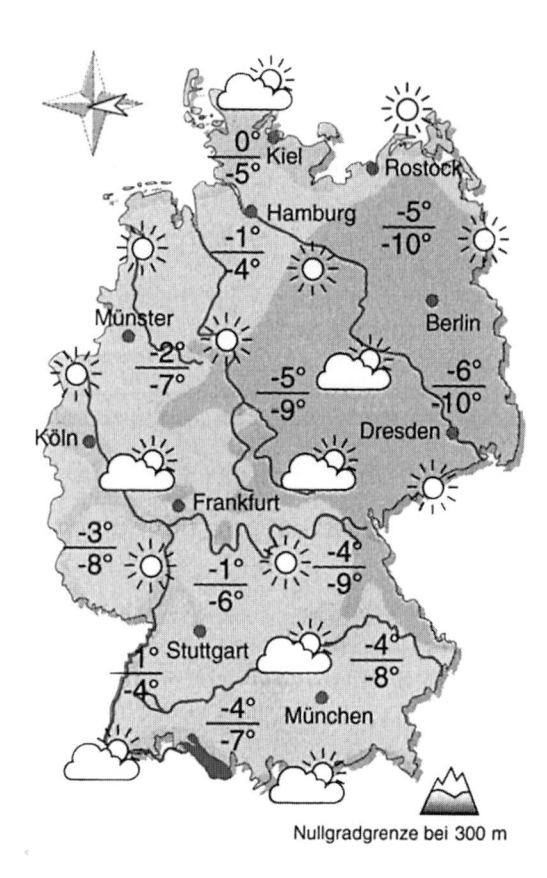

   _____.

7 Urlaubspostkarten schreiben

a Ergänzen Sie die Urlaubskarten.

①

Lieb___ Anne,
viele G_____ aus Ägypten! Uns geht _____ sehr gut!
Es ist hei_____ und der Himmel ist immer b_____.
Unser H_____ ist sehr sch_____. Wir sind den ganzen T_____ am Pool.
Bis bald,
Maria

188

einhundertachtundachtzig

②

Lieb___ Frank, liebe Heidi,
end___ haben wir Url__b – nach fast 15 St___ Fahrt!
Wir schl___ zehn Stunden und den Rest vom Tag lie___ wir im
Liegestuhl. Die Kin___ sind jeden T___ am Strand. Alles su___!
Liebe Grüße von eu___ Nachbarn
Sandor (und Familie)

b Schreiben Sie eine Urlaubspostkarte.

Datum/Ort

Liebe/r …
Viele Grüße aus …

Mehr Informationen z.B. über:
← **Wie geht es** Ihnen / der Familie / den Kindern?
← Wie war die **Fahrt**?
← Wie ist das **Wetter**?
← Wie sind **Unterkunft, Essen und Atmosphäre**?
← Was machen Sie / **Unternehmungen**?
← Gibt es etwas **Besonderes**?

Grüße + Name

9

8 Rhythmus üben. Betonen Sie die Adverbien. Sprechen Sie mit Emotion!

Es hat <u>nie</u> geregnet!!   nie – viel – oft – nur – immer – ständig – fürchterlich

Es war <u>zu</u> heiß!!   zu – sehr – wahnsinnig – super – so – schrecklich

13

9 Die Bahn (DB): Neue Preise. Mit System.
Lesen Sie die DB-Werbetexte A–D und die Aufgaben 1–4.
Welche Angebote passen? Man kann auch Angebote verbinden.

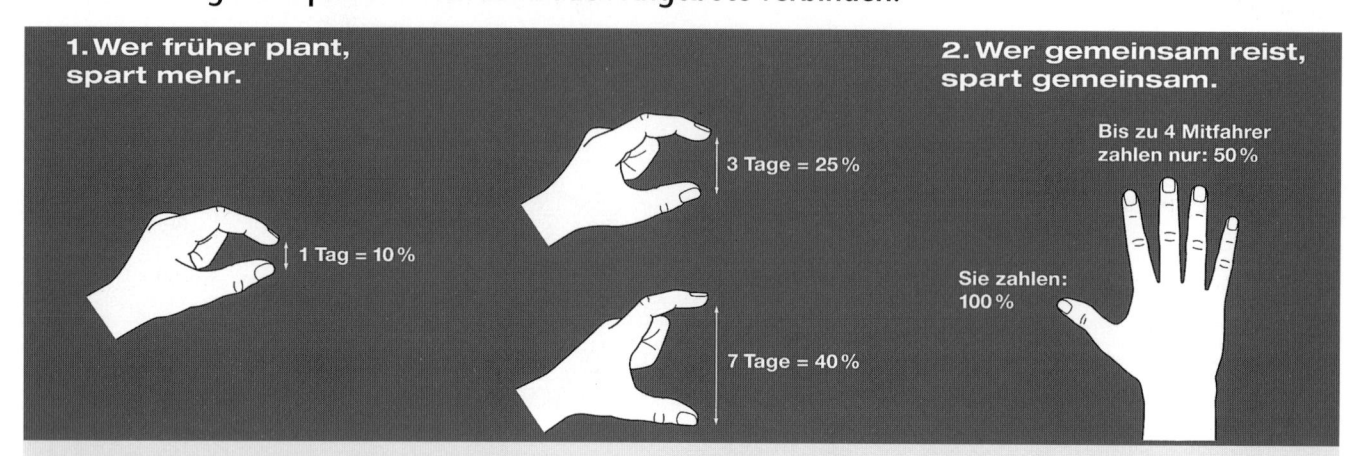

1. Wer früher plant, spart mehr.
1 Tag = 10 %
3 Tage = 25 %
7 Tage = 40 %

2. Wer gemeinsam reist, spart gemeinsam.
Bis zu 4 Mitfahrer zahlen nur: 50 %
Sie zahlen: 100 %

Plan&Spar – wer früher plant, spart mehr

Ⓐ **Plan&Spar 10** – Ermäßigung: 10 %.
Kauf: mindestens 1 Tag vor Reiseantritt, Hin- und Rückfahrt einzeln buchbar.

Ⓑ **Plan&Spar 25** – Ermäßigung: 25 %.
Kauf: mindestens 3 Tage vor Reiseantritt, gilt für Hin- und Rückfahrt.

Ⓒ **Plan&Spar 40** – Ermäßigung: 40 %.
Kauf: mindestens 7 Tage vor Reiseantritt, gilt für Hin- und Rückfahrt und wenn eine Nacht von Samstag auf Sonntag dazwischen liegt (Wochenendbindung).

Ⓓ **Wer gemeinsam reist, spart gemeinsam.**
Bis zu vier Mitfahrer reisen immer für den halben Preis. Ob mit Familie, Freunden oder Bekannten – Begleitung zahlt sich künftig aus.

1. Sie müssen in zwei Wochen zu einer Fortbildung. Sie dauert von Mittwoch bis Freitag. _____
2. Ihre Eltern kommen zu Besuch. Zusammen planen Sie eine Reise in den Harz. _____
3. In einem Monat heiratet Ihre Freundin. Sie wollen mit der Bahn zur Feier fahren. _____
4. Sie müssen morgen zur Leipziger Messe. Wie können Sie am Fahrpreis sparen? _____

10 Im Reisezentrum – Hören Sie den Dialog und kreuzen Sie an. Was ist richtig?

1. Sie sparen 10 % vom Normalpreis,
   - ⓐ wenn Sie Ihre Fahrkarte drei Tage vorher kaufen.
   - ⓑ wenn Sie Ihre Familie mitnehmen.
   - ⓒ wenn Sie die Fahrkarte mindestens einen Tag vorher kaufen.

2. Kinder bis 14 Jahre reisen kostenlos,
   - ⓐ wenn sie in Begleitung ihrer Eltern fahren.
   - ⓑ wenn Sie eine Woche im Voraus die Fahrkarte kaufen.
   - ⓒ wenn sie mit ihren Großeltern reisen.

11 Bahnhofsdialoge – Welche Antwort ist falsch? Kreuzen Sie an.

1. Möchten Sie einen Fensterplatz?
   - [a] Nein, ich sitze lieber am Gang.
   - [b] Ich bin Nichtraucher.
   - [c] Ja, gerne.

2. Habe ich Aufenthalt?
   - [a] Mit dem ICE brauchen Sie fast 2 Stunden.
   - [b] In Hannover 14 Minuten.
   - [c] Ja, Sie haben genug Zeit in Frankfurt.

3. Fährt der Zug pünktlich?
   - [a] Ja, um 17 Uhr 33.
   - [b] Welches Gleis?
   - [c] Er hat fünf Minuten Verspätung.

4. Muss ich umsteigen?
   - [a] Der Zug fährt auf Gleis 3 ab.
   - [b] Ja, in Hannover und Kassel.
   - [c] Der Zug fährt durch.

5. Kann ich auch mit dem ICE fahren?
   - [a] Natürlich.
   - [b] Nein, der fährt heute nicht.
   - [c] Dann brauchen Sie eine BahnCard.

6. Was kostet eine Fahrkarte nach Bremen?
   - [a] Wann möchten Sie fahren?
   - [b] Haben Sie eine BahnCard?
   - [c] Ja, um 21.03 Uhr.

12 Fahrkarten kaufen – Was passt zusammen? Ordnen Sie zu.

1. ○ Das kostet 64 Euro.
2. ○ Der Zug fährt um 12 Uhr 42.
3. ○ In Bonn müssen Sie umsteigen.
4. ○ Mit Rückfahrkarte?
5. ○ Möchten Sie eine BahnCard kaufen?
6. ○ Abteil oder Großraum?
7. ○ Möchten Sie reservieren?
8. ○ Sie haben in Mannheim dann fast zwei Stunden Aufenthalt.

a) ☐ ● Und auf welchem Gleis?
b) ☐ ● Das ist mir zu lange. Gibt es noch eine andere Verbindung?
c) ☐ ● Ich weiß nicht – was kostet die denn und wie lange kann ich damit fahren?
d) ☐ ● Wie lange habe ich da Aufenthalt?
e) ☐ ● Ja, bitte. Nichtraucher, Großraum.
f) ☐ ● Ja, ich fahre hin und zurück.
g) [7] ● Kann ich mit Karte bezahlen?
h) ☐ ● Im Abteil, bitte.

Schwierige Wörter

13 Hören Sie und sprechen Sie langsam nach. Wiederholen Sie die Übung.

Herbstwetter↘   typisches Herbstwetter↘   Das ist typisches Herbstwetter↘
fürchterlich↘   fürchterlich gestürmt↘   Es hat fürchterlich gestürmt.↘
sechsundzwanzig↘   zwölf Uhr sechsundzwanzig↘   um zwölf Uhr sechsundzwanzig.↘

14 Welche Wörter sind für Sie schwierig?
Notieren Sie drei Wörter/Sätze wie in Aufgabe 13 und üben Sie mit einem Partner / einer Partnerin.

1. _____
2. _____
3. _____

Testtraining 6

Hören Teil 2 – Radioansagen

Sie hören fünf Informationen aus dem Radio. Zu jedem Text gibt es eine Aufgabe.
Kreuzen Sie an: a, b oder c. Sie hören jeden Text **einmal**.

Beispiel

0 Welcher Tag ist heute?

- [a] Mittwoch, 21.02
- [X] Montag, 21.12.
- [c] Samstag, 20.12

1 Wie wird das Wetter morgen?

- [a] Es wird sonnig und warm.
- [b] Es wird schön, aber kalt.
- [c] Es gibt Schnee.

2 Was ist das Problem mit den Zügen?

- [a] Die Züge nach Basel haben Verspätung.
- [b] Die ICs nach München fahren später.
- [c] Im Bahnhof gibt es keine Auskunft.

3 Wann kommen die nächsten Nachrichten?

- [a] Um 14.55.
- [b] In 25 Minuten.
- [c] Um 14 Uhr 25.

4 Welche Sonderangebote gibt es?

- [a] Betten, Tische und Sessel
- [b] Sofas, Stühle und Sessel
- [c] Betten, Sofas und Sessel

5 Wie heißen die Lottozahlen?

- [a] 6 –16 – 26 – 34 – 45 – 48 – Zusatzzahl: 12
- [b] 6 –17 – 26 – 34 – 44 – 48 – Zusatzzahl: 11
- [c] 6 –16 – 28 – 34 – 47 – 48 – Zusatzzahl: 12

Maximale Punktzahl: 5 / Meine Punktzahl: _____

Lesen Teil 2 – Zeitungsmeldung

Lesen Sie den Text und die Aufgaben 6–10.
Sind die Aussagen richtig oder falsch? Kreuzen Sie an.

Musical zeigt das Leben von Elvis

Wuppertal/Remscheid (red). Kürzlich jährte sich sein 25. Todestag, doch ist Elvis heute lebendiger denn je. Die Musik des toten Superstars verkauft sich sensationell, einer seiner alten Hits war kürzlich in fast allen Charts die Nummer eins. Nun ist ein Musical über das Leben des Elvis Presley geschrieben worden. Am Mittwoch, 27. November, ist es in der Wuppertaler Stadthalle zu sehen.

Marc Janicello – er gilt als personifizierte Wiedergeburt des Elvis Presley – spielt und singt die Hauptrolle. In blitzlichtartigen Rückblenden führt das Musical durch alle wichtigen Stationen des Lebens des Superstars: von seinem Beginn bei Sun Records in Memphis, über seine Zeit bei der US-Army in Deutschland und seine Jahre in Hollywood bis zum Comeback auf der Konzertbühne Las Vegas. Die Entwicklung Elvis Presleys als Mensch und Künstler entfaltet sich dabei zum Teil in deutlicher und manchmal brutaler Klarheit. Die Show präsentiert dazu alle wichtigen Figuren im Leben des Superstars: Colonel Parker, Gladys, Vernon und Priscilla Presley.

Beispiel

0 Elvis Presley ist schon ein Vierteljahrhundert tot.   [X] richtig [ ] falsch

6 Die Musik von Elvis kennen nur noch die alten Leute.   [ ] richtig [ ] falsch
7 Der Artikel berichtet über das Leben von Elvis Presley.   [ ] richtig [ ] falsch
8 In Wuppertal gibt es ein Musikstück über Elvis.   [ ] richtig [ ] falsch
9 Das Stück zeigt Szenen aus seinem Leben.   [ ] richtig [ ] falsch
10 Marc Janicello hat das Stück geschrieben.   [ ] richtig [ ] falsch

Maximale Punktzahl: 5 / Meine Punktzahl: _____

Testtraining 6

Schreiben Teil 2 – Kurze Mitteilung

Am schwarzen Brett in Ihrem Haus hängt folgende Notiz:

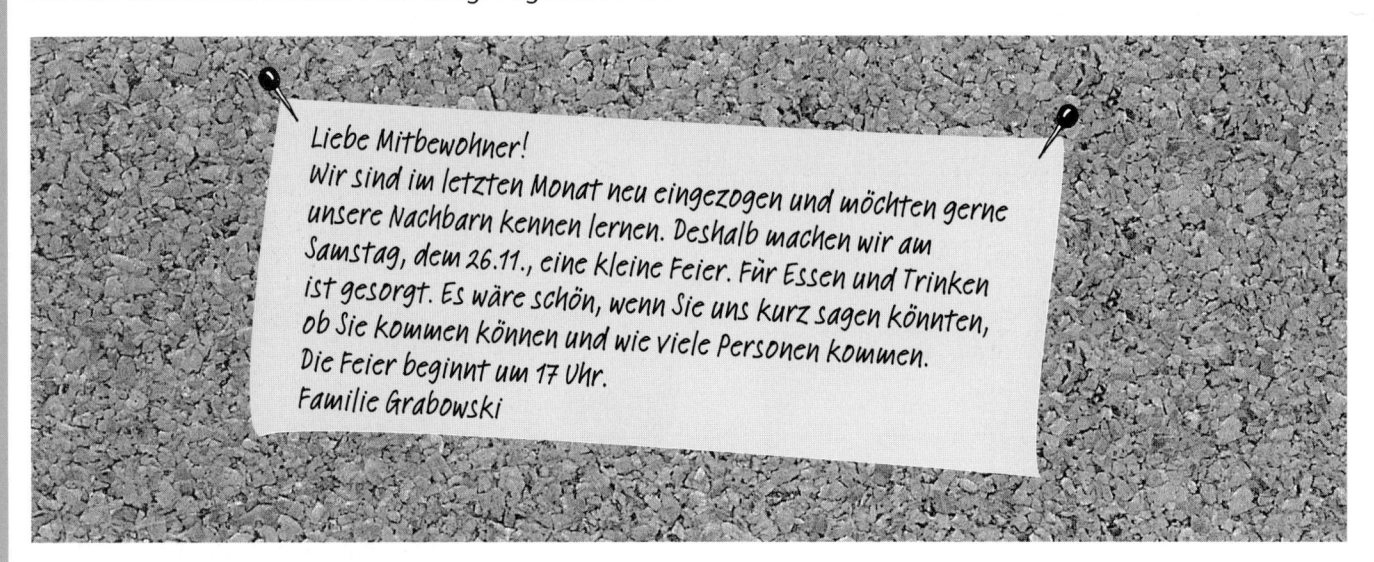

> Liebe Mitbewohner!
> Wir sind im letzten Monat neu eingezogen und möchten gerne unsere Nachbarn kennen lernen. Deshalb machen wir am Samstag, dem 26.11., eine kleine Feier. Für Essen und Trinken ist gesorgt. Es wäre schön, wenn Sie uns kurz sagen könnten, ob Sie kommen können und wie viele Personen kommen. Die Feier beginnt um 17 Uhr.
> Familie Grabowski

Schreiben Sie eine Notiz an die Familie Grabowski:

- Sie haben am 26.11. einen anderen Termin.
- Sie sind gegen 18 Uhr wieder zu Hause.
- Sie kommen gern. Fragen Sie, wie lange die Feier geht.
- Ihr Mann / Ihre Frau kommt auch, aber die Kinder wahrscheinlich nicht.

Schreiben Sie Ihre Notiz auf ein extra Blatt.

Maximale Punktzahl: 10 / Meine Punktzahl: _____

Sprechen Teil 2 – Gespräch über ein Alltagsthema

Bei diesem Prüfungsteil arbeiten Sie mit einem Partner / einer Partnerin zusammen. Sie möchten eine bestimmte Information von Ihrem Partner / Ihrer Partnerin. Das erste Thema heißt „Einkaufen". Ziehen Sie zwei Karten wie z.B.:

| Können Sie ...? |

und fragen Sie: *Können Sie fünf Euro wechseln?*

Ihr Partner / Ihre Partnerin antwortet vielleicht: *Nein, tut mir Leid.*

ODER: *Ja, was brauchen Sie?*

Sprechen Teil 2	Sprechen Teil 2
Thema: Einkaufen	*Thema: Einkaufen*
Was …?	*Ich …?*

Sprechen Teil 2	Sprechen Teil 2
Thema: Einkaufen	*Thema: Einkaufen*
Haben Sie …?	*Wo …?*

Sprechen Teil 2	Sprechen Teil 2
Thema: Wegbeschreibung/Verkehr	*Thema: Wegbeschreibung/Verkehr*
Welche/r …?	*Wie komme …?*

Sprechen Teil 2	Sprechen Teil 2
Thema: Wegbeschreibung/Verkehr	*Thema: Wegbeschreibung/Verkehr*
Wann …?	*Wie …?*

Maximale Punktzahl: 8 / Meine Punktzahl: _____

Tipps zur Vorbereitung

1. Sammeln Sie im Kurs: Welche Situationen können in diesem Prüfungsteil vorkommen?
2. Arbeiten Sie in Gruppen: Sammeln Sie Fragen, Aussagen und Wortschatz zu den Situationen.
3. Machen Sie Arbeitsblätter.
4. Korrigieren Sie Ihre Ergebnisse im Kurs und verteilen Sie dann die korrigierten Arbeitsblätter an alle.
5. Üben Sie zu zweit zu Hause und in Gruppen im Kurs.
6. Überlegen Sie im Kurs:
   – Was war gut und wo haben Sie Probleme?
   – Wie können Sie sich helfen?
   – Wer kann Ihnen helfen?

19 Komm doch mit!

Wiederholung

1 Verabredungen – Schreiben Sie Dialoge nach den Dialogplänen. Es gibt mehrere Möglichkeiten.

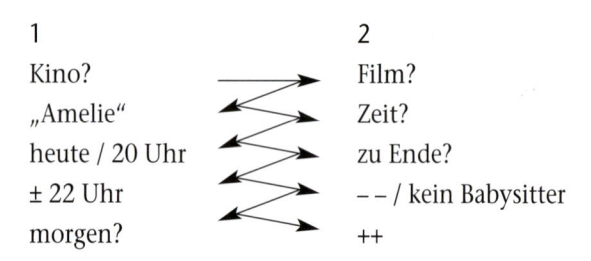

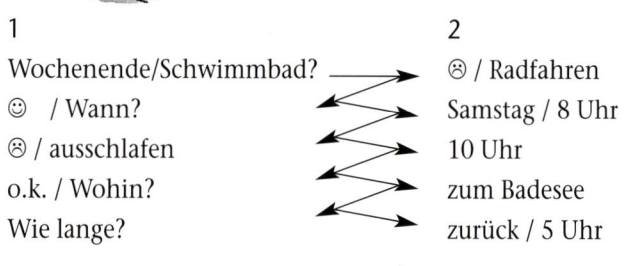

1	2	1	2
Kino?	Film?	Wochenende/Schwimmbad?	☹ / Radfahren
„Amelie"	Zeit?	☺ / Wann?	Samstag / 8 Uhr
heute / 20 Uhr	zu Ende?	☹ / ausschlafen	10 Uhr
± 22 Uhr	– – / kein Babysitter	o.k. / Wohin?	zum Badesee
morgen?	++	Wie lange?	zurück / 5 Uhr

▶ 2

2 Kontakte – Bei etwa jedem zweiten Wort fehlt die Hälfte. Ergänzen Sie den Text.

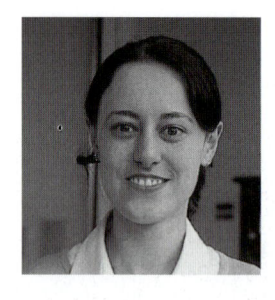

Als ich etwas Deutsch konnte, bin i**ch** in and____ Volkshochschulkurse gega_____. Ich ha___ z.B. einen Näh_____ gemacht u___ einen Koch_____. Da ha___ ich vi____ Leute ken____ gelernt, au___ Deutsche, ein____ sind he____ meine bes____ Freunde. Im näch_____ Semester wi___ ich einen Fotografiekurs machen.

Ich gehe oft mit meinem Sohn in d___ Park a___ den Spiel_____. Er spi____ und i___ sitze a___ einer Ba___ und sch____ ihm zu. Al___ Mütter unter_____ sich. I___ lese Zei_____ oder hö___ Discman. Ab u___ zu tre____ ich mi___ auch m___ Bekannten. W___ bringen et____ zum Es____ und Tri_____ mit u___ machen m___ allen Kin_____ Picknick oder wir grillen.

3 Indefinita

a Personen und Sachen – Ordnen Sie bitte zu.

nur Personen   _man_ _____

nur Sachen   _____

Personen oder Sachen _____

einige (Pl.) • viele (Pl.) • alle (Pl.) • nichts • etwas • jemand • niemand • ~~man~~

b Ergänzen Sie bitte die Sätze mit den passenden Indefinita aus 3a.

1. ○ Entschuldigung, haben Sie noch _____ Brot für mich?
   ● Tut mir Leid. Es ist _____ mehr da.

2. ○ Kann mir bitte _____ helfen? Mein Computer funktioniert nicht mehr.
   ● Heute ist _____ mehr im Haus. Morgen früh kommt _____ zu Ihnen.

3. ○ Können bitte _____ Mitarbeiterinnen morgen früh in mein Büro kommen?
   ● Das geht nicht, weil _____ in einer Besprechung mit Kunden sind.

4. _____ kann sich in Deutschland auch nach der Schule weiterbilden.

5. Im August haben _____ Mitarbeiter Urlaub. Aber _____ gehen erst im September.

6. _____ kann nicht alles haben, viel Freizeit und viel Geld!

7. Ich nehme mir nächste Woche _____ Tage frei. Ab Donnerstag komme ich wieder.

Herr Keiner, Herr Dumm und Herr Niemand wohnen in einem Haus. Eines Tages schauen alle drei aus dem Fenster. Da spuckt der Keiner dem Dumm auf den Kopf, Niemand beobachtet alles.
5 Dumm ärgert sich über Keiner und geht zur Polizei und sagt: „Keiner hat mir auf den Kopf gespuckt und Niemand hat's gesehen!". Fragt der Polizist: „Sind Sie doof?" – „Nein, ich bin Dumm!"

4 Indefinita und Kasus: *alle, viele, einige, jemand, niemand*

a Notieren Sie die Kasusendungen in der Tabelle.

b Ergänzen Sie die Kasusendungen.

	Singular	Plural
Akkusativ	–en	
Dativ		

1. Morgen gehe ich mit all__en__ meinen Freunden ins Kino.
2. Der Verein ist für viel_____ Deutsche die wichtigste Freizeitbeschäftigung.
3. In viel_____ Parks kann man auch Fußball oder Schach spielen.
4. Für einig_____ Parks muss man viel Eintritt bezahlen.
5. Ich habe mit einig_____ Kursteilnehmerinnen richtig Freundschaft geschlossen.
6. ○ Ich habe gestern mit jemand_____ gesprochen. Er kennt dich aus Frankfurt.
7. ● Aus Frankfurt? Da kenne ich niemand_____.
8. Ich habe von niemand_____ gehört, dass die Prüfung sehr schwer ist.
9. Ich bin heute Abend bei jemand_____ aus meinem Kurs eingeladen.
10. Ich habe seit Tagen niemand_____ getroffen, weil ich so viel lernen muss.

5 Pronomen – Was passt zusammen? Schreiben Sie die Minidialoge.
Es gibt z.T. mehrere Möglichkeiten. 🚑: Hören Sie zuerst.

○ Hier liegt noch ein Handy. Ist das deins? ● Ja, das ist m…
○ Ist das Birsens Tasche? ● Ich hab zurzeit k… Ich hab m… verloren.
○ Ist das euer Handy? ● Vielleicht war das m…
○ Kannst du mir mal dein Handy leihen? ● Nein, das ist nicht m… Das gehört Helgi.
○ Wem gehört der Kuli? ● Ja, das ist i…
○ Pavel hat neulich ein Handy gefunden. ● Ich glaube, das ist m…
○ Gehört das Buch hier dir? ● Nein, u… ist doch rot.

○ Hier liegt noch ein Handy. Ist das deins? ● Nein, das ist nicht meins…

10

6 Verben mit Präpositionen – Ergänzen Sie bitte.

1. Beim Lesen müssen Sie auch *auf* die Aussprache *achten*.
2. Tom _____ jetzt _____ der Citybank. Er verdient gut.
3. Morgen _____ wir _____ dem Unterricht um 9 Uhr.
4. Ich muss unbedingt _____ Herrn Schuhmann _____.
5. Der rote Pullover _____ gut _____ der gelben Hose.
6. Nächste Woche haben wir Ferien. Wir _____ _____ besseres Wetter.
7. Morgen _____ wir _____ den Test. Wir müssen ihn ein bisschen vorbereiten.
8. Guten Tag, mein Name ist Öger. Ich möchte _____ Herrn Schröder _____.

achten auf • passen zu • beginnen mit • hoffen auf • sprechen mit • sprechen mit • sprechen über • arbeiten bei

7 Reflexive Verben mit Präpositionen – Ergänzen Sie bitte.

1. Ich *interessiere mich* nicht *für* Sport, aber ich spiele gern Schach.
2. ○ Bist du sauer? ● Ja, ich habe _____ _____ einen Kollegen _____.
3. Ich muss _____ _____ dir _____. Du hast mir sehr geholfen.
4. Ich muss nach Hause. Ich muss _____ _____ meinen Sohn _____.
5. ○ _____ du _____ auch so _____ die Ferien wie ich? ● Na klar!
6. Viele Leute _____ _____ _____ eine saubere Umwelt.
7. Liebe Frau Wohlfahrt, wir möchten _____ _____ Ihnen ganz herzlich _____.
8. Ich muss _____ jetzt _____ meine Prüfung _____. Sie ist schon bald.
9. ○ _____ du dich _____ Politik? ● Ein bisschen, aber nicht sehr.

sich bedanken bei • sich freuen auf • sich ärgern über • sich engagieren für • sich interessieren für • sich interessieren für • sich kümmern um • sich kümmern um

TIPP

Verben immer mit den Präpositionen lernen. Notieren Sie sich Beispielsätze. Probleme? Machen Sie sich Lernkarten.

| achten auf
Achten Sie bitte auf die Rechtschreibung. | achten ...
Achten Sie _____ die Fahrradfahrer. | auf |

12

8 Eine Notiz schreiben – Vergleichen Sie im Kurs.

Sie wollten heute Nachmittag mit einer Nachbarin und den Kindern Picknick im Park machen.
Aber jetzt hat Ihr Sohn Fieber bekommen und Sie müssen mit ihm zum Arzt.
Schreiben Sie eine Notiz.

Sagen Sie,
– dass Sie nicht mitkommen können.
– was passiert ist.
– dass Sie sich nach dem Arztbesuch melden wollen.

TIPP Nicht vergessen: Das Schreiben kann man planen.
Lesen Sie die Hinweise auf Seite 76 noch einmal.

9 Informationen finden – Sehen Sie sich die Aufgaben 1–8 an und suchen Sie die passenden Hinweise im „Verdener Tageskalender". Es gibt manchmal mehrere Möglichkeiten.

> Die „Reiterstadt Verden" ist über 1200 Jahre alt. Sie liegt in Norddeutschland südöstlich von Bremen in der „Lüneburger Heide". Die Stadt ist vor allem bei Pferdefreunden weltweit bekannt. Neben der Pferdezucht lebt die Stadt heute vom Tourismus. Jedes Jahr kommen tausende von Urlaubern in die Stadt. Berühmt sind vor allem das Pferdemuseum und das Historische Museum.

1. _____ Sie schwimmen gern.

2. _____ Ein Freund von Ihnen hat Probleme mit dem Alkohol.

3. _____ Ihr Sohn (8 Jahre) langweilt sich.

4. _____ Sie lesen gern.

5. _____ Sie haben Probleme mit dem Vermieter Ihrer Wohnung.

6. _____ Sie lieben Pferde und sind deshalb nach Verden gefahren.

7. _____ Sie sind gerade in Verden angekommen und möchten wissen: Was kann man hier machen?

8. _____ Es ist 22 Uhr und Sie haben plötzlich starke Kopfschmerzen bekommen.

Verdener Tageskalender

(1) **Ärztlicher Notdienst**: ab 13 Uhr: Dr. Gehre, Bahnhofstr. 21, Verden, Tel. 01 72 / 4 21 91 42.
(2) **Apotheken-Notdienst**: Hirsch-Apotheke, Am Holzmarkt 4, Verden, Tel. 0 42 31 / 26 80.
(3) **Notruf: Polizei**: 110, Feuerwehr: 112, Krankenhaus: Tel. 10 30, Rettungsdienst, Krankentransport einschl. Flugrettung: Tel. 1 92 22; Frauennotruf: Tel. 0 42 31 / 96 19 70.
(4) **Pferdemuseum**: 10 bis 17 Uhr geöffnet.
(5) **Städtisches Krankenhaus**: 14.30 bis 15.30 Uhr Besuchszeit; 18 bis 19 Uhr nur für Väter von Säuglingen; 14.30 bis 15 Uhr für Kinder von Patienten in Begleitung eines Erwachsenen.
(6) **Stadtverwaltung Verden**: 9 bis 12.30 Uhr Sprechzeit.
(7) **Stadtbücherei**: Holzmarkt 7, 10–12 Uhr und 15–18 Uhr geöffnet.
(8) **Tourist-Information**: Holzmarkt 15, 8.30 bis 18 Uhr geöffnet.
(9) **Arbeitsamt**: Tel. 0 42 31 / 80 90.
(10) **Jugendzentrum „Dampfmühle"**, Lindhooper Straße: 15 Uhr Tischtennis, Kicker, 18–20 Uhr Infoladen Kontra, 19–23 Uhr Musikcafé.
(11) **Tierheim des Tierschutzes in Verden und Umgebung**: Aufnahme von Fund- und Pensionstieren, Waller Heerstr. 11, Tel. 0 42 30 / 94 20 20.
(12) **Deutscher Mieterbund**: 16 bis 17 Uhr Beratung in der Verbraucherzentrale, Piepenbrink 1.
(13) **Jungentreff** der „small brothers" (bis 9 J.); 17.30–20 Uhr Jugendtreff; Wohnung: 10–12 Uhr Sprechzeit; 14.30–17 Uhr Projektgruppe f. Mädchen (bis 10 J.) in der Nicolaischule.
(14) **Anonyme Alkoholiker**: 19.30 Uhr Treffen im Stadtkirchenzentrum.
(15) **Deutscher Gewerkschaftsbund**, Marienstr. 3: Sprechzeit 8 bis 12.30 Uhr oder nach terminl. Vereinbarung.
(16) **Frauenberatungsstelle Verden**: Grüne Str. 31, Telefon 0 42 31 / 8 51 20.
(17) **Verwell Erlebnisbad**: Freibad: 6.30–20 Uhr; Hallenbad: 10–20 Uhr; Sauna 10–21 Uhr geöffnet.
(18) **Lichtspiele Verden**: Cine City: 16 Uhr: *Lilo & Stitch / Spirit – der wilde Mustang*; 16 + 20.15 Uhr: *Party Animals*; 16, 17 + 20 Uhr: *Men in Black II*; 20 Uhr: *Haus am Meer*; 20.15 Uhr: *Seitensprünge in N.Y.*

Effektiv lernen

10 Übungen selbst machen – Zeitungsanzeigen

– Nehmen Sie eine Seite mit Kleinanzeigen aus der Zeitung.
– Schreiben Sie dazu drei oder vier Aufgaben wie in Aufgabe 9. Notieren Sie sich Ihre Lösung.
– Tauschen Sie die Aufgaben im Kurs.

20 Jobsuche

Wiederholung

1 Thema „Arbeit" – Ein Kreuzworträtsel

Waagerecht: 1 Ich muss heute mehr arbeiten. Ich muss ... machen (Pl.). 2 Das Gehalt mit Steuer usw. 3 Er sagt mir, was ich tun muss. 4 Auf der Bank oder beim Amt muss man das oft ausfüllen. 5 Ich suche eine neue ... Deshalb schaue ich mir jeden Tag die Anzeigen an. 6 Ich ... 1500 Euro im Monat (Infinitiv). 7 – Musst du am ... arbeiten? – Nein, da hab ich frei. 8 Ich arbeite bei der ... Höhne. Das ist eine Möbelspedition. 9 Die weibliche Form von Nr. 3. 10 Die normale ... ist 35 Stunden pro Woche. 11 Ich mache ein Praktikum bei einer Bank. Das ist eine gute ... für mich. Vielleicht bekomme ich einen Ausbildungsplatz. 12 – Ich möchte Frau Barz sprechen. – Einen Moment, ich ... Sie (Infinitiv). 13 Herr Wetz ist mein ... aus der Buchhaltung. 14 Der Film beginnt um acht und ... um 10 Uhr ... (Infinitiv).

Senkrecht: Ich habe eine interessante ... in der Zeitung gelesen. Ich will mich bewerben.

2 Zwei Dialoge

a Ordnen Sie die Dialogteile. Hören Sie zur Kontrolle. Einfacher: Hören Sie zuerst.

Dialog 1

○ [1] Hallo, Paul, komm rein.

○ ☐ Ja, morgen muss ich meine Bewerbungsunterlagen abgeben. Ich schreib gerade meinen Lebenslauf.

○ ☐ Nein, ich hab im Internet eine interessante Anzeige gefunden, habe angerufen und soll sofort meine Bewerbungsunterlagen schicken, weil nächste Woche schon Gespräche sind.

● ☐ Warst du beim Arbeitsamt?

● ☐ Tag, Eva! Sitzt du schon wieder am Computer?

zweihundertzwei

Dialog 2

○ ☐ Das hört sich gut an. Können Sie morgen gegen 18 Uhr vorbeikommen?

○ ☐ Ja, die Stelle ist noch frei. Wir brauchen für drei Monate eine Aushilfe. Haben Sie schon einmal in dem Bereich gearbeitet?

○ ☐ Kruse.

● ☐ Olszowski, guten Tag, Herr Kruse. Ich habe in der Zeitung Ihre Anzeige gelesen und bin an der Arbeit als Nachtportier interessiert.

● ☐ Nein, aber ich habe schon häufig Nachtschicht gemacht und an der Rezeption im Krankenhaus ausgeholfen.

b Hören Sie noch einmal. Welche Abbildung von S. 88/89 passt?

Dialog 1: _____ Dialog 2: _____

3 Jobs: wo, wann, was? – Ergänzen Sie Präpositionen und Artikel.

1. Ich habe drei Jahre _in_ _einer_ Fabrik gearbeitet und danach ein paar Monate _____ _____ Supermarkt _____ _____ Kasse.
2. _____ _____ Bau arbeiten ist im Sommer schön, aber nicht im Winter.
3. Vor zwei Jahren habe ich mal _____ _____ Küche _____ _____ Restaurant gearbeitet. Das war hart.
4. Drina arbeitet zurzeit als Putzhilfe _____ _____ Bar.
5. Ich habe jetzt einen Job _____ _____ Bäckerei als Verkäuferin.
6. Samstags arbeite ich _____ _____ Metzgerei _____ _____ Stadt und sonntags _____ _____ Tankstelle _____ _____ Autobahn.

in einer • in einer • in der • in der • in einem • an der • an der • auf dem • von einem • bei einer • bei einer

4 Nomen und Verben – Was passt zusammen? Ordnen Sie zu.

1. Zeitungen — _austragen, lesen, ..._
2. die Anzeige — _lesen, ..._
3. eine Bewerbung — _____
4. als Kellner — _____
5. eine Stelle — _____
6. zum Arbeitsamt — _____
7. auf dem Bau — _____

arbeiten gehen jobben kaufen suchen verteilen lesen schreiben austragen finden

4

5 Berichten, was man/jemand tun soll – Schreiben Sie die Sätze mit *sollen*.

1. Der Arzt sagt: „Essen Sie viel Obst." *Der Arzt sagt, dass ich viel Obst essen soll.*
2. Der Arzt sagt: „Legen Sie sich ins Bett." _____
3. Der Chef sagt: „Kommen Sie bitte zu mir." _____
4. Der Chef sagt: „Rufen Sie mich bitte an." _____
5. Meine Frau sagt: „Hilf mir bitte." _____
6. Mein Kollege sagt: „Kommt bitte zu mir." _____
7. Paul sagt: „Heirate mich!" _____
8. Petra sagt: „Such dir eine andere!" _____

6

6 Job-Informationen – Schreiben Sie die Fragen zu den Antworten.
   Einfacher: Hören Sie zuerst.

1. ○ *Ist die Stelle noch frei?*
   ● Ja, die Stelle ist noch nicht besetzt.
2. ○ _____
   ● Sie bekommen 10 Euro die Stunde.
3. ○ _____
   ● Wir haben Gleitzeit. Sie können zwischen 7 und 9 Uhr anfangen.
4. ○ _____
   ● Nein, am Wochenende arbeiten wir nicht.
5. ○ _____
   ● Sie haben 30 Tage Urlaub und Überstunden können Sie mit Freizeit ausgleichen.
6. ○ _____
   ● Sie können am Montag anfangen.

7 Relativsätze – Nominativ und Akkusativ

a Schreiben Sie je zwei Sätze wie im Beispiel.

1. Der Hausmeister, **den** die Firma eingestellt hat, ist schon Rentner.
2. Die Firma, **die** jetzt Pleite gemacht hat, war erst drei Jahre alt.
3. Ich habe jetzt einen Job, **den** ich sehr mag.
4. Das ist die Frau aus dem Kegelclub, **die** bei DaimlerChrysler arbeitet.
5. Ich suche den Herrn, **der** für die Bewerbungen zuständig ist.

Der Hausmeister ist schon Rentner. Die Firma hat ihn/den Rentner eingestellt.

b Relativsätze – Verbinden Sie die Sätze.

1. Ich möchte einen Beruf. Der Beruf ist interessant.
2. Schreiner ist ein kreativer Beruf. Der Beruf kann viel Spaß machen.
3. „job.de" ist eine Homepage. Die Homepage bietet neue Arbeitsstellen an.
4. Herr Kunert ist ein Abteilungsleiter. Ich finde (+ A) Herrn Kunert sehr kompetent.
5. Ich habe einen neuen Kollegen. Ich finde (+ A) den neuen Kollegen sehr nett.
6. Helgi hat einen neuen Freund. Ich kenne (+ A) ihn schon seit zwei Jahren.

1. Ich möchte einen Beruf, der interessant ist.

8 Definitionen – Schreiben Sie bitte.

1. eine Volkshochschule / Schule / Kurse für Erwachsene / anbieten.
   Eine Volkshochschule ist eine Schule, ...

2. eine Bankkauffrau / Frau / in einer Bank / arbeiten

3. das Rote Kreuz / Verein / Menschen in Not / helfen

4. ein Mountainbike / Fahrrad / im Wald / fahren können

5. ein Nachtportier / Person / nachts im Hotel an der Rezeption / arbeiten

9 Was ist das? – Wählen Sie vier Begriffe aus, schreiben Sie Definitionen und vergleichen Sie im Kurs. Sie müssen nicht immer Relativsätze benutzen.

Lebenslauf • Wochenenddienst • Verkäuferin • Arbeitsamt • Flaschenöffner

Korkenzieher   Dosenöffner   Führerschein   Toaster   Schraubenzieher

10

10 Aussprache: Rhythmus

a Klopfen oder klatschen Sie den Rhythmus. Hören Sie dann und sprechen Sie nach.

Beruf und Wunsch
• • • •

Berufswunsch
• • •

einen Berufswunsch haben
• • • • • •

Gehalt und Erhöhung
• • • • • •

Gehaltserhöhung
• • • • •

eine Gehaltserhöhung fordern
• • • • • • • •

b Hören Sie und markieren Sie wie in 10a. Sprechen Sie dann.

Aushilfe und Arbeit
• • • • • •

Aushilfsarbeit

eine Aushilfsarbeit machen

Bewerbung und Unterlagen

Bewerbungsunterlagen

die Bewerbungsunterlagen abschicken

11 Ein Bewerbungsgespräch

a Lesen Sie die Anzeigen und hören Sie das Telefongespräch. Für welche Stelle interessiert sich Herr Pasch?

① **Hotel Ambassador** sucht für den Monat August eine Urlaubsvertretung. Sie sprechen Englisch und haben ein freundliches Auftreten? Dann rufen Sie uns an! Gute Bezahlung! Tel. 0421/330221

② **Schnäppchen!** VW Golf GTI, 35 Tsd. km. 1. Hand. Leichter Blechschaden, Radio, Klimaanlage, Winterreifen. Preis Verhandlungssache! Tel. 0171/7257793

③ **Küchenhilfe gesucht!** Spülen, putzen, abräumen, gut Deutsch sprechende Ausländerin ab 20 Jahren angenehm. Zimmer kann besorgt werden. Vollzeitbeschäftigung in Festanstellung. Gasthaus „Zur Einkehr", Tel. 0535/ 9354

④ **Möbelspedition sucht Beifahrer!** Sie haben eine handwerkliche Ausbildung? Sie sind gerne im Außendienst tätig? Sie suchen eine gut bezahlte Festanstellung bei einem freundlichen Betriebsklima? Dann rufen Sie uns an! Tel. 079/744522

b Hören Sie das Telefonat noch einmal und kreuzen Sie an:

1. Herr Pasch braucht einen LKW-Führerschein. r f
2. Für die Stelle braucht man eine Ausbildung als Schreiner. r f
3. Die Arbeit im Baumarkt ist für Herrn Pasch ein Vorteil. r f
4. Die Stelle ist noch frei. r f
5. Nach der Bewerbung wird Herr Pasch fest angestellt. r f

12 Bewerbungsbrief – Ordnen Sie die Textelemente.

1 ☐

Mit freundlichen Grüßen
Nina Placzek

2 ☐

Anlagen
Lebenslauf mit Lichtbild
Fotokopie des letzten Schulzeugnisses
Kopie einer Praktikumsbescheinigung

3 ☐

Dadurch ist mein Interesse an diesem Beruf noch größer geworden. Vor dem Praktikum habe ich mich schon bei der Berufsberatung und im Berufsinformationszentrum über die Ausbildung zur Industriekauffrau informiert.

4 ☐

Sehr geehrte Damen und Herren,
mit großem Interesse habe ich Ihre Anzeige im „Mannheimer Morgen" gelesen und bewerbe mich um einen Ausbildungsplatz als Industriekauffrau. Schon in meiner Heimat habe ich eine Ausbildung als Buchhalterin begonnen, die ich dann wegen meiner Ausreise unterbrechen musste. Während eines Praktikums bei der Firma Totex in Freinsheim im April dieses Jahres habe ich bereits einiges über die Aufgaben von Industriekaufleuten in Deutschland erfahren.

5 *a*

Nina Placzek
Heinrich-Böll-Straße 73
68542 Heddesheim,
Tel. 06303 4567

Rath Metallbau GmbH
– Personalabteilung –
Carl-Benz-Straße 18
68155 Mannheim

19.11.200X

6 ☐

Zurzeit besuche ich die Abendakademie in Mannheim und schließe dort in vier Wochen meinen Deutschkurs ab. Zusätzlich mache ich seit einigen Wochen einen PC-Kurs.
Über Ihre Einladung zu einem Vorstellungsgespräch würde ich mich sehr freuen.

7 ☐

Bewerbung um einen Ausbildungsplatz als Industriekauffrau

👄 Schwierige Wörter

13 Hören Sie und sprechen Sie langsam nach. Wiederholen Sie die Übung.

<u>Auf</u>stiegsmöglichkeiten?↗	auch <u>Auf</u>stiegsmöglichkeiten?↗	Gibt es auch <u>Auf</u>stiegsmöglichkeiten?↗
Ge<u>halts</u>erhöhung↗	die Ge<u>halts</u>erhöhung?↗	Wann bekomme ich die Ge<u>halts</u>erhöhung?↗
<u>Arbeits</u>platz↘	sicheren <u>Arbeits</u>platz↘	Ich suche einen sicheren <u>Arbeits</u>platz.↘

14 Welche Wörter sind für Sie schwierig? Notieren Sie drei Wörter/Sätze wie in Aufgabe 13 und üben Sie mit einem Partner / einer Partnerin.

1. _____
2. _____
3. _____

21 Wenn ich Politiker wäre ...

Wiederholung

1 Vergleiche – Ergänzen Sie bitte die Formen.

1. Russland ist viel _größer_ (groß) als Deutschland.
2. Deutschland ist auch nicht so _____ (groß) wie Spanien, aber es hat _____ (viel) Einwohner als Spanien.
3. Die Deutschen machen _____ (gern) in Spanien Urlaub als in Deutschland.
4. Ein Urlaub in Deutschland ist auch _____ (teuer) als in Spanien.
5. Vielen Leuten gefällt ein Urlaub im Süden _____ (gut) als ein Urlaub in Deutschland, aber Deutschland ist _____ (schön), als die meisten denken.

2

2 Wortbildung – Wie viele Wörter können Sie aus diesen Wortteilen bilden? Schreiben Sie sie mit den Artikeln auf.

bundes   gemeinde   kanzler   tag   wahl   haupt
republik   stadt   land   minister   präsident   regierung

der Bundesbürger, der Bundeskanzler

3 Politik in Deutschland – Ordnen Sie bitte 1–10 und a–j zu.

1. Der höchste Repräsentant der Bundesrepublik
2. Die Bundesrepublik hat
3. Die Parteien, die nicht in der Regierung sind,
4. Die stärkste Partei
5. Oft bildet man
6. Seit dem 3. Oktober 1990
7. Von 1949 bis 1989 war
8. Wahlen zum Bundestag gibt es
9. Wenn man 18 Jahre alt und Deutsche/r ist,
10. Von 1961 bis 1989

a) ☐ 16 Bundesländer.
b) ☐ war Berlin durch eine Mauer geteilt.
c) ☐ eine Koalition aus zwei Parteien.
d) ☐ darf man wählen.
e) ☐ Deutschland in zwei Staaten geteilt.
f) ☑ ist der Bundespräsident.
g) ☐ bilden die Opposition.
h) ☐ gibt es wieder einen deutschen Staat.
i) ☐ alle vier Jahre.
j) ☐ bildet die Regierung.

4

4 Meinungen – Hören Sie zu. Wie reagieren die Personen A und B?
Kreuzen Sie an: [+] stimmt zu, [?] weiß nicht, [–] widerspricht.

		A	B
1.	Regierung erhöht Steuern auf Benzin und Heizöl	[+] [?] [–]	[+] [?] [–]
2.	25% mehr Geld für die Bildung	[+] [?] [–]	[+] [?] [–]
3.	PPS fordert: Ärzte und Krankenhäuser müssen kostenlos sein	[+] [?] [–]	[+] [?] [–]
4.	Arbeitgeber: Arbeitslosengeld fördert die Faulheit	[+] [?] [–]	[+] [?] [–]
5.	Stromkonzerne: Ohne Atomenergie gehen 2015 die Lichter aus	[+] [?] [–]	[+] [?] [–]
6.	Wirtschaftsminister Möllmann: Hohe Löhne verhindern Arbeitsplätze	[+] [?] [–]	[+] [?] [–]
7.	UNESCO-Bericht: Deutschland hat zu viele Gesetze	[+] [?] [–]	[+] [?] [–]
8.	Frauenbund: Frauen müssen sich mehr in der Politik engagieren	[+] [?] [–]	[+] [?] [–]

Der älteste Beruf der Welt

Ein Chirurg, ein Architekt und ein Politiker diskutieren: Was ist der älteste Beruf der Welt?

Der Chirurg sagt: „Gott hat Adam eine Rippe entnommen und daraus Eva gemacht. Das war die erste Operation. Also ist Chirurg der älteste Beruf."

Der Architekt sagt: „Bevor Gott Adam gemacht hat, hat er aus dem Chaos die Welt gemacht. Also ist der älteste Beruf der Welt der Architekt."

Daraufhin der Politiker: „Und wer, glaubt ihr, hat das Chaos geschaffen?!"

5 Konjunktiv II der Modalverben und *würde*-Form. Ergänzen Sie die Verben und schreiben Sie die Sätze zu Ende. Vergleichen Sie im Kurs.

1. Man … (müssen) viel mehr …
2. Wenn ich reich … (sein), dann …
3. Das Leben … (können) so schön sein, wenn …
4. Ich … (haben) gern einen Ferrari, dann …
5. Ich … (haben) gern einen interessanteren Job, aber …
6. Alle Menschen … (können) genug zum Leben haben, wenn …
7. Wenn ich Arzt … (sein), dann …
8. Man … (können) viel besser leben, wenn …
9. In Deutschland … (müssen) das Wetter …

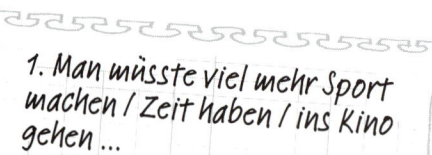

> 1. Man müsste viel mehr Sport machen / Zeit haben / ins Kino gehen …
> 2. Wenn ich reich wäre, dann würde ich …

6 Höflichkeit und Freundlichkeit – Schreiben Sie die Aussagen/Bitten (noch) freundlicher. Benutzen Sie den Konjunktiv II.

1. Ein Stück Butter. — *Ich hätte gern ein Stück Butter.*
2. Hast du einen Moment Zeit für mich? _____
3. Kannst du mir helfen? _____
4. Darf ich dich etwas fragen? _____
5. Haben Sie morgen früh Zeit? _____
6. Könnt ihr morgen zu mir kommen? _____

7 Satzakzent – Hören Sie und markieren Sie den Satzakzent im Hauptsatz. Sprechen Sie dann.

1. Wenn ich Zeit hätte, würde ich öfter ins **Kino** gehen.
2. Wenn ich mehr Geld hätte, würde ich länger in Urlaub fahren.
3. Wenn ich besser Deutsch spreche, werde ich hier eine Ausbildung machen.
4. Wenn ich schlank wäre, würde ich noch mehr Schokolade essen.

8 Aussprache wiederholen – Hören Sie und ergänzen Sie „u", „ü", „o", „ö", „a" oder „ä". Sprechen Sie.

h__tte ↔ h__tte   w__rde ↔ w__rde   T__g ↔ t__glich   gen__g ↔ gen__gend

P__nkt ↔ p__nktlich   sch__n ↔ sch__n   __ffen ↔ __ffnen   N__rden ↔ n__rdlich

9 Rio Reiser: „König von Deutschland"

a Hören Sie das Lied und lesen Sie den Text.

Jede Nacht um halb eins, wenn das Fernsehen rauscht,
Leg ich mich aufs Bett und mal mir aus,
Wie es wäre, wenn ich nicht der wäre, der ich bin,
Sondern Kanzler, Kaiser, König oder Königin.
5 Ich denk mir, was der Kohl[1] da kann, das kann ich auch.
Ich würd Vivaldi[2] hör'n tagein, tagaus[3].
Ich käm viel rum, würd nach USA reisen.
Ronny[4] mal wie Waldi[5] in die Waden beißen.

Das alles und noch viel mehr
10 *Würd ich machen,*
Wenn ich König von Deutschland wär.
Das alles und noch viel mehr
Würd ich machen,
Wenn ich König von Deutschland wär.

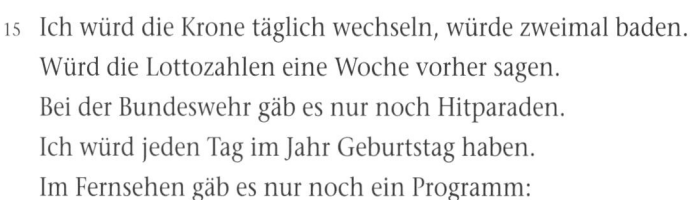

15 Ich würd die Krone täglich wechseln, würde zweimal baden.
Würd die Lottozahlen eine Woche vorher sagen.
Bei der Bundeswehr gäb es nur noch Hitparaden.
Ich würd jeden Tag im Jahr Geburtstag haben.
Im Fernsehen gäb es nur noch ein Programm:
20 Robert Lembke[6], vierundzwanzig Stunden lang.
Ich hätte zweihundert Schlösser und wär nie mehr pleite.
Ich wär Rio der Erste, Sisi[7] die Zweite.

Refrain
…

---

1 Kohl = Helmut Kohl, Bundeskanzler der Bundesrepublik Deutschland von 1982 bis 1998 • **2 Vivaldi** = italienischer Komponist des 18. Jhs • **3** jeden Tag • **4 Ronny** = Ronald Reagan, amerikanischer Präsident von 1981–88 • **5** häufiger Name für eine kleine Hunderasse • **6 Robert Lembke** = Showmaster, der im deutschen Fernsehen viele Jahre lang eine Quizshow mit dem Titel „Was bin ich? Ein heiteres Beruferaten" hatte. • **7 Sisi** = österreichische Kaiserin (1837–1898) berühmt durch mehrere Verfilmungen ihres Lebens.

b Lesen Sie den Text noch einmal und markieren Sie die Konjunktivformen.

c Ergänzen Sie die Sätze mit passenden Informationen aus dem Text.

Wenn Rio Reiser König von Deutschland wäre, dann

1. _würde er tagein, tagaus Vivaldi_ hören.
2. _____ reisen.
3. _____ beißen.
4. _____ wechseln.
5. _____ baden.
6. _____ sagen.

10 Stimmen zum Wahlrecht

a Lesen Sie bitte und schreiben Sie unten die passenden Namen zu den Aussagen.

Diese Meinungen haben wir im Internet gefunden. Die Namen haben wir geändert.

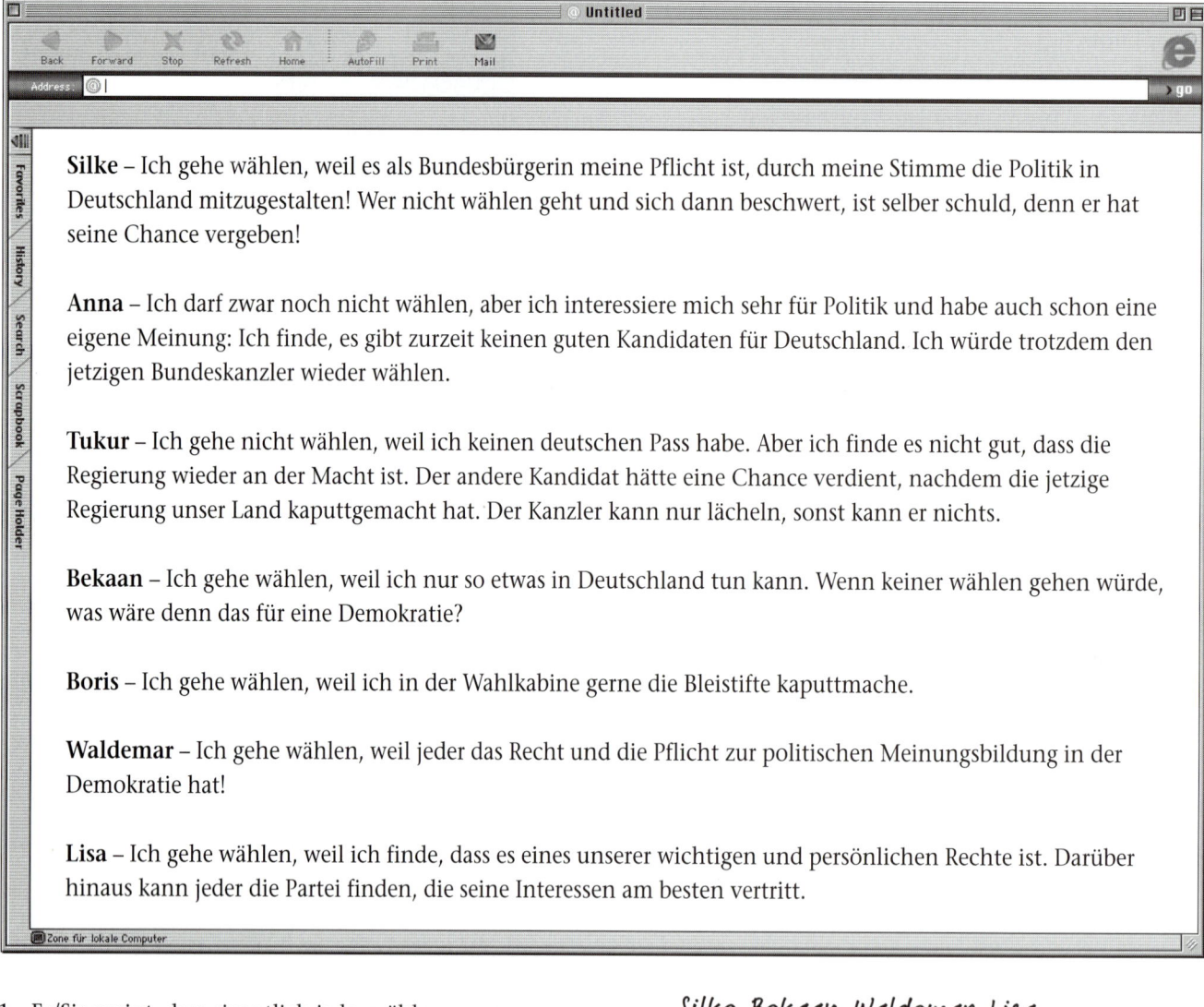

Silke – Ich gehe wählen, weil es als Bundesbürgerin meine Pflicht ist, durch meine Stimme die Politik in Deutschland mitzugestalten! Wer nicht wählen geht und sich dann beschwert, ist selber schuld, denn er hat seine Chance vergeben!

Anna – Ich darf zwar noch nicht wählen, aber ich interessiere mich sehr für Politik und habe auch schon eine eigene Meinung: Ich finde, es gibt zurzeit keinen guten Kandidaten für Deutschland. Ich würde trotzdem den jetzigen Bundeskanzler wieder wählen.

Tukur – Ich gehe nicht wählen, weil ich keinen deutschen Pass habe. Aber ich finde es nicht gut, dass die Regierung wieder an der Macht ist. Der andere Kandidat hätte eine Chance verdient, nachdem die jetzige Regierung unser Land kaputtgemacht hat. Der Kanzler kann nur lächeln, sonst kann er nichts.

Bekaan – Ich gehe wählen, weil ich nur so etwas in Deutschland tun kann. Wenn keiner wählen gehen würde, was wäre denn das für eine Demokratie?

Boris – Ich gehe wählen, weil ich in der Wahlkabine gerne die Bleistifte kaputtmache.

Waldemar – Ich gehe wählen, weil jeder das Recht und die Pflicht zur politischen Meinungsbildung in der Demokratie hat!

Lisa – Ich gehe wählen, weil ich finde, dass es eines unserer wichtigen und persönlichen Rechte ist. Darüber hinaus kann jeder die Partei finden, die seine Interessen am besten vertritt.

---

1. Er/Sie meint, dass eigentlich jeder wählen muss. — *Silke, Bekaan, Waldemar, Lisa*
2. Er/Sie glaubt, dass jede/r eine Partei für sich finden kann. _____
3. Er/Sie ist noch zu jung. _____
4. Er/Sie hat keine deutsche Staatsbürgerschaft. _____
5. Er/Sie betont, dass das Wahlrecht ein wichtiges Recht ist. _____
6. Er/Sie findet die momentane Regierung nicht gut. _____
7. Er/Sie sagt, dass es ohne Wahlen keine richtige Demokratie gibt. _____

b Überlegen Sie: Welchen Argumenten stimmen Sie zu? Welche Argumente finden Sie interessant?

Effektiv lernen

11 Lesestrategien

TIPP Lesen heißt nicht übersetzen. Man muss nicht jedes Wort verstehen.

a So können Sie arbeiten. Lesen Sie die Hinweise.

1. Was ist das Thema? – Überschrift, Bilder, Grafiken.
2. Was weiß ich über das Thema? Was will ich wissen?
3. Den Text lesen: Was verstehe ich beim ersten Lesen?
4. Will ich mehr wissen?
5. Den Text noch einmal lesen.
   Schwierige Wörter:
   – Was könnten diese Wörter in diesem Artikel bedeuten?
   – Sind es Nomen, Verben, Konjunktionen oder Adjektive?
   – Kenne ich Wortteile oder ähnliche Wörter auf Deutsch / in meiner Sprache / in einer anderen Sprache?
6. Welche Wörter verstehe ich immer noch nicht? Welche davon halte ich für wichtig für das Textverstehen?
7. Das Wörterbuch zum Schluss!

b Probieren Sie die Tipps an diesem Text aus.

Internet-Handel bricht alle Rekorde
Marktforscher rechnen mit zweistelligen Wachstumsraten

Hamburg – Für den Online-Handel hat das Weihnachtsgeschäft noch mehr Bedeutung als für den stationären Handel. Ein Viertel der Internet-Umsätze kommt in den letzten Wochen herein. Während der gesamte Einzelhandel noch auf den Endspurt hofft, steht bereits fest, dass die Online-Händler zu den Gewinnern gehören. Die über das Internet getätigten Weihnachtseinkäufe dürften in Europa in diesem Jahr alle Rekorde brechen. Nach einer Studie des Marktforschungsinstituts Forrester Research werden voraussichtlich Waren im Wert von 7,6 Milliarden Euro über das Internet verkauft; das entspricht einer Steigerung gegenüber dem vergangenen Jahr von rund 86 Prozent. Damit steht Europa nicht mehr weit hinter dem amerikanischen Markt zurück, auf dem die Verkäufe laut Forrester in dieser Saison umgerechnet 9,4 Milliarden Euro erreichen werden. Deutschland ist nach Großbritannien der zweitstärkste europäische Markt. (...) Das Internet hat hierzulande aber offenbar indirekt auch noch eine ganz entscheidende Bedeutung für den stationären Handel: Viele Konsumenten informieren sich online und kaufen dann gezielt im Laden. Der Grund liege zum einen in der vergleichsweise schwachen Verbreitung von Kreditkarten – in Deutschland besitzen nur 36 Prozent der Bürger Kreditkarten, in Großbritannien etwa sind es 67 Prozent. Zum anderen tun sich die Deutschen schwer damit, persönliche Informationen ins Netz zu geben. Das ist beim Online-Shopping aber unumgänglich ...

Weihnachtseinkäufe im Internet werden immer beliebter

Testtraining 7

Hören Teil 3 – Alltagsgespräch

Sie hören ein Gespräch zwischen zwei Nachbarn.

Zu diesem Gespräch gibt es fünf Aufgaben.

Ordnen Sie die Aussagen den Personen zu und notieren Sie die Buchstaben.

Sie hören den Text **zweimal**.

	0	1	2	3	4	5
Stichwort	Herr Oti	Frau Braun	Familie Klein	Frau Klein	Frau Raffael	die Post
Aussage	d					

TIPP Lesen Sie zuerst die Aussagen **genau**. Überlegen Sie: Was werde ich hören? Welche Wörter können vorkommen?

a Sie wohnt neben Herrn Oti.

b Sie ist die Hausmeisterin.

c Er ist der neue Hausmeister.

d Er ist gestern eingezogen.

e Sie wohnt im ersten Stock.

f Sie arbeitet in einer Bäckerei.

g Er ist über 80 Jahre alt.

h Sie wohnt schon lange im Haus.

i Sie klingelt zuerst bei Frau Braun.

Maximale Punktzahl: 5 / Meine Punktzahl: _____

Lesen Teil 3 – Kleinanzeigen

Lesen Sie die Anzeigen a–h und die Aufgaben 6–10. Welche Anzeige passt? Für eine Aufgabe gibt es keine Lösung. Schreiben Sie hier den Buchstaben X.

Aufgabe	0	6	7	8	9	10
Anzeige	b	___	___	___	___	___

0 Sie reisen gerne und haben gerade nichts anderes zu tun.

6 Sie haben eine neue Wohnung, aber noch nichts für die Küche.
7 Sie suchen ein preiswertes Fahrrad.
8 Eine deutsche Freundin von Ihnen ist noch in der Ausbildung, sucht aber einen Job für ein paar Stunden pro Woche.
9 Ein Freund fährt gerne Auto und hat auch schon bei Speditionen gearbeitet.
10 Eine Freundin hat nachmittags Deutschunterricht und sucht für vormittags eine Arbeitsstelle.

[a] Suche **Schreibtisch und Bett**. Bis 100 Euro. Tel. 0629 903215 ab 17 Uhr

[b] Lust auf **Südamerika**? Nach meinem Abschluss möchte ich 6 Monate mit dem Fahrrad durch Südamerika reisen. Wer hat Lust und Zeit (und Geld?) mitzukommen? Tel. 06141 892145

[c] **Lastwagenfahrer** (Führerscheinklasse C1 bis 7,5t) für den Regionalverkehr gesucht. Schichtdienst. Teilzeit möglich. Gutes Grundgehalt und Sonderzahlungen. Quicktransport GmbH 07211 678012

[d] Wir sind ein junges Team in der Computerbranche und suchen eine **Telefonistin** mit guten Deutschkenntnissen für unser Sekretariat (auch stundenweise). Haben Sie noch Fragen? Rufen Sie uns an: 069 – 393961

[e] Verkaufe Kühlschrank und Herd. Suche Fernseher und Videogerät. Auch Tausch möglich. Tel. 0723 4565242.

[f] Welche junge Frau hat Lust, sich um meinen Sohn zu kümmern? 5-mal pro Woche nachmittags von 13 bis 19 Uhr. Gute Bezahlung garantiert. Tel 06223 1020355 (ab 19 Uhr)

[g] Verkaufe Wohnzimmerschrank (2,5m x 45 cm), Eiche furniert, und Couchtisch (1,8m x 0,65m), Eiche mit Marmorplatte. Guter Zustand. VHB 800 Euro. Tel 06203 816635

[h] Wir suchen eine **Putzhilfe** für unser Restaurant. Täglich 3 Stunden von 7–10 Uhr. Eventuelle Übernahme anderer Tätigkeiten später möglich. Restaurant *Zum Krokodil* 0621 256789

Maximale Punktzahl: 5 / Meine Punktzahl: _____

Testtraining 7

Schreiben Teil 2 – Kurze Mitteilung

In der VHS hängt am Infobrett folgende Notiz:

> An die Kursteilnehmer/innen des Kurses 4 B
> Herr Schuhmann gibt wegen Krankheit in dieser Woche keinen Unterricht. Seine Stunden übernimmt Frau Lachenauer. Der Ausflug und das gemeinsame Essen am Samstag finden aber dennoch statt. Bitte teilen Sie mir kurz schriftlich mit, wenn Sie nicht teilnehmen können.
> M. Mausner (Sekretariat)

Schreiben Sie eine Notiz an **Frau Mausner**.

– Sie sprechen Herrn Schuhmann gute Wünsche für seine Gesundheit aus.
– Sie wollen am Ausflug teilnehmen, Sie müssen gegen 18 Uhr wieder zu Hause sein.
– Sie können nicht mit essen gehen.
– Sie möchten wissen: Kann Ihr Sohn auch mitkommen?

Schreiben Sie Ihre Notiz auf ein extra Blatt.

Maximale Punktzahl: 10 / Meine Punktzahl: _____

Sprechen Teil 3 – Ein Problem lösen

Sie haben festgestellt, dass Sie und Ihr Kollege dasselbe Hobby haben: joggen.
Ihr Kollege kennt sich gut aus und möchte Ihnen einige gute Laufstrecken zeigen.
Jetzt müssen Sie aber Termine dafür finden. Dazu bekommt jede/jeder einen persönlichen Kalender.
Bitte finden Sie dann zwei Termine, wann Sie zusammen joggen können.

Mo	Tag	
	Abend	Kino
Di	Tag	arbeiten
	Abend	Vorbereitung Deutschkurs
Mi	Tag	
	Abend	Deutschkurs
Do	Tag	arbeiten
	Abend	Deutschkurs
Fr	Tag	arbeiten
	Abend	Mama besuchen
Sa	Tag	arbeiten
	Abend	
So	Tag	
	Abend	Theaterabo

Mo	Tag	arbeiten
	Abend	
Di	Tag	arbeiten
	Abend	VHS-Fotogruppe
Mi	Tag	
	Abend	Volleyball
Do	Tag	arbeiten
	Abend	evtl. Kino
Fr	Tag	arbeiten
	Abend	Klaus zum Essen
Sa	Tag	
	Abend	
So	Tag	Fußball
	Abend	

Maximale Punktzahl: 4 / Meine Punktzahl: _____

Tipps zur Vorbereitung

1. Sammeln Sie im Kurs: Welche Situationen können in diesem Prüfungsteil vorkommen?
   (Kino, Hobbys, Wochenendausflug, jemandem helfen …)
2. Arbeiten Sie in Gruppen: Sammeln Sie Fragen, Aussagen und Wortschatz zu den Situationen.
   (Uhrzeit, Datum, Tätigkeiten …)
3. Machen Sie Arbeitsblätter zu den Situationen.
4. Korrigieren Sie Ihre Ergebnisse im Kurs und verteilen Sie dann die korrigierten Arbeitsblätter an alle.
5. Üben Sie zu zweit zu Hause und in Gruppen im Kurs.
6. Überlegen Sie im Kurs:
   – Was war gut und wo haben Sie Probleme?
   – Wie können Sie sich helfen?
   – Wer kann Ihnen helfen?

22 Mobil in der Stadt

Wiederholung

1 Zeitungsanzeigen – Ergänzen Sie die Endungen bei den Adjektiven und Artikeln.

① Suchen Sie ein__en__ interessant__en__ Job? Wir suchen ein___ jung___ und flexibl___ Mitarbeiterin für unser ___ Team. Wir bieten Ihnen ein___ modern___ Arbeitsplatz in ein___ erfahren___ Team.

② Ich möchte mein___ neuwertig___ Sofagarnitur verkaufen. Tel.: 0 30 7 87 65.

③ Sie suchen ein___ modern___ Küche? Bei uns finden Sie die praktisch___, preiswert___ Kombi-Küche zum klein___ Preis.

④ Ein___ stabil___ Kinderbett und ein___ blau___ Teppich (1,40 x 70) billig abzugeben.

⑤ Wer möchte mein___ neuwertig___ Schreibtisch kaufen? Die schwarz___ Schreibtischlampe gibt es gratis.

2 Mobilitätsprobleme – Schreiben Sie den Text in der Vergangenheit.

TIPP *sein/haben und Modalverben (müssen, wollen …) im Präteritum. Sonst Perfekt.*

Letzte Woche / mein Auto kaputt (sein) / und ich / mit der Straßenbahn / zur Arbeit fahren (müssen). Das kompliziert (sein). Ich / noch nie / mit der Straßenbahn (fahren). Am Abend / den Fahrplan (ansehen) und / eine Fahrkarte kaufen (wollen). Ich / keine Münzen (haben) und der Automat / keine Geldscheine (annehmen). Am nächsten Morgen / den Fahrschein (kaufen) und / in die Linie 3 (einsteigen). Leider / ich / keinen Sitzplatz (bekommen). Am Rathaus / ich (umsteigen) und dann / ich / bis zum Bahnhof (fahren). Vom Bahnhof / ich / mit dem Bus / in die Firma / (fahren). Ich / das erste Mal in meinem Leben (zu spät kommen)!

Letzte Woche war mein Auto kaputt und ich musste …

3 Silbenrätsel: Thema „Verkehr" – Wie viele Wörter finden Sie?

aus • aus • bahn • ein • fahr • füh • ge • gen • gen • kar • kar • kreu • le • mo • nats • park • ra • de • haus • rad • rer • schein • schein • stei • stei • steig • stel • straf • te • te • te • to • zet • tel • mo • zung • an • fahr • tor • mo • schein • park

Bahnsteig

4 Ergänzen Sie die Sätze.

1. Sie hat das Auto schon geparkt, jetzt muss sie noch einen _Parkschein_ ziehen.
2. Da ist ein Unfall. Deshalb kommen die Busse nicht _____.
3. Es ist 17 Uhr. Da ist oft ein _____ im Zentrum.
4. Mein Fahrrad ist _____, es hat einen _____.
5. Ich brauche eine neue _____ für September.
6. Sie dürfen hier nicht auf der Straße fahren – benutzen Sie den _____.
7. Um diese Zeit finde ich hier nie einen _____.
8. Wenn du hier parkst, bekommst du bestimmt einen _____.
9. Nach der Ampel musst du rechts _____.
10. Wir haben kein _____ mehr. Wir müssen bei der nächsten Tankstelle _____.

pünktlich • Parkschein • Stau • Monatskarte • Platten • Radweg • kaputt • Parkplatz • tanken • Strafzettel • Benzin • abbiegen

4

5 Mobilität – Lesen Sie die Texte auf Seite 116 noch einmal.
a Text A – Kreuzen Sie an: richtig oder falsch.

1. Paul Schulze fährt ein großes Auto.   r   f
2. Er benutzt die öffentlichen Verkehrsmittel.   r   f
3. Er findet, dass Autofahren teuer ist.   r   f
4. Fahrradfahren ist gefährlich.   r   f
5. Er fährt immer ohne Helm.   r   f

b Text B – Verbinden Sie die Sätze.

1. Früher hatte ich kein Geld für ein Auto,
2. Ich will fit bleiben
3. Morgens fahre ich mit dem Fahrrad zur Arbeit,
4. Ich benutze das Fahrrad auch,
5. Wenn es regnet,
6. In den Urlaub fahre ich mit dem Zug

a) ☐ danach gehe ich einkaufen.
b) ☐ deshalb bin ich mit dem Fahrrad gefahren.
c) ☐ nehme ich meistens die Straßenbahn.
d) ☐ und fahre deshalb viel Fahrrad.
e) ☐ und nehme das Fahrrad mit.
f) ☐ wenn ich Freunde besuchen will.

c Text C – Welche Antwort ist jeweils falsch? Kreuzen Sie an.

1. Herr und Frau Kuss wohnen
a) ☐ mit ihrer Tochter zusammen.
b) ☐ mit ihren Eltern zusammen.
c) ☐ mit einer Frau zusammen.

2. Meike
a) ☐ macht den Führerschein.
b) ☐ hat ein gebrauchtes Auto.
c) ☐ will sich ein Auto kaufen.

3. Familie Kuss hat drei Autos,
a) ☐ weil Autofahren bequem ist.
b) ☐ weil Meike den Führerschein macht.
c) ☐ weil Herr Kuss nicht mit dem Bus zur Arbeit fahren will.

4. Herr Kuss fährt auch mit dem Fahrrad,
a) ☐ weil Autofahren teuer ist.
b) ☐ aber nicht sehr oft.
c) ☐ und er macht manchmal einen Ausflug.

6

6 Ergänzen Sie den Text. Hören Sie zur Kontrolle.

Ich bin Lehrerin und wohne in einem kle_____ Ort auf d___ Land. Meine Sch____ ist in d___ Stadt, etwa 10 Kilo_____ von hier. I___ würde gern m___ der Straßenbahn in d___ Schule fahren, ab___ das ist to____ umständlich und dau____ ewig. Ich müs____ dreimal umsteigen. Des_____ fahre ich m___ dem Auto, d___ geht schneller. Da bra_____ ich nur 20 Min_____, wenn kein St___ ist. Wenn i___ aber in d___ Stadt einkaufen möc____, dann nehme i___ immer die Straß_____. Die fährt dir____ in die Innen_____. Und das Par____ kostet ja he____ schon mehr a___ ein Fahrschein. Ja, u___ wenn ich b___ mir am O___ einkaufe, dann ben_____ ich fast im____ das Fahrrad.

22

7 Schreiben Sie Antworten mit *wenn*.

1. Wann wacht Klaus samstags auf?
2. Wann schaltet Axel den Fernseher ein?
3. Wann gibt es bei Familie Baatz ein gutes Essen?
4. Wann putzt Sabine ihre Wohnung?
5. Wann stellt man die Uhr vor?
6. Wann kauft Tom einen Blumenstrauß?

seine Mutter / anrufen
die Sommerzeit / ...
Helgi / Geburtstag haben
jedes Mal / Axel / kochen
nach Hause kommen
am Wochenende / Zeit haben

> 1. Klaus wacht samstags auf, wenn seine Mutter anruft.
> 2. Axel schaltet ...

8 Gründe und Konsequenzen angeben – Schreiben Sie Sätze einmal mit *weil* und einmal mit *deshalb*, wie im Beispiel.

a Gründe

1. Ich habe den Bus verpasst.
2. Ich habe morgen eine Prüfung.
3. Seine Autoversicherung ist zu teuer.
4. Sie mögen Sonne und italienisches Essen.
5. Sie hatte einen Unfall.
6. Frau Beckmann liest gern.
7. Ich will für Kleidung wenig ausgeben.

b Konsequenzen

Ich bin zu spät gekommen.
Ich gehe früh schlafen.
Er wechselt die Versicherung.
Sie machen immer in Italien Urlaub.
Ihr Fahrrad ist kaputt.
Frau Beckmann geht oft in die Bücherei.
Ich kaufe nur im Schlussverkauf.

> b Ich bin zu spät gekommen, weil ich den Bus verpasst habe.
> a Ich habe den Bus verpasst. Deshalb bin ich zu spät gekommen.

9 Eine Ablehnung begründen – Diese Woche haben Sie keine Zeit. Notieren Sie Ihre Gründe. Vergleichen Sie im Kurs.

1. Am Montag kann ich leider nicht, weil ...
2. Am Dienstag habe ich keine Zeit, weil ...
3. Am Mittwoch ist es unmöglich, weil ...
4. Am Donnerstag geht es nicht, weil ...
5. Am Freitag können wir uns nicht treffen, weil ...
6. Am Samstag kann ich nicht kommen, weil ...
7. Am Sonntag verabrede ich mich nie, weil ...

▶ 7

10 Mein erstes Auto – Hören Sie die Interviews und kreuzen Sie an.

3.35

Interview 1:
☐ Das Auto hat 1200 DM gekostet.
☐ Er hat es mit Ferienjobs finanziert.
☐ Der VW war 18 Jahre alt.

zweihunderteinundzwanzig

Interview 2:
☐ Sie hat sich mit 21 Jahren ein Auto gekauft.
☐ Sie hat einen Renault geschenkt bekommen.
☐ Das Auto ist gleich kaputtgegangen.

Interview 3:
☐ Er hat das Auto seit 10 Jahren.
☐ Er hat kein eigenes Auto.
☐ Er hat sich einen neuen Volvo 404 gekauft.

11 Was passt? Ergänzen Sie die Konjunktionen.

als • als • dass • dass • dass • weil • wenn • wenn

1. Das Fahrrad hat den Vorteil, _dass_ man immer einen Parkplatz findet.
2. _____ ich das Fahrrad benutze, setze ich immer einen Helm auf.
3. _____ ich im letzten Urlaub den Unfall hatte, war ich drei Wochen im Krankenhaus.
4. Ich hoffe, _____ die Prüfung bald vorbei ist.
5. Ich bringe morgen einen Kuchen mit, _____ Sabine Geburtstag hat.
6. ○ Wann hast du dich in Cora verliebt? ● _____ wir uns auf deiner Party getroffen haben.
7. _____ ich die Prüfung bestanden habe, mache ich ein Fest.
8. Glaubst du, _____ das Wetter am Wochenende besser wird?

9

12 Präpositionen mit Akkusativ – Ergänzen Sie *ohne, um, gegen, für, durch*.

1. Ich konnte gerade noch _um_ die Kurve fahren, aber dann bin ich frontal _____ die Ampel gefahren, weil die Bremsen nicht funktioniert haben. _____ meinen Helm wäre ich jetzt tot.
2. Ich brauche eine grüne Versicherungskarte _____ mein neues Auto.
3. Sie sind _____ Licht gefahren und haben _____ die Vorfahrtsregeln verstoßen.
4. Fahren Sie hier links _____ die Ecke und dann immer geradeaus bis zum Luisenpark.
5. Das Zeugnis brauchen Sie _____ Ihre Bewerbungsunterlagen.
6. Sie dürfen nicht _____ den Park fahren. Sie können Ihr Fahrrad hier abstellen.

13 Aussprache: Konsonanten – Ergänzen Sie. Hören Sie und sprechen Sie.

Brau_chst_ du   Brauchst du noch einen Fahrschein?↗
Benu____ du   Benutzt du heute dein Fahrrad?↗
Schrei____ du   Schreibst du deine Adresse auf?↗
Da____ du   Darfst du hier parken?↗
Wü____ du   Wünschst du dir ein Auto?↗

14 Gebrauchtwagen – Lesen Sie die Anzeigen a–f und die Aufgaben 1–5. Welche Anzeigen passen?

a) **Opel Vectra**
EZ 5/01, 25.000 km, weiß.
Cass. u. Radio, Winterreifen,
TÜV neu! VB 9.800 Euro
Firma 08564/9962

b) **BMW 620 i**
EZ 4/03, Alufelgen, metallic,
Schiebedach, Spoiler, ZV,
CD-Player, Radio, Klima.
Nur 15.500 Euro!!!!
07442/26354 ab 18 Uhr

c) **Von privat: Golf Diesel**
Bj. 92, 50 PS, kein TÜV
Preis: 500 Euro
0172/83834667

d) **VW Bus Multivan**
Bj. 98, ATM 120' km,
VB 7.000 Euro
049/244388 Büro
049/147626 priv.

e) **Audi Quattro**
TOP-Zustand, viele Extras,
wir finanzieren auch!
Anrufen! Fa. 089/996553

f) **Oldtimer: Minicooper**
Bj 1965, sehr guter Zustand.
VB 5000 Euro

1. Sie suchen ein billiges Auto. Sie können es selbst reparieren: _____
2. Sie wollen nur ein Auto von privat kaufen: _____
3. Ihre Familie hat fünf Personen. Sie suchen ein geräumiges Auto: _____
4. Sie brauchen ein Auto und eine Finanzierung: _____
5. Sie haben lange gespart und suchen ein Auto mit allen Extras: _____

Schwierige Wörter

15 Hören Sie und sprechen Sie langsam nach. Wiederholen Sie die Übung.

Sprachinstitut↗   zum Sprachinstitut↗   Gehst du heute zum Sprachinstitut?↗
Arztbesuche↘   meine Arztbesuche↘   Meine Arztbesuche mache ich nur mit dem Auto.↘
Parkplatzprobleme↘   oft Parkplatzprobleme↘   In der Stadt hat man oft Parkplatzprobleme!↘

16 Welche Wörter sind für Sie schwierig? Notieren Sie drei Wörter/Sätze wie in Aufgabe 15.
Üben Sie mit einem Partner / einer Partnerin:

1. _____
2. _____
3. _____

23 Mein Medienalltag

Wiederholung

1 Verben mit Präpositionen – Ergänzen Sie Präpositionen (*für, bei, auf ...*) und Artikel (*der, den, seinem, meiner ...*).

1. Pablo interessiert sich _für den_ Computer. — sich interessieren _für_
2. Riza hat sich noch nicht ____ d_as_____ Essen gewöhnt. — sich gewöhnen ____
3. Yousif muss sich ____ d_____ Prüfung vorbereiten. — sich vorbereiten ____
4. Tom hilft Pavel ____ _seinem_ ____ Umzug. — jmd. helfen ____
5. Ich möchte mehr ____ d_____ Auto wissen. — wissen ____
6. Ich freue mich ____ m_____ nächsten Urlaub. — sich freuen ____
7. Ich kann dir ____ m_____ ersten Prüfung erzählen. — erzählen ____
8. Frau Wohlfahrt muss sich ____ i_____ Tochter kümmern. — sich kümmern ____
9. Ich möchte mich ____ dir entschuldigen. — sich entschuldigen ____
10. Wie viele Schüler haben ____ d_____ Kurs teilgenommen? — teilnehmen ____
11. Können wir heute ____ Ihren Arbeitsplan sprechen? — sprechen ____
12. Ich möchte dich ____ m_____ Party einladen. — jdn. einladen ____
13. Tarik hat sich ____ eine Stelle beworben. — sich bewerben ____
14. Bitte achten Sie ____ d_____ Verkehr! — achten ____
15. Ich denke jeden Tag ____ dich! — denken ____

▶3

2 Sie haben vier Nachrichten auf Ihrem Anrufbeantworter. Hören Sie und machen Sie Notizen.

	Wer?	Warum?
Nachricht 1		
Nachricht 2		
Nachricht 3		
Nachricht 4		

5

3 Statistik – Ergänzen Sie den Text.

Laut Statistik hö___ die Deutschen täglich üb___ drei Stunden Ra___ und haben fa__ genauso lange d___ Fernseher an. D__ sind zusammen üb___ sechs Stunden am T__. Eine halbe Stu___ lesen sie la__ Statistik Zeitung, f__ ein Buch neh___ sich die Deut_____ nur eine Vierte_____ Zeit und Zeitsc_____ lesen sie durchsch_____ nur 10 Minuten. D__ Internet spielt im Verg_____ zu Radio u__ Fernsehen auch ke___ große Rolle. 26 Min____ surfen die Deut_____ täglich im Inte_____. Woher kommt die___ große Unterschied? Ra___ und Fernsehen ka__ man einfach konsu_____ und andere Tätig_____ nebenher machen. Des____ läuft bei vie___ Leuten der Fern_____ oder das Ra___ auch bei d__ Mahlzeiten, im Au__, bei den Hausau_____ oder bei d__ Hausarbeit.

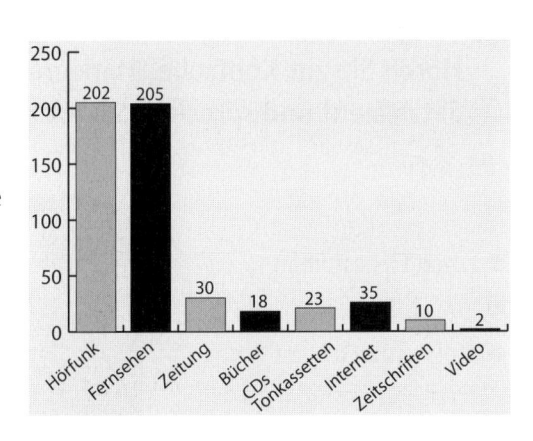

7

4 Um ... zu / damit

a Schreiben Sie Sätze mit um ... zu und damit.

1. **Er** braucht einen Computer. **Er** kann E-Mails schreiben.
2. **Ich** rufe beim Arzt an. **Ich** bekomme einen Termin.
3. **Sie** trinkt abends Kaffee. **Sie** ist nicht so müde.
4. **Er** geht zu Fuß. **Er** bleibt fit.
5. **Ich** fahre nach Italien. **Ich** verbessere mein Italienisch.
6. **Er** arbeitet in den Ferien. **Er** kann danach in Urlaub fahren.

> WOZU? 1 Subjekt: *damit* oder *um ... zu*
>
> 1. Er braucht einen Computer, <u>damit</u> er E-Mails schreiben kann.
> Er braucht einen Computer, <u>um</u> E-Mails schreiben <u>zu</u> können.

b Schreiben Sie Sätze mit damit.

1. **Er** kauft einen Computer.
   Seine Tochter kann Computerspiele spielen.
2. **Familie Gleiche** sucht eine Wohnung mit Garten.
   Die Kinder können draußen spielen.
3. **Er** hilft ihr beim Lernen. **Sie** besteht die Prüfung.
4. **Peter** ist Hausmann. **Susanne** kann Karriere machen.
5. **Ich** habe ein Handy. **Du** kannst mich immer erreichen.
6. **Peter** gibt den Kindern Vitamine. **Die** Kinder werden nicht krank.

> WOZU? 2 verschiedene Subjekte: *damit*
>
> 1. Er kauft einen Computer, damit seine Tochter Computerspiele spielen kann.

8

5 Aussprache – Ordnen Sie unten die Frage zu. Hören Sie zur Kontrolle. Markieren Sie den Satzakzent und sprechen Sie nach.

- Einen Liebesroman?
- Wie alt ist sie?
- Ein Sachbuch?

○ Ich suche ein Buch für meine Tochter.
○ Vierzehn. Sie mag Pferde.
○ Ich weiß nicht. Vielleicht lieber einen Roman.
○ Ja, das ist sehr gut.

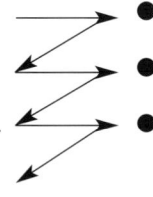

6 Aussprache wiederholen

a Adjektive auf *-ig, -lich, -isch* – Hören und sprechen Sie.

| billig | freundlich | amerikanisch | wichtig | schriftlich | pünktlich | lustig |
| ausländisch | sonnig | täglich | asiatisch | farbig | vorsichtig | richtig |

b Hören Sie und sprechen Sie nach. Achten Sie auf die Aussprache von *-ig*.

1.

billig — ein billiges Radio
wichtig — ein wichtiges Gespräch
ruhig — eine ruhige Musik
sonnig — ein sonniger Herbst

2.

schriftlich — eine schriftliche Prüfung
freundlich — ein freundlicher Verkäufer
ausländisch — eine ausländische Münze
asiatisch — ein asiatisches Produkt

10

7 Fernsehen in Deutschland – Lesen Sie den Text auf S. 128 noch einmal und ergänzen Sie die Antworten in 1–5.

1. Wie kann man in Deutschland Fernsehen empfangen?

   Über A_ntenne_____ K_____

   oder S_____.

2. Wie verdienen die öffentlich-rechtlichen Sender (ARD/ZDF …) Geld?

   Sie bekommen _____.

3. Wie verdienen die privaten Sender (RTL/SAT 1 …) Geld?

   Sie machen _____.

4. Was ist mit „Grundversorgung" gemeint?

   Die öffentlich-rechtlichen Sender sollen die Bürger mit

   _____ versorgen.

5. Wie kann man Programme aus anderen Ländern empfangen?

   Für die meisten Programme braucht man _____.

8 Einen offiziellen Brief schreiben – ein Zeitungsabonnement kündigen.

Sie haben seit drei Jahren das Mindener Tageblatt abonniert. Sie möchten die Zeitung abbestellen.

Schreiben Sie einen Brief an die Abonnementabteilung.
Adresse: Obermarktstr. 26–30, 32423 Minden
– Geben Sie Ihre Adresse und Abo-Nummer an.
– Sie möchten das Abo zum Jahresende kündigen.
– Sie möchten eine Bestätigung der Kündigung.
– Vergessen Sie nicht das Datum, die Anrede, den Gruß und Ihre Unterschrift.

TIPP Kündigungen muss man immer schriftlich machen.

9 Meinungen und Reaktionen – Welche Reaktion passt nicht? Kreuzen Sie an.

1. Kino ist viel interessanter als Fernsehen.
   a Das finde ich auch.
   b Ich weiß nicht.
   c Das ist eine super Idee.

2. Computer machen die Kinder krank.
   a Das glaube ich auch.
   b Das Internet ist Privatsache.
   c Unsinn.

3. Kinder ab zwölf brauchen ein Handy.
   a Das ist viel zu teuer.
   b Früher war das auch so.
   c Das müssen die Kinder entscheiden.

4. In Deutschland gibt es zu viele Regeln.
   a Warum?
   b Wann?
   c Wozu?

10 Kostenloser Internetanschluss für jeden Bürger?
Hören Sie die Aussagen und ergänzen Sie die Sätze:

1. Heute sitzen Kinder und Jugendliche _stundenlang_ vor dem _____.

2. Im Internet wird noch mehr _____ verbreitet als im Fernsehen.

3. Die Nachrichten im Internet sind _____ als _____.

4. In jedes _____ gehört heute ein _____.

5. Das Internet ist das _____ der _____.

6. Man kann sich mit _____ im _____ treffen.

7. Für viele Menschen sind _____ heute aber noch zu _____.

11 Was sagen/fragen Sie? Notieren Sie und vergleichen Sie im Kurs.

1. Sie möchten telefonieren, haben aber kein Handy.

2. Sie haben in einem Secondhandladen einen Fernseher gesehen. Der Verkäufer soll Ihnen Informationen geben.

3. Jemand fragt Sie nach Ihren Lieblingssendungen im Fernsehen.

4. Es ist 23 Uhr. Ihr Nachbar hat die Musik sehr laut. Sie möchten schlafen.

5. Sie haben keinen Computer. Sie brauchen aber eine Information aus dem Internet.

6. Jemand fragt Sie, warum Sie ein Handy benutzen.

Gibt es hier ein Telefon?

Können Sie mir sagen, wo ich hier telefonieren kann?

Effektiv lernen

12 Deutsch lernen beim Fernsehen

TIPP Wer viel Deutsch hört, liest und sieht, lernt schneller.

Fernsehserien
- Suchen Sie sich eine Fernsehserie, die Sie interessant finden, aus.
- Versuchen Sie, diese möglichst regelmäßig zu sehen.
- In Fernsehserien wiederholen sich viele Situationen.
- Sie kennen mit der Zeit die Personen und ihre Art zu sprechen. Das hilft beim Verstehen.
- Sehen Sie mit Freunden gemeinsam. So können Sie sich gegenseitig beim Verstehen helfen.

Spielfilme
- Sehen Sie sich Spielfilme, die Sie schon in Ihrer Muttersprache gesehen haben, auf Deutsch an. Am Anfang sind Spielfilme mit viel „Action" und wenig Dialog gut (z.B. James Bond o.Ä.).

DVD
- Bei DVDs können Sie oft die Sprache auswählen. Wenn Sie sich einen Film in Ihrer Muttersprache angesehen haben, dann sehen Sie ihn später noch einmal auf Deutsch an.
- Oft können Sie auch den Ton auf Deutsch hören und gleichzeitig die Untertitel lesen.

Nachrichten
- Informieren Sie sich über das Tagesgeschehen in Ihrer Sprache.
- Sehen Sie sich dann die Nachrichten auf Deutsch an.
- Gemeinsam mit anderen fernsehen hilft. Auch der Videorecorder kann helfen.

Videorecorder
- Wenn Sie einen Videorecorder haben, dann nehmen Sie Fernsehsendungen auf.
- Sehen Sie sich dann die Videoaufnahme an.
- Wenn Sie etwas nicht verstanden haben, dann sehen Sie sich die Szene noch einmal an.
- Zu zweit kann man sich gegenseitig helfen.

24 Bei uns und bei euch

Wiederholung

1 Präpositionen
a Welche Präpositionen kennen Sie? Ergänzen Sie.

Immer Akkusativ: d_urch_ f_____ g_____ o_____ u_____

Immer Dativ: a_____ b_____ m_____ n_____ v_____ s_____ z_____

Dativ ● / Akkusativ →

_____ _____ _____ _____ _____ _unter_ _____ _____ _____

b Ergänzen Sie die Sätze mit den passenden Präpositionen aus 1a.

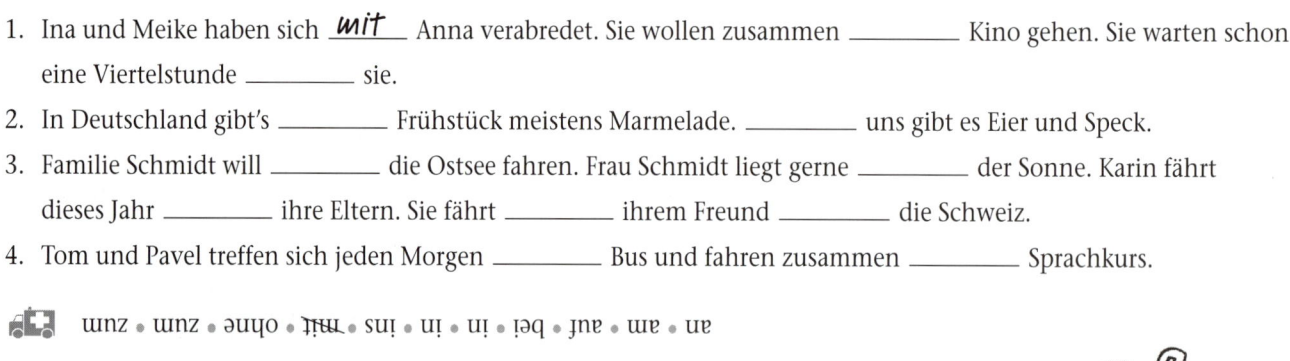

1. Ina und Meike haben sich _mit_ Anna verabredet. Sie wollen zusammen _____ Kino gehen. Sie warten schon eine Viertelstunde _____ sie.
2. In Deutschland gibt's _____ Frühstück meistens Marmelade. _____ uns gibt es Eier und Speck.
3. Familie Schmidt will _____ die Ostsee fahren. Frau Schmidt liegt gerne _____ der Sonne. Karin fährt dieses Jahr _____ ihre Eltern. Sie fährt _____ ihrem Freund _____ die Schweiz.
4. Tom und Pavel treffen sich jeden Morgen _____ Bus und fahren zusammen _____ Sprachkurs.

an • am • auf • bei • in • in • ins • mit • ohne • zum • zum • zum

c Ergänzen Sie die Artikel.

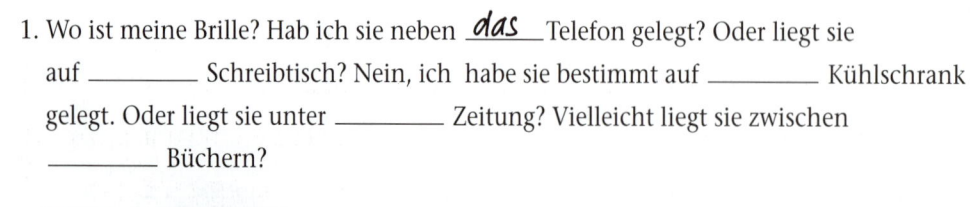

1. Wo ist meine Brille? Hab ich sie neben _das_ Telefon gelegt? Oder liegt sie auf _____ Schreibtisch? Nein, ich habe sie bestimmt auf _____ Kühlschrank gelegt. Oder liegt sie unter _____ Zeitung? Vielleicht liegt sie zwischen _____ Büchern?

2. Wo sind die Schlüssel? Ich hab sie doch an _____ Nagel an _____ Wand gehängt. Liegen sie auf _____ Tisch oder sind sie noch in _____ Manteltasche? Oder i_____ Rucksack? Liegen sie unter _____ Handtasche? Oder i_____ Schrank.

2 Drei Sprichwörter und Redewendungen

a Ordnen Sie den Dialog.

a) ☐ ○ Hast du die Geschenke schon eingepackt? Und wo sind die Blumen?
b) ☐ ○ Das schaffen wir nie! Bitte beeil dich etwas.
c) [1] ○ Mensch, wir müssen zum Bahnhof, der Zug fährt in einer halben Stunde ab. Du bist ja noch gar nicht fertig. Du hast ja noch deine Arbeitssachen an!
d) ☐ ● Immer langsam, wir haben noch genug Zeit, in fünf Minuten sind wir am Bahnhof.
e) ☐ ● Mal langsam, erst mal trinke ich jetzt meinen Kaffee aus, dann dusch ich und ziehe mich um.
f) ☐ ● Die Geschenke wolltest du mitnehmen, die liegen noch im Wohnzimmer auf dem Tisch. Die Blumen hol ich noch am Bahnhof.

b Ergänzen Sie den Text und hören Sie zur Kontrolle. Einfacher: Hören Sie zuerst und ergänzen Sie dann.

Pünktlichkeit liegt m_ir_ im Blut, d__ hat für mi__ etwas mit Zuverlä_____ zu tun u__ dass ich d__ andere Person respe_____. Ich möchte s__ nicht warten las___. Deshalb bin i__ meistens ein pa__ Minuten früher da. We__ ich mal zu sp__ komme, dann gi__ es eigentlich au__ immer einen Gr____ und ich entsch_____ mich. Ich m__ es auch ni___, wenn ich war___ muss und d__ Leute zu sp__ kommen.

c Eine Geschichte – Ergänzen Sie den Text und schreiben Sie die Geschichte weiter.

Gestern h_at_ der Tag richtig gut a_____. Ich h_____ gut geschlafen, hatte genug Zeit zum Duschen, zum Frühstücken und Zeitungl_____. Auch der Bus i___ pünktlich g_____. Auf der Arbeit waren die K_____ nett und der Chef hatte U_____. Zu Hause h_____ Egon dann schon den Haushalt g_____ und gekocht. Nach dem A_____ wollte ich in die Badewanne, habe das W_____ angestellt und dann hat das Telefon g_____. Meine alte Freundin Petra hat a_____ und wir haben geredet, geredet, geredet und das Wasser ist in die Badewanne g_____ und dann auf den Boden und dann in den Flur und dann …

5

3 Zeit und Sprache: Uhrzeit und Datum

a Uhrzeiten – Notieren Sie.

Sie fragen: Entschuldigung, w_____? Sie antworten: E_____.

b Datum – Machen Sie ein Wörternetz. Vergleichen Sie im Kurs.

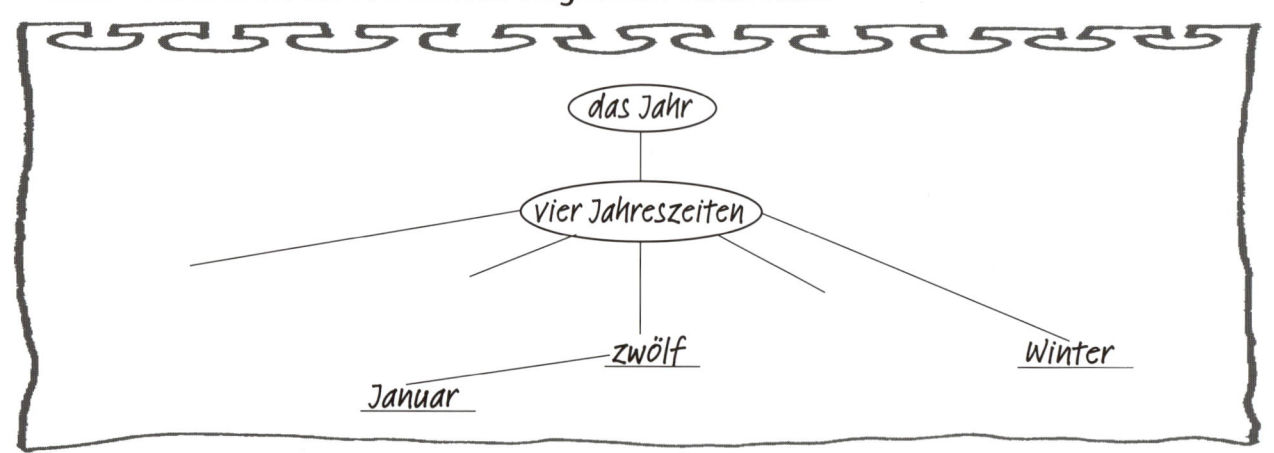

das Jahr
vier Jahreszeiten
Januar zwölf Winter

4 Temporalsätze – Verbinden Sie die Sätze mit *wenn* oder *als*.

1. Sie fährt zur Arbeit. Sie benutzt immer das Auto.
2. Er geht ins Büro. Er zieht einen Anzug an.
3. Sie hatte Geburtstag. Sie hat 35 rote Rosen bekommen.
4. Er benutzt einen Helm. Er fährt Fahrrad.
5. Sie hat in Hamburg gelebt. Sie hatte viele Freunde.

Wenn sie zur Arbeit fährt, benutzt sie immer das Auto.

5 Wann? – Wie oft? Sortieren Sie die Wörter und notieren Sie: Was machen Sie *oft, immer* oder *selten*?

bald • ~~früher~~ • gestern • gleich • heute • ~~immer~~ • jetzt • manchmal • meistens • morgen • nachher • ~~nie~~ • oft • selten • sofort • später • ~~übermorgen~~ • vorher • vorgestern

Wann?
früher
_____
übermorgen

Wie oft?
immer
_____
nie

24

6 Präsens, Präteritum, Perfekt, Futur – Schreiben Sie jeweils Sätze in den angegebenen Zeitformen.

1. Frau Schmidt / pünktlich zur Arbeit / kommen (Perfekt/Futur)
2. ich / eine Stunde / spazieren gehen (Präsens/Perfekt)
3. ich / Husten haben / und nicht zum Arzt gehen (Präsens/Perfekt)
4. Warum / du / nicht zu meinem Geburtstag / kommen? (Perfekt/Futur)
5. Ich / am Computerkurs / nicht teilnehmen (Präsens/Perfekt)

> 1. Frau Schmidt ist pünktlich zur Arbeit gekommen. / Frau Schmidt wird ...

7 *Erst* oder *schon* – Lesen Sie die Beispiele und ergänzen Sie 1–6.

Sie telefoniert <u>schon</u> eine halbe Stunde!
Sie telefoniert <u>erst</u> fünf Minuten.

Das ist lang. Sie wollte nur zehn Minuten sprechen.
Das ist kurz. Sie möchte länger sprechen.

1. In Deutschland isst man <u>schon</u> um 19 Uhr zu Abend, in Spanien _____ um 21 Uhr.
2. In manchen Ländern sind die Mütter _____ 16 Jahre, in Deutschland sind viele Frauen _____ 30, wenn sie ihr erstes Kind bekommen.
3. Normalerweise gehe ich einmal im Monat ins Kino. In dieser Woche war ich _____ zweimal.
4. Meine Freundin wollte um drei kommen und jetzt ist es _____ Viertel vor vier.
5. Er lernt _____ seit sechs Wochen und ich lerne _____ fast vier Monate, aber er spricht besser als ich.
6. Ich mache _____ eine Stunde Hausaufgaben und habe _____ eine Übung gemacht.

▶ 7

8 Probleme – Ein Freund hat Ihnen folgenden Brief geschrieben. Schreiben Sie ihm einen Brief zurück.

– Was können Sie gut verstehen?
– Was raten Sie ihm?
– Was soll er versuchen?
– Machen Sie ihm Mut!

> Ich bin seit fast drei Monaten in Deutschland, aber ich kann mich nicht an das Leben hier gewöhnen. Ich habe immer Schnupfen. Ich verstehe die Leute nicht. Das Essen schmeckt nicht. Es regnet immer und es ist kalt. Ich schlafe schlecht. Ich lache nicht mehr und ich langweile mich immer. Ich habe keine Freunde und oft weiß ich nicht, was ich abends machen soll. Kennst du mich noch??

**9 Eindrücke in Deutschland – Mônica, Noor und Ewa erzählen.
Hören Sie zu. Wer sagt was? Notieren Sie die Namen.**

1. Die Deutschen legen großen Wert auf Pünktlichkeit, sagen _Mônica_ und _____.
2. _____ fühlt sich durch die Fragen der Vermieter diskriminiert.
3. Für _____ war die Einladung nicht deutlich genug.
4. Die Deutschen mögen Hunde lieber als Kinder, glaubt _____.
5. Die Freunde von _____ haben sich gut unterhalten.

10 Bis oder bevor – Schreiben Sie Sätze.

1. Erhan bleibt in Bielefeld.   Er hat den Deutschkurs beendet.
Erhan bleibt in Bielefeld, bis _____

2. Der Deutschkurs beginnt.   Man muss einen Einstufungstest machen.

3. Wir warten.   Alle Leute sind in den Bus eingestiegen.

4. Man muss ein Ticket kaufen.   Man fährt mit der Straßenbahn.

5. Sie kann eine Lehre anfangen.   Sie braucht einen Realschulabschluss.

6. Er hat mich dreimal angerufen.   Er hat mich endlich erreicht.

7. Der Zug fährt ab.   Es dauert noch drei Minuten.

8. Man wartet mit dem Essen.   Alle haben etwas auf dem Teller.

zweihundertvierunddreißig

11 Rhythmus üben
a Klopfen/Klatschen Sie zuerst den Rhythmus. Hören und sprechen Sie dann.

einen Spaziergang machen
· · · **●** · · ·

im Park ein Picknick machen
· · · **●** · · · ·

um die Welt reisen
· · **●** · ·

den Sommer genießen
· **●** · · · ·

b Erweitern Sie die Wortgruppen. Sprechen Sie Sätze.

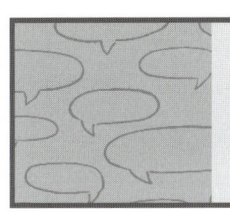

Ich möchte	morgen	mit dir
	im Sommer	mit meiner Freundin
	in diesem Jahr	mit meinen Kindern
	nächstes Jahr	mit meinen Eltern

Ich möchte morgen mit meinen Eltern einen Spaziergang machen.

Schwierige Wörter

12 Hören Sie und sprechen Sie langsam nach. Wiederholen Sie die Übung.

Jahreszeiten↘   den Wechsel der Jahreszeiten↘   Ich mag den Wechsel der Jahreszeiten.↘
Herbstlaub↘   das bunte Herbstlaub↘   Mir gefällt das bunte Herbstlaub.↘
wünschst du↗   Was wünschst du↗   Was wünschst du dir?↗

13 Welche Wörter sind für Sie schwierig? Notieren Sie drei Wörter/Sätze wie in Aufgabe 12 und üben Sie mit einem Partner / einer Partnerin.

1. _____
2. _____
3. _____

Testtraining 8

Hören Teil 1 – Telefonansagen

Sie hören fünf Ansagen am Telefon. Zu jedem Text gibt es eine Aufgabe.
Ergänzen Sie die Telefonnotizen.
Sie hören jeden Text **zweimal**.

0 Beispiel

Der Kindergarten ist neben der _Kirche_ in der _Rathausstraße 12._

1

Die Firma Infotherm will am _____ am _____ kommen.

2

Das Kursfest findet am _____ statt.

3

Die Bankangestellte hat die Telefonnummer _____ .

4

Drina bekommt Besuch von ihrem _____ .

5

Herr Brandl hat ein _____ für _____ Euro für Herrn Rusch.

Maximale Punktzahl: 5 / Meine Punktzahl: _____

Hören Teil 2 – Radioansagen

Sie hören fünf Informationen aus dem Radio.
Zu jedem Text gibt es eine Aufgabe. Kreuzen Sie an: a, b oder c.
Sie hören jeden Text **einmal**.

0 Beispiel:

Von wann bis wann läuft „Faust"?

- [a] von Donnerstag bis Montag
- [b] von Montag bis Freitag
- [X] von Donnerstag bis Dienstag

1   Was kommt im Fernsehen?

a ein Krimi aus der Serie „Tatort"
b ein Film über Immigranten
c eine Talkshow zum Thema „Immigranten"

2   Was ist das Problem mit dem Verkehr?

a Das Parkhaus ist geschlossen.
b In der Stadt sind keine Parkplätze frei.
c Die Straßenbahnlinie 5 fährt nicht.

3   Was ist mit dem Wetter?

a Es wird sehr windig.
b Es wird sehr kalt.
c Es wird schneien.

4   Welche Sonderangebote gibt es?

a Joghurt, Salami und Butter
b Käseaufschnitt, Broccoli und Äpfel
c Joghurt, Broccoli und Butter

5   Welche Telefonnummer soll man anrufen?

a 0800 8876652
b 08000 15380
c 0190 8876642

Maximale Punktzahl: 5 / Meine Punktzahl: _____

Hören Teil 3 – Alltagsgespräch

Sie hören ein Gespräch zwischen zwei Nachbarn.
Zu diesem Gespräch gibt es fünf Aufgaben.
Ordnen Sie die Aussagen den Personen zu und notieren Sie die Buchstaben.
Sie hören den Text **zweimal**.

Stichwort	0	1	2	3	4	5
	Frau Bohn	Familie Angelopoulos	Frau Funke	Herr Sauter	Frau Kölbl	Familie Martinez
Aussage	a					

a Sie hat Kleider auf der Treppe gefunden.
b Er hat Kleider im Gang vergessen.
c Sie ist zurzeit nicht da.
d Sie zieht sich immer gut an.
e Er wohnt im zweiten Stock.
f Sie ist oft beruflich auf Reisen.
g Sie ist schon älter.
h Er trägt Pullover.
i Sie fährt heute in Urlaub.
j Sie haben den Flug verpasst.

Maximale Punktzahl: 5 / Meine Punktzahl: _____

Testtraining 8

Lesen Teil 1 – Listen

Lesen Sie die Aufgaben 1–5 und den Wegweiser.

Orion Media
Alles unter Strom

4	CDs Pop, Jazz, Folklore, Welt-Musik, Orion-Konzertkartenshop
3	DVDs, Videokassetten, Computerspiele, Computerbücher
2	Fernsehgeräte, Videorecorder, DVD-Spieler, Heimkinoanlagen, Projektoren
1	Computer, Bildschirme, Drucker, Scanner, digitale Fotoapparate, Videokameras
EG	Küchenherde, Kühlschränke, Klimaanlagen, Elektroheizungen, Bügeleisen, Wasserkocher, elektrische Zahnbürsten, Nähmaschinen …

Kreuzen Sie a, b oder c an.

0 Beispiel
Sie brauchen ein Gerät, das Wasser heiß machen kann.
[x] Erdgeschoss
[b] 3. Stock
[c] anderes Stockwerk

1 Sie machen Ihre Kleider selbst und suchen eine Maschine dafür.
[a] Erdgeschoss
[b] 2. Stock
[c] anderes Stockwerk

2 Ihr Freund ist Filmfan. Sie suchen für ihn ein Geburtstagsgeschenk.
[a] Erdgeschoss
[b] 4. Stock
[c] anderes Stockwerk

3 Sie möchten Filme aus dem Fernsehen aufnehmen.
[a] 1. Stock
[b] 4. Stock
[c] anderes Stockwerk

4 Sie suchen Musik aus Ihrer Heimat.
[a] 3. Stock
[b] 4. Stock
[c] anderes Stockwerk

5 Sie möchten Videofilme selber machen.
[a] 1. Stock
[b] 3. Stock
[c] anderes Stockwerk

Maximale Punktzahl: 5 / Meine Punktzahl: _____

Lesen Teil 2 – Zeitungsmeldungen

Lesen Sie den Text und die Aufgaben 6–10.
Sind die Aussagen richtig oder falsch ? Kreuzen Sie an.

> **Frauen halten sich für bessere Fahrer**
> Stuttgart. In einer von der Sachverständigenorganisation Dekra gestern veröffentlichten Umfrage schätzten knapp 39 Prozent der Frauen sich selbst als die besseren Autofahrer ein, bei den Männern waren es nur rund 29 Prozent. Es wurden 1600 Kraftfahrer befragt. Nur 7,5 Prozent der Frauen glaubten den Angaben zufolge, dass Männer am Steuer die bessere Besetzung sind, während 14 Prozent der Männer den Frauen dieses Kompliment machten. Mehr als die Hälfte der Frauen und Männer hielten Männer und Frauen für gleich gute Autofahrer. Etwa jede dritte Frau fühlt sich immer wieder verunsichert, wenn ein Mann mitfährt. Nur gut ein Drittel der befragten Frauen ist der Meinung, dass Männer ihnen gegenüber im Straßenverkehr genügend Rücksicht zeigen. AP

Beispiel

0	Der Artikel berichtet von einer Meinungsumfrage.	**richtig** ✗	falsch
6	Fast zwei Drittel der Männer glauben, dass sie besser Auto fahren als Frauen.	richtig	falsch
7	Die meisten Frauen und Männer sehen keine Unterschiede.	richtig	falsch
8	33 % der Frauen fühlen sich nicht wohl, wenn ein Mann mitfährt.	richtig	falsch
9	Man hat mehrere tausend Bürger gefragt.	richtig	falsch
10	Nur wenige Frauen meinen, dass Männer besser fahren.	richtig	falsch

Maximale Punktzahl: 5 / Meine Punktzahl: _____

Lesen Teil 3 – Kleinanzeigen

Lesen Sie die Anzeigen a–h auf Seite 240 und die Aufgaben 11–15. Welche Anzeige passt?
Für eine Aufgabe gibt es keine Lösung. Schreiben Sie hier den Buchstaben X.

0 Für das neue Kinderzimmer brauchen Sie Möbel.

11 Sie suchen ein billiges Auto zum Reparieren.

12 Sie sind ein guter Handwerker und suchen eine Nebentätigkeit.

13 Ihr Computer ist kaputt und Sie brauchen schnelle Hilfe.

14 Freunde kommen zu Besuch und brauchen ein preiswertes Hotel.

15 Sie haben ein kleines Kind und suchen eine Arbeit, die Sie auch zu Hause machen können.

Testtraining 8

Aufgabe	0	11	12	13	14	15
Anzeige	b	___	___	___	___	___

ⓐ **Für Bastler:** VW Golf, BJ 1987 leider kein TÜV, nur 250,- Euro. 0171/2333584

ⓑ **Billig! Billig!** Komplette Einrichtung für Kinderzimmer zu verkaufen. Schrank, Bett, Schreibtisch – gut erhalten! Tel. 0561/23 45 87 (abends)

ⓒ Nebenjob zu Hause! Adressenschreiben für Werbeagentur. Gute Deutschkenntnisse und Computer Voraussetzung! Beste Bezahlung! Rufen Sie Herrn Matschinke an: 07332/5902

ⓓ Hausmeister für kleine Wohnanlage gesucht! 2–3 mal pro Woche. Hausverwaltung Bossert Tel. 0561/7788249

ⓔ Von Privat: **Volvo 404, BJ 92**, 2 Jahre TÜV, guter Zustand, viele Extras. Preis Verhandlungssache! 0172/8839562

ⓕ **Wiedereröffnung:** Hotel am Park sucht freundliche Damen und Herren mit guten Deutschkenntnissen für Empfang, Küche und Service. 0561/242433 (8-12 Uhr)

ⓖ Sie haben ein Problem mit Ihrem PC? Der Computerdoktor hilft und kommt sofort! Guter Service zu günstigen Preisen! 24 Stunden täglich unter 0721/44400444

ⓗ Nebenjob 10 Euro/Std.! Wir suchen dringend eine Bürohilfe – Arbeitszeit nach Vereinbarung. Rufen Sie an! Immobilien Reich 0561/354672

Maximale Punktzahl: 5 / Meine Punktzahl: _____

Schreiben Teil 1 – Informationen zur Person geben

4 ALCO Halogenleuchte
Brillantes Halogenlicht in einem Design, das neue Maßstäbe setzt. Diese Leuchte in attraktiven Farbkombinationen beweist eindrucksvoll, wie gut sich Eleganz und Ergonomie ergänzen können. Ausladung: 900 mm. Lieferung inkl. Leuchtmittel (12 V/35 W).

silber/blau	Best.-Nr. 272 062-86
schwarz/blau	Best.-Nr. 272 054-86
schwarz/weiß	Best.-Nr. 272 047-86

je € 79,—

79.-

Abb.: silber/blau

Sie haben im *Printus-Katalog* diese Schreibtischlampe gefunden und möchten sie bestellen (Farbe: schwarz/blau).
Füllen Sie das Bestellformular aus.
Ihre Kundennummer ist 45231200981.

Maximale Punktzahl: 5 / Meine Punktzahl: _____

Printus
Ihr Fachvertrieb für Bürobedarf

Bestellschein
Bitte hier Ihre Kundennummer eintragen!
☐☐☐☐☐☐☐☐☐☐☐

Name des Bestellers _____

Artikelname	Bestellnummer	Preis

zweihundertvierzig

Schreiben Teil 2 – Kurze Mitteilung

Ihr Freund Ernö hat Sie heute Morgen um 7 Uhr angerufen. Er muss sofort zu seinen Eltern.
Sie sollen sich um seine Wohnung kümmern (Post, Blumen …).
Sie müssen aber selbst auch für fünf Tage weg.
Schreiben Sie eine Notiz an Ihre Freundin Silke.

- Wer hat Sie angerufen und was sollen Sie tun?
- Warum können Sie das nicht tun?
- Was soll Silke tun?

Schreiben Sie Ihre Notiz auf ein extra Blatt.

Maximale Punktzahl: 10 / Meine Punktzahl: _____

Sprechen Teil 1 – Sich vorstellen

Arbeiten Sie, wie in Testtraining 7 vorgegeben.

Name?
Alter?
Land?
Wohnort?
Sprachen?
Beruf?
Hobby?

Maximale Punktzahl: 3 / Meine Punktzahl: _____

Testtraining 8

Sprechen Teil 2 – Gespräch über ein Alltagsthema

Bei diesem Prüfungsteil arbeiten Sie mit einem Partner / einer Partnerin zusammen. Sie möchten bestimmte Informationen von Ihrem Partner / Ihrer Partnerin. Das erste Thema heißt „Kleidung kaufen".
Ziehen Sie zwei Karten wie z.B.

Können Sie ...?

und fragen Sie:

> Können Sie mir sagen, wo ich Blusen finde?

Ihr Partner / Ihre Partnerin antwortet vielleicht:

> Nein, tut mir Leid.

ODER:

> Im dritten Stock.

Sprechen Teil 2
Thema: Kleidung kaufen
Steht ...?

Sprechen Teil 2
Thema: Kleidung kaufen
Wo ...?

Sprechen Teil 2
Thema: Kleidung kaufen
Haben Sie ...?

Sprechen Teil 2
Thema: Kleidung kaufen
Wie viel ...?

Sprechen Teil 2
Thema: Wohnung
Wo ...?

Sprechen Teil 2
Thema: Wohnung
Was ist ...?

Sprechen Teil 2
Thema: Wohnung
Hast du / Haben Sie ...?

Sprechen Teil 2
Thema: Wohnung
Wie viel ...?

Maximale Punktzahl: 8 / Meine Punktzahl: _____

zweihundertzweiundvierzig

Sprechen Teil 3 – Ein Problem lösen

Sie möchten mit einer Freundin zusammen Ihr Wohnzimmer renovieren.
Sie sind aber beide sehr beschäftigt und suchen nach Terminen. Wann haben Sie beide Zeit?

Dazu bekommt jede/jeder einen persönlichen Kalender. Bitte finden Sie zwei Termine für die Renovierung.

Mo	Tag	
	Abend	schwimmen
Di	Tag	arbeiten
	Abend	Vorbereitung Deutschkurs
Mi	Tag	arbeiten
	Abend	Deutschkurs
Do	Tag	
	Abend	Deutschkurs
Fr	Tag	arbeiten
	Abend	Mama besuchen
Sa	Tag	
	Abend	
So	Tag	Eltern besuchen
	Abend	

Mo	Tag	arbeiten
	Abend	
Di	Tag	arbeiten
	Abend	Fußballtraining
Mi	Tag	arbeiten
	Abend	evtl. Kino
Do	Tag	
	Abend	Fußballtraining
Fr	Tag	arbeiten
	Abend	Klaus zum Essen
Sa	Tag	Spiel (14.30 Uhr)
	Abend	
So	Tag	
	Abend	"Tatort" im Fernsehen

Maximale Punktzahl: 4 / Meine Punktzahl: _____

Maximale Gesamtpunktzahl: 60 / Meine Punktzahl: _____

Lösungen zum Lehrbuchteil (S. 6–149)

KAPITEL 13

1a Timo: 1
    seine Eltern: 3, 4
    sein Schwager Paul: 8
    seine Großeltern: 6, 7
    seine Schwester Helga: 5
    seine Tante Gisela: 2
    sein Neffe Mark: 9

1b Richtig: 2, 3, 5

2   Beispiel:

er	sie
Bruder	Schwester
Cousin	Cousine
Enkel	Enkelin
Großvater/Opa	Großmutter/Oma
Vater	Mutter
Neffe	Nichte
Onkel	Tante
Schwager	Schwägerin
Sohn	Tochter
	Urenkelin

5   mich – dich – ihn – es – sie – uns – euch – sie/Sie

6   mich – dich – ihn – sie – euch – uns – ihn – ihn

7   Beispiele:
    1. Ich liebe dich, aber du liebst mich nicht.
    2. Sie besucht ihn, aber er besucht sie nicht.
    3. Wir kennen sie, aber sie kennt uns nicht.
    4. Sie rufen euch an, aber ihr ruft sie nie an.

8b Reflexivpronomen im Text:
    mich – dich – sich – sich – sich – uns – euch – sich – sich
    Die Personalpronomen unterscheiden sich von den Reflexivpronomen in der 3. Person Sg. und Pl.

9   1. mich 2. sich 3. sich 4. mich 5. sich 6. ihr 7. uns

10 Beispiele:
    A Es war furchtbar!
    Pavel hat geduscht. Er hat sich noch einmal rasiert, aber gekämmt hat er sich nicht. Erst hat er sich nicht gut unterhalten. Aber dann hat er mit allen Frauen getanzt, nur mit mir nicht. Ich habe mich sehr über ihn geärgert und dann haben wir uns gestritten. Schließlich habe ich mich sehr gelangweilt. Pavel wollte mich nach Hause bringen, aber ich bin alleine gegangen.

    B Es war wunderschön!
    Ich habe mich die ganze Woche auf die Party gefreut. Am Nachmittag habe ich mich geschminkt und mich schön angezogen. Dann habe ich mich gut unterhalten und mich sehr schön amüsiert. Ich habe viel getanzt und mich in einen Mann verliebt. Mit ihm bin ich dann sogar nach Hause gegangen.

14 Beispiele:
    Durftest du mit 12/14/16 samstags in die Disco gehen? Konntest du mit 12/14/16 Fahrrad/Auto fahren? Musstest du zu Hause deiner Mutter helfen? Bis wie viel Uhr konntest du am Wochenende wegbleiben?

15a A1 – B2

15b 2d – 3b – 4g – 5a – 6e – 7h – 8f

16a 1A – 2B – 3A (B)

16b 1. Beate Gutschmid wohnt allein. 3. Beate Gutschmid ist die Tochter von Else Gutschmid. 5. Else Gutschmid wohnt allein. 8. Ihre Kinder wohnen in Frankfurt und Toronto 9. Sie sagt: Sie hat nicht viel Zeit für Familie.

16c Ines: 36 – Mutter – Sven – Sohn – 10
    Nina: 8 – Tochter – Miriam – Mutter – 33

17 der Anteil dieser Kinder – der Prozentsatz der Kinder – 40 % der Bevölkerung – 5 % der Haushalte – die Zahl der Geburten

KAPITEL 14

1a/1b 1 + 8   2 + 7   3 + 6   4 + 5
       D   A   C   B

2a 1 Weihnachten – 2 Geburtstag – 3 Hochzeit

2b 1 Wunsch – Geschenke – gute Kleidung – Lieder
    2 Salate – Spiele – Musik – Party – Geschenke – feiern – einladen
    3 essen – tanzen – Braut – Geschenke – Standesamt – Reise

6   2 sechzigster Geburtstag der Mutter
    3 bis 8 Uhr Dienst im Krankenhaus
    4 Stefan muss nach Berlin
    5 Fieber
    6 Besuch aus Brasilien

7   2. Tina kommt nicht, weil ihre Mutter Geburtstag feiert. 3. Lukas kommt später, weil er bis 8 Uhr arbeitet. 4. Stefan braucht ein Taxi, weil er am Morgen nach Berlin fährt. 5. Dagmar kann nicht kommen, weil sie krank ist.

8   4. ... weil sie keine Lust hatte. 5. ... weil sie zu müde war. 6. ... weil sie die Postkarte nicht bekommen hat. 7. ... weil sie sehr lange arbeiten musste. 8. ... weil sie von der Leiter gefallen ist. 9. ... weil sie Fieber hatte.

9   1b – 2g – 3d – 4f – 5e – 6h – 7a – 8c

10a 1. wünsche dir 2. schenkt ihr – schenken ihm 3. gib mir
    4. mir ... geben? 5. gefällt mir 6. uns ... erklären – helfe euch
    7. empfehle euch – schmeckt mir 8. gefällt mir

10b mir   dir   ihm/ihm/ihr   uns   euch   ihnen/Ihnen

13 2. 27.8.   3. 16.11.   4. 22.12.   5. 1.5.   6. 3.9.
    Ordinalzahlen 1. bis 19. Endung -te(r), ab 20. Endung -ste(r)

16 1A – 2B – 3D – 4A – 5E – 6D – 7E(B) – 8B

19a D gab – wussten – gingen – gab – trugen
    E fand ... statt

19b Im Präteritum ändert sich der Vokal.

KAPITEL 15

1a Anzeige unten

1b 1. Tom hat eine Wohnung gefunden.
    2. Die Wohnung ist für Tom allein zu teuer.
    3. Pavel und Tom können sofort einziehen.

3

Für Pavel:	Für Tom:	Für das Wohnzimmer:	Für die Küche:
Bett, Tisch, Vorhänge	Bett	Sofa oder Sessel	Toaster, Herd, Waschmaschine

4 Richtig: 3, 6

5

wohin → Akkusativ	wo • Dativ
an die Wand stellen unter das Fenster stellen auf den Tisch stellen ins Regal stellen auf den Boden legen in die Küche stellen	an der rechten Wand stehen auf dem Boden liegen

6b/c Maus 1 sitzt <u>vor</u> dem Kühlschrank. Maus 2 steht <u>zwischen</u> Tisch und Kühlschrank. Maus 3 sitzt <u>unter</u> dem Tisch. Maus 4 springt <u>auf</u> den Tisch (<u>über</u> Maus 2). Maus 5 sitzt <u>im</u> Kühlschrank. Maus 6 liegt <u>in</u> der Schüssel. Maus 7 läuft <u>hinter</u> den Kühlschrank. Maus 8 sitzt <u>auf</u> dem Kühlschrank. Maus 9 läuft <u>neben</u> den/dem Kühlschrank.

7 2. die 3. dem 4. den 5. der 6. die 7. dem 8. den

8 Beispiel:
Wir haben ein Bett unter das Fenster gestellt. Dann haben wir drei Bilder an die Wand gehängt. Wir haben einen Teppich auf den Boden gelegt, einen Schreibtisch neben die Tür gestellt und eine Lampe auf den Schreibtisch gestellt. Zum Schluss haben wir einen Schrank in die Ecke gestellt und noch eine Lampe an die Decke gehängt.

9a 1B – 2D – 3C

12b Beispiele: 1b – 2f – 3d – 4a – 5c – 6e

13 Beispiele:
Wenn ich Zeit habe, (dann) mache ich eine Reise. Wenn ich Geld brauche, gehe ich zur Bank. Wenn ich Geld habe, gebe ich es gleich aus. Wenn der Kurs vorbei ist, (dann) kann ich bestimmt schon gut Deutsch. Wenn ich müde bin, gehe ich schlafen. Wenn ich Lust auf Spaghetti habe, besuche ich meinen Onkel. Wenn ich morgens aufstehe, (dann) dusche ich mich immer gleich ganz kalt.

15a 5 – 3 – 1 – 8 – 2 – 6 – 4 – 7

15b Beispiele:
a der Eimer, das Wasser, das Geschirrspülmittel, schütten
b die Mischung, die Tapete, streichen
c fünf Minuten, warten
d die Tapete, langsam, ablösen

15c 4 + 7

16 1c – 2a – 3b

17a a wird … gestellt/eingeschaltet, wird … markiert, gebohrt wird
    b werden … gewickelt
    c wird … geklebt

RASTSTÄTTE 5

1 A 1. Geschwister 2. Onkel 3. mich, dich 4. mich 6. Durften 7. 5 8. Beispiele: Braut, heiraten, Standesamt 9. Alles Gute zum Geburtstag 10. ledig 11. Beispiel: Weil ich krank war. 12. Beispiel: Warum hast du heute keine Zeit? 13. Beispiel: Vielen Dank für die Einladung, aber leider habe ich keine Zeit. 14. Beispiele: Oktober, Juni, Februar 17. Bayern 18. das Wohnzimmer, das Bad, das Schlafzimmer 19. wegfahren 20. gestellt 21. an der 22. • = Dativ und → = Akkusativ 25. verkaufen

B 1. Eltern 2. dich, ihn, uns 3. Neffe 4. Schwester, Vater, Tochter, Cousin 5. sich 6. Konnte 7. Beispiele: Weihnachten, Silvester, Oktoberfest 8. 40 % 9. Schokolade, Hase, Eier 10. Frohe Weihnachten 11. das, das, der, die, das 12. Beispiel: Weil mir der Bus davongefahren ist. 13. Beispiel: Was wünschst du dir zum Geburtstag? 14. Juni, Juli, August 16. euch, sie 17. Beispiele: der Stuhl, der Sessel, das Sofa, der Schrank, der Tisch 18. der 8-Stunden-Tag 19. Beispiele: Messer und Gabel sind Besteck, Tasse und Teller sind Geschirr. 20. steht 21. an die 22. Herr von Nachseitzu und Frau Ausbeimit bleiben mit dem Dativ fit. 23: Beispiel: Wenn ich morgen Zeit habe, besuche ich Tante Hildegard. 25. ungemütlich, altmodisch, warm

3a Abschnitt 1: Bild 2 – Abschnitt 2: Bild 4 – Abschnitt 3: Bild 3

6 1a Mutter – Schwester – Großmutter – Tante
   1b Vater – Sohn (Schwager) – Bruder – Onkel (Opa)

   2a Bist du verheiratet? b Hast du Kinder? Hast du Geschwister?
   c Was ist für dich wichtiger: Freunde oder Familie?
   d Welche Familienfeste feiert ihr?

   3a Alles Gute zum Geburtstag! b Frohe Weihnachten und ein gutes neues Jahr! c Frohe Ostern! d Gute Besserung!

KAPITEL 16

1

Name:	Maria Kempowska
Alter:	19 Jahre
Schulabschluss:	10. Klasse Gymnasium
Ausbildung:	Kauffrau für Bürokommunikation
Beruf:	–
Berufsziel:	Europa-Sekretärin

Name:	Eugenia Schulz
Alter:	18 Jahre
Schulabschluss:	Realschulabschluss
Ausbildung:	Praktikum, Schwesternschülerin
Beruf:	–
Berufsziel:	Säuglingsschwester

19c wissen – wusste – hat gewusst
    gehen – ging – ist gegangen
    geben – gab – hat gegeben
    tragen – trug – hat getragen

Name:	Rolf Becker
Alter:	20 Jahre
Schulabschluss:	Abitur
Ausbildung:	Bundeswehrhochschule (geplant)
Beruf:	–
Berufsziel:	Berufsoffizier

2   1. 9 Jahre 2. Grundschule 3. Hauptschule, Realschule, Gymnasium, Gesamtschule 4. 9 Jahre 5. Hauptschulabschluss 1 6. weitere Schule (z.B. Fachschule/Berufskolleg) oder Ausbildung im Betrieb

3b dass ... gehen kann – dass ... machen müssen – dass ... ist

7   A4 – B3 – C1 – D2

10

Vergangenheit	Gegenwart	Zukunft
früher	jetzt	in der nächsten Woche
damals	gerade	am nächsten Wochenende
im letzten Jahr	heute	bald
gestern	sofort	nächste Woche
		in zwei Jahren
		übermorgen
		im nächsten Monat

14 A3 – B2

15a 1b – 2d – 3a – 4c

15b 1. Sonderschule 2. Grundschule 3. 4 Euro 4. aufgrund der Lehrergehälter

16a Thema: Vorteile eines Computer-Klassenraums

16b richtig: 2, 4

KAPITEL 17

4   1B – 2F – 3D – 4A

5
	Mask.	Neutr.	Fem.	Pl. m. Art.	Pl. o. Art.
N	neuer	neues	neue	neuen	neue
A	dunklen	buntes	neue	bunten	bunte
D	teuren	schönen	neuen	teuren	teuren

7   Beispiele: 2. roten – grünen 3. billige – großen 4. großes – kleine 5. grünen – frischen 6. teure 7. interessante – ruhigen 8. gute – jungen

8a ganze, dicke, große, hässliche, großen, seriösen, kritischen

8b Nach bestimmten Artikeln gibt es nur die Endungen -e und -en.

8c 1. braunen 2. neue 3. weite, roten 4. schwarzen, blaue

10a Mode/Schönheit wichtig: Erika Veit, Oliver Paustian. Nicht wichtig: Carola Esterhazy

10b Beispiele:
2. Erika Veit gibt im Monat 80–120 Euro im Monat für Mode und Körperpflege aus. 3. Oliver Paustian sagt, dass Mode wichtig für ihn ist. 4. Für ihn ist Mode wichtig, weil up to date sein gut fürs Geschäft ist. 5. Carola Esterhazy findet, dass die Persönlichkeit wichtiger ist als die Kleidung. 6. Sie schminkt sich nicht, weil sie lieber gemütlich frühstückt. 7. Wenn Carola in die Disco geht, zieht sie sich schon gut an und schminkt sich.

13 1C – 2A – 3B – 4D – 5B – 6D – 7A – 8C

15b Nr. 5

16b 1 + 3, 2 + 5, 4 + 6

17a 1 Älterer, vermögender, romantische, feminine, Spätere, blond, älter 2 Sportlicher, sympathischer, schlankes, humorvolles, romantisches, weibliches 3 Romantische, blonde, feminine, unabhängig, startklar 4 Rund, gesund, humorvoll, aktiv, warmherzig, blond, eigenem, zärtliche, kultivierten, Seriöse, aktuellem 5 sympathischen, intelligenten, sportlichen, natürlich, selbstbewusst, charmant, ernst gemeinte 6 schlechter, geschieden, intelligente, warmherzige, neuer

KAPITEL 18

1   Januar: Garmisch – Februar: Köln – März: Schweiz – April (Ostern): Italien – Mai: zu Hause – Juni/Juli: an der See – August: Bodensee – September: München – November: Süden – Dezember: Österreich

2
Frühling	Sommer	Herbst	Winter
März, April, Mai	Juni, Juli, August	September, Oktober, November	Dezember, Januar, Februar

4   1C Winter – 2B Sommer – 3D Herbst – 4A Frühling

5a Frühling oder Herbst

5b Sommer: So warm, dass wir im T-Shirt spazieren gehen konnten.
Winter: Es wurde kalt und dann hat es eine Stunde geschneit.
Herbst: Heute morgen hatten wir Nebel. Jetzt ist es ziemlich regnerisch und es weht ein starker Wind.

6   1. Text 2 – 2. Text 4 – 3. Text 1 – 4. Text 2 – 5. Text 4 – 6. Text 4 – 7. Text 2 – 8. Text 4 – 9. Text 1 – 10. Text 3 – 11. Text 2 – 12. Text 3 – 13. Text 1

10 Richtig: 1, 3, 5, 7, 8

15 1. 4 – 2. X – 3. 3 – 4. X – 5. 1, 6 – 6. 2 – 7. 7 – 8. X

16b Anzeige 6

RASTSTÄTTE 6

1   5. Januar, Februar, März, April, Mai, Juni, Juli, August, September, Oktober, November, Dezember – Frühling, Sommer, Herbst, Winter 6. Hauptschule, Gymnasium. 8. sonnig, wolkig, windig, neblig 9. Weihnachten, Ostern, Silvester, Geburtstag, Hochzeit

2. sechs Jahre 6. Sie trägt einen blauen Rock, eine modische Bluse und schwarze Schuhe. 8. Der Pullover ist aus Wolle, die Bluse aus Seide und die Tasche aus Leder. 9. Was kostet eine Fahrkarte von Berlin nach Dresden? 14. Welche Angebote haben Sie für einen Ausflug übers Wochenende nach Berlin oder

München? Was kostet die Fahrkarte / das Hotel? Um wie viel Uhr fährt der Zug/Bus ab?

2a 1 Preisausschreiben 2 Wochenendreise 3 Bodensee 4 Chips 5 König

2b Richtig: 2, 3, 5

4a 1A – 2B

4b 1. meist sonnig. 2. höher. 3. wolkig – sonnig – regnet 4. 29 5. 12 6. besser

7 2. Kindergarten – Grundschule – Hauptschule – Realschulabschluss – Lehre
6. Mein Traummann hat braun<u>e</u> Augen, eine große Nase, klein<u>e</u> Ohren, lang<u>e</u>, schwarz<u>e</u> Haare, eine modisch<u>e</u> Brille und lang<u>e</u> Beine. Er muss mindestens 1,90 groß und 98 kg schwer sein. Er trägt am liebsten seine blau<u>e</u> Jeans, gelb<u>e</u> Strümpfe, ein rot<u>es</u> Hemd und einen gestreif<u>ten</u> Pullover. Seine grau<u>en</u> Schuhe zieht er leider nur am Sonntag an.
8. Beispiel: Ich hätte gern eine Fahrkarte. – Heute. – Um sechzehn Uhr. – Hin und zurück.

KAPITEL 19

1a A2 – B4 – C3 – D1

5 A jemanden, Man, einige, etwas, Viele, man, niemanden
B Alle, etwas, allen
C etwas, viele, einige
D man, jemanden, nichts

6 1. viele 2. Viele, einige 3. jemand(en), niemand(en) 4. etwas, nichts 5. jemand(em), niemand(en) 6. Man, nichts 7. viele, einige

7 1. meins 2. keine 3. einer 4. ihre 5. keinen 6. meins

8a Vereine seit über <u>150</u> Jahren – heute über <u>0,5</u> Millionen, mit etwa <u>70</u> Millionen Mitgliedern – <u>25</u> % der Deutschen Mitglied in einem Sportverein – viele Mitglieder in <u>4,5</u> oder noch mehr Vereinen – <u>Aktivitäten</u>: Sport, Wandern, Karneval, Hundezucht … – es gibt von <u>Ausländern</u> gegründete Vereine – manche Vereine kümmern sich um den Kontakt zwischen <u>Deutschen</u> und <u>Ausländern</u>

8b Beispiele:
Seit wann gibt es in Deutschland Vereine? Wie viele Vereine gibt es heute? Was macht man/der Deutsche im Verein? Gibt es auch Vereine, die sich um den Kontakt zwischen Deutschen und ausländischen Mitbürgern kümmern?

9 1. <u>interessiere</u> mich <u>für</u> 2. <u>kümmert</u> sich <u>um</u> 3. <u>engagieren</u> sich <u>für</u> 4. <u>auf</u> die privaten Kontakte mit Kollegen <u>achten</u>

10a Beispiele:
Ich bin im Arbeitersängerbund. Ich singe gern. – Er ist beim Deutschen Roten Kreuz. Er hilft gern Menschen. – Wir sind im Behindertensportverein. Wir machen jeden Tag Sport. – Ich bin im Bridge-Club e. V. Ich spiele gern Karten. – Ich bin im Anglerverein. Ich angle gern. – Wir sind in der Keglergemeinschaft. Wir kegeln immer freitags. – Ich bin im Kleingärtnerverein. Am liebsten bin ich in der Natur. – Sie ist im Tennisclub Grün-Weiß 1974 e. V. Sie spielt gut Tennis. – Ich bin in der Fotogruppe im Heimatbund. Ich fotografiere viel. – Wir sind im Kleintierzuchtverein. Wir mögen Tiere.

11a Katano: 1, 3, 5 – Dimitrov: 2, 4

13a 2, 3, 4

13b 2c – 3c – 4c – 5a – 6b

14a 1e – 2a – 3c (3e) – 4d – 5b

14b Ort: a, e, f – Wochentag(e): b, (d,) e, f – Treffpunkt: (c, d, e,) f – Wohin? (Ziel): c, e – Kosten: a, b, c, d – Wie lange? (Dauer): a, b, c, d

15 a Je mehr wir sind, desto größer ist der Spaß! – c Bei uns brauchen Sie weder ein Auto noch ein Fahrrad. – e Radfahren ist nicht nur gesund, sondern man lernt auch nette Leute kennen! – f Sie sind nicht nur ein guter Teamarbeiter, sondern auch zeitlich flexibel?

KAPITEL 20

1 2D (A) – 3E + F – 4B – 5C

3a Richtig: 1, 3, 5

3b 1. Frau Kiesel muss der Firma einen Brief schreiben. 2. Sie muss ihren Lebenslauf unterschreiben. 3. In die Bewerbungsmappe gehört ein Passfoto. 4. Sie muss ihren Namen und das Datum hinten auf das Passfoto schreiben.

4 Er hat gesagt, ich soll 2. … direkt bei Firmen nachfragen. 3. … auch im Internet nachschauen. 4. … in der Zeitung eine Stellenanzeige aufgeben. 5. … die Bewerbungsunterlagen später schicken. 6. … meinen Lebenslauf am PC schreiben. 7. … meine Bewerbungsunterlagen in eine Mappe legen.

5a Anzeige links oben

5b Anzeige – Stelle – Stellen – anfangen – Schichtdienst – Wochenende – flexible – anwesend sein – Stundenlohn – vorstellen

7 2A – 3B – 4C – 5D – 6C – 7A – 8B – 9D – 10D – 11A – 12B

8a A zwei Stellenangebote …, die interessant waren – den Job, den ich gesucht habe
B die Kurse, die dort angeboten werden – einen Kochkurs …, der kostenlos ist – die anderen Kurse, die dort stattfinden
C ein guter Arbeitsplatz, den ich vor allem auch noch als Rentner ausüben kann.
D ein Hobby, das viel Geld kostet

8b 1. … interessant sind. 2. Die Firma, die auch eine Webseite hat, bietet heute eine Stelle an. 3. Er hat einen neuen Job, den er sehr mag. 4. Der Nähkurs, den Frau Talis besuchen möchte, steht im neuen VHS-Programm.

9 2. Eine Waschmaschine ist eine Maschine, die Wäsche wäscht. 3. Ein Arbeitsberater ist jemand, der Arbeitssuchende berät. 4. Ein Teilzeitarbeiter ist eine Person, die weniger als 35 Stunden in der Woche arbeitet. 5. Ein Computer ist eine Maschine, die bei vielen Arbeiten hilft.

12a Richtig: 2, 3, 5

13a 1c – 2b – 3a

13b 1b – 2c – 3b

14 Beispiele:
Herr Rasenberger ist gern bei der Feuerwehr, weil er da bessere Arbeitszeiten hat und mehr Geld verdient als im Rettungsdienst und weil er als Beamter einen sicheren Arbeitsplatz hat. Nach der Bewerbung im Rathaus gibt es einen Einstellungstest sportlicher Art und dann einen schriftlichen und mündlichen.
Danach bekommt man eine neunmonatige Ausbildung auf der Feuerwehrschule. In seiner Freizeit hat er Zeit für seine Kinder. Er fährt an einen See zum Campen und fährt auch gern Motorrad.

16 3. ..., obwohl ich mein Examen machen muss.

KAPITEL 21

1 1. Bundestag 2. in Berlin 3. Bundeskanzler/in 4. am 3. Oktober 5. ab 18 6. Bundesländer 7. zwei 8. seit dem 9. November 1989 9. alle vier Jahre 10. Opposition

3a Armin: 6 – Volkan: 1 + 9 – Tina: 4

3b 1. Wirtschaftspolitik 2. Bildungspolitik 3. Umwelt(politik) 4. Verkehrspolitik 5. Kulturpolitik 6. Familienpolitik

8 1 Die Grünen – 2 SPD – 3 CDU/CSU – 4 FDP – 5 PDS

11a Richtig: 1, 4, 5

11b 1. Weil er die Stadträte beeindrucken konnte
2. Weil er viel Geld verdiente.

11c Richtig: 2

12b nachdem ich ... überzeugt hatte – Nachdem die "Umweltpartei" ... gewonnen hatte

RASTSTÄTTE 7

1 1. spazieren gehen, Schach spielen, Rad fahren, singen, fotografieren 2. für – um 3. jemand(en) – niemand(en) 4. suchen – verdienen – aufgeben 6. beworben – vermittelt 8. die Opposition 9. das Grundgesetz 10. der Bundestag

1. Beispiele: Samstags stehe ich oft spät auf. Wenn ich geduscht habe, frühstücke ich bis Mittag. Dann gehe ich im Park spazieren. Manchmal spiele ich dort mit meinen Freunden Schach. Abends besucht mich meistens meine Freundin. Oft kochen wir dann etwas zusammen. 2. Im Park kann man spazieren gehen. Man kann sich dort aber auch auf eine Bank setzen. Manche legen sich im Park einfach auf die Wiese. 3. Kommst du morgen um 12 Uhr in den Park zum Picknick und Volleyballspielen? 4. Beispiele: Ich interessiere mich für einen Radsportverein, weil man sich da viel draußen bewegt und die Umgebung kennen lernt. Ich interessiere mich für einen Kegelverein, weil man dort schnell viele Leute kennen lernen kann. 5. ca. 0,5 Mio. 7. Meine Lehrerin hat gesagt, ich soll regelmäßig Zeitung lesen. 8. Ein Lehrer ist eine Person, die andere unterrichtet. 9. Ein Arbeitsamt ist eine Behörde, die Arbeit/Arbeitsplätze vermittelt. 10. auf – im – bei 11. alle vier Jahre 13. Nein, das Arbeitslosengeld ist zu niedrig! 15. achtzehn – deutschen Pass

4. Bewerbungsschreiben mit Passfoto, tabellarischer Lebenslauf und Zeugniskopien 6. Ein Teilzeitarbeiter ist jemand, der Teilzeit / nicht Vollzeit arbeitet. Eine Gehaltserhöhung ist eine Erhöhung des Gehalts. 8. Beispiel: 1945 Ende des Zweiten Weltkriegs, 1949 Teilung in zwei deutsche Staaten, 1961 Mauerbau, 1989 Mauerfall, 1990 Wiedervereinigung

3 1A/B – 2C – 3A – 4E – 5D

4 1c – 2b – 3d – 4e – 5a

7 3. um – für – für 4. Beispiele: Wie ist die Arbeitszeit? / Welche Arbeitszeiten gibt es? Wie hoch ist das Gehalt? Könnte ich einen Termin für ein Gespräch haben? 5. Name, Geburtstag, Geburtsort, (Eltern), Familienstand, Schulbildung, (Studium,) Berufsausbildung, sonstige Kenntnisse und Fähigkeiten, Datum und Unterschrift
6.

seine Meinung sagen / zustimmen	widersprechen	Unsicherheit ausdrücken
Das stimmt! Ich finde, dass ... Ich glaube, dass ... Das ist richtig. Sie haben Recht. Ich glaube das auch. Das ist auch meine Meinung.	Das stimmt nicht. Im Gegenteil ...	vielleicht Ich weiß nicht. Kann sein. Ich kenne mich da nicht aus.

KAPITEL 22

3a

Fahrrad	Auto	Bus/Straßenbahn
einen Platten haben den Radweg benutzen bremsen abbiegen anhalten	zur Tankstelle fahren den Führerschein haben im Parkhaus parken einen Parkschein ziehen einen Strafzettel bekommen (k)einen Parkplatz finden tanken bremsen abbiegen anhalten	eine Monatskarte haben eine Fahrkarte kaufen den Fahrplan lesen an der Haltestelle warten zum Bahnsteig gehen bei der nächsten Station aussteigen pünktlich kommen

4

	P. Schulze	M. Kuse	J. Kuss
Auto	–	–	++
Fahrrad	–	++	–
ÖPNV	++	+	–

5c Richtig: 1, 3, 4

5d 1. ..., wenn sie zur Arbeit fährt. 2. ..., benutzt sie die Straßenbahn. Sie benutzt die Straßenbahn, wenn sie in der Stadt einkaufen will. 3. ..., benutzt sie das Fahrrad. Sie benutzt das Fahrrad, wenn sie in ihrem Ort einkauft.

6 2. ..., deshalb steht das Auto in der Garage. 3. ..., deshalb macht sie Sport. 4. ..., deshalb braucht er ein Auto. 5. ..., deshalb arbeitet seine Frau auch.

7   2. Als Monika Michael abholen wollte, hat es geregnet. Es hat geregnet, als Monika Michael abholen wollte. 3. Als es Viertel nach fünf war, ist Hosni endlich gekommen. Hosni ist endlich gekommen, als es Viertel nach fünf war. 4. Als Tom gerade losfahren wollte, hat Helgi angerufen. Helgi hat angerufen, als Tom gerade losfahren wollte. 5. Als Paul mit der Arbeit fertig war, sind wir zusammen ins Kino gegangen. Wir sind zusammen ins Kino gegangen, als Paul mit der Arbeit fertig war. 6. Als Dagmar in Hamburg war, hat sie Amir besucht. Dagmar hat Amir besucht, als sie in Hamburg war.

9   1. unten links 2. links oben 3. oben Mitte 4. rechts 5. unten Mitte

12 16a/c – 17b – 18a – 19b – 20b/c – 21c – 22a/c

13 1a – 2c – 3e – 4f – 5d – 6b

14 parkenden – markierte – unbeschrankter – vorgeschriebene – verengte

KAPITEL 23

2a Beschreibung 2

4   1. Am meisten benutzen die Deutschen das Fernsehen. 2. Die Deutschen sitzen jeden Tag 205 Minuten vor dem Fernseher. 3. Sie lesen länger Zeitung als Bücher. 4. Video sehen sie weniger als Fernsehen. 5. Ein Buch lesen sie laut Statistik 18 Minuten pro Tag. 6. Zeitschriften sind weniger interessant als das Internet.

6a 1c – 2f – 3b – 4d – 5a – 6e

6b Im Nebensatz mit *um ... zu* gibt es kein Subjekt. Sätze mit *damit* brauchen ein finites Verb (kann), Sätze mit *um ... zu* einen Infinitiv (schreiben).

9a Sat 1 – 3sat – Mitteldeutscher Rundfunk – Pro Sieben – ZDF – Vox – ARD – Arte – RTL

13a Die Geschichte des Fernsehens in Deutschland

13b 2 – 1 – 3

13c 1d – 2e – 3b – 4a – 5c

13d

1. regelm. Programm	1. Livesendung	3-stündiges Programm	Start des DDR-Fernsehens
1935	1936	1952	1956
über 1 Mio. Fernsehgeräte	3 Mio. Fernsehgeräte	2. Programm (ZDF)	10 Mio. Fernsehgeräte
1957	1960	1963	1964
Farbfernsehen	Privatfernsehen	Satelliten- u. Kabelfernsehen	
1967	80er-Jahre	heute	

14b 2 wurde ... ausgestrahlt – wurde ... eingerichtet – wurde ... gesendet
    3 wurden ... kontrolliert und zensiert – Wurde ... bestimmt

KAPITEL 24

1   1A – 2D – 3E – 4F – 5C – 6H – 7G – 8B

2   1. 4 – 2. 6 – 3. 3 – 4. 2

6b 1B – 2A – 3B – 4A – 5A

7   1. Ich frage nach den Essgewohnheiten, bevor ich das Menü zusammenstelle. 2. Es muss alles fertig sein, bevor ich mich umziehe. 3. Ich mache mich schick, bevor ich zu einer Abendeinladung gehe. 4. Sie legen eine CD ein, bevor die Gäste kommen.

8   1. Sie warten, bis die Gäste kommen. 2. Es dauert noch zehn Minuten, bis das Essen fertig ist. 3. Wir sitzen auf dem Balkon, bis es dunkel wird. 4. Ich warte mit dem Essen, bis alle am Tisch sitzen.

14 1B – 2D – 3A – 4C – 5C – 6A

15a Silke Paulsen: B – Ron Winter: C – Kirsten Bock: A – Rainer Stauch: D

15b Silke Paulsen widerspricht Aussage B. Sie sagt, dass sich bei ihr im Büro alle duzen. – Ron Winter stimmt Aussage C zu. Er sagt, dass das im Prinzip schon so ist. – Kirsten Bock widerspricht Aussage A. Sie sagt, dass von Gleichberechtigung keine Rede sein kann. – Rainer Stauch stimmt Aussage D zu. Er sagt, dass das heute zum "guten Ton" gehört.

16 A das Wissen – das Neue B alle Erwachsenen – das Siezen – das Duzen C das Tragen – das Schmutzige und Unordentliche D das Wiederverwerten – das Wegwerfen – das Sortieren – das Trennen

RASTSTÄTTE 8

5   2 – 6 – 4 – 8 – 3

6a 5 1 4

6b 1 Gedächtniskirche 2 Siegessäule 3 Schloss Bellevue 4 Kongresshalle 5 Reichstag 6 Brandenburger Tor 7 Unter den Linden 8 Deutsche Staatsoper 9 Alexanderplatz

Lösungen zum Arbeitsbuchteil (S. 152–243)

KAPITEL 13

1. 1a/d muss – 2e kannst – 3f Mögt – 4a/b wollen – 5a/b möchte – 6c dürft

2. 2. mein Bruder 3. mein Opa 4. mein Onkel 5. meine Nichte 6. mein Neffe

3. vorne – Mann – sympathisch – wann – getroffen – Hochzeit – Tante – geschieden – liebsten – Verwandten – Schwager

5. 2. du – mich – du 3. euch – ihr – uns 4. Ich – sie 5. du – mich – Ich – dich 6. Ich – euch – ihr – euch – du – uns 7. ihr – uns

6. 2. Wir haben uns gestern gestritten. 3. Carmen hat sich in Tim verliebt. 4. Er hat sich über den Film geärgert. 5. Amüsieren Sie sich auf Partys? 6. Wir treffen uns selten mit unseren Eltern. 7. Hast du dich bei dem Fest gut unterhalten?

7. rasiert sich – ziehe mich – Schminkst dich – freuen sich

8. 1b/g – 2e – 3h – 4g – 5a/g – 6c – 7d – 8f

9. 1. Ich kann schon ein bisschen Deutsch sprechen. 2. Sie dürfen hier nicht parken. 3. Musst du am Sonntag arbeiten? / Nein, ich kann ausschlafen. 4. Könnt ihr uns bitte helfen? / Wir wollen einen Brief auf Deutsch schreiben. 5. Helgi will am Wochenende Leopold besuchen.

10. 2. wollten 3. durfte 4. wollte – musste 5. Durftest 6. konnte 7. konnte 8. konnte

11. Meinestadt, 20. Juli 200X
Liebe Kathrin,
vielen Dank für deine Einladung. Ich habe mich sehr gefreut und komme auch gern. Leider muss ich am Samstag bis um sieben arbeiten. Ich kann also erst um acht Uhr bei euch sein. Ist das o. k.?
Deine Nadine

12a. Familiengröße – die Arbeit der Mutter – Familientreffen – Leben in einer großen Familie

12b. 2. Ich habe acht Geschwister. 3. Meine Mutter hat die Hausarbeit gemacht. Die Töchter haben manchmal geholfen. 4. Ich bin berufstätig. Meine Mutter hatte keinen Beruf. 5. Sie haben alle Kinder. 6. Wir treffen uns einmal im Jahr.

KAPITEL 14

1. 1b und – 2a aber – 3d denn – 4f aber – 5e denn – 6c und

2. links oben: Alles Gute zur Hochzeit! – rechts oben: Herzlichen Glückwunsch zum Geburtstag! – links unten: Frohe Ostern! – rechts unten: Frohe Weihnachten!

3. 1. Hochzeit – Braut – Brautkleid – Anzug 2. Weihnachten – Kinder – Wünsche – Überraschungen 3. Hochzeit – Verwandten – Freunden

4. 2. einladen – treffen 3. heiraten – einladen – treffen 4. kaufen – kochen – machen – (essen) 5. feiern – machen 6. kaufen – machen 7. singen 8. kaufen – machen – spielen

5. Richtig: 1, 2, 4, 6, 7, 9

6a. 2. Mein Sohn kann nicht am Unterricht teilnehmen, weil er einen Termin beim Zahnarzt <u>hat</u>. 3. Ich kann nicht zu deiner Geburtstagsparty kommen, weil ich am Samstag <u>arbeiten muss</u>. 4. Erkan kommt später zu dir, weil er die Straßenbahn <u>verpasst hat</u>. 5. Ich habe die Hausaufgaben nicht gemacht, weil ich keine Lust <u>hatte</u>. 6. Birsen und Helgi haben eine Fünf im Test geschrieben, weil sie nicht <u>gelernt haben</u>. 7. Tom sucht eine neue Wohnung, weil die alte Wohnung zu klein <u>ist</u>. 8. Svetlana arbeitet in Minden, weil sie in Bielefeld keine Arbeit <u>gefunden hat</u>. 9. Theo fährt nach Bremen, weil seine Tochter Geburtstag <u>hat</u>. 10. Christiane fährt jeden Tag Fahrrad, weil es gesund <u>ist</u>.

6b. 2. … denn er <u>hat</u> einen Termin beim Zahnarzt. 3. … denn ich <u>muss</u> am Samstag arbeiten. 4. … denn er <u>hat</u> die Straßenbahn <u>verpasst</u>. 5. … denn ich hatte keine Lust. 6. … denn sie <u>haben</u> nicht gelernt. 7. … denn die alte Wohnung <u>ist</u> zu klein. 8. … denn sie <u>hat</u> in Bielefeld keine Arbeit gefunden. 9. … denn seine Tochter <u>hat</u> Geburtstag. 10. … denn es <u>ist</u> gesund.

8. 2. Wir schenken ihr zu Ostern nichts. 3. Ich schenke meiner Tochter zum Geburtstag ein Fahrrad. 4. Peter schenkt Verena zum Hochzeitstag eine Reise nach Berlin. 5. Ich schenke dir zur bestandenen Prüfung ein Wochenende im Harz.

9. 1. Ich wünsche mir zu Weihnachten Parfüm. 2. Wir wünschen uns zur Hochzeit Geschirr und Gläser. 3. Unsere Kinder wünschen sich zu Ostern Schokolade. 4. Mein Freund wünscht sich zu Weihnachten einen Computer. 5. Angelika wünscht sich zur Hochzeit einen Fotoapparat.

10a. 1. Frau Füllemann hat vier Kinder. 2. Die Kinder sind zwischen 13 und 21 Jahre alt. 3. Frau Füllemann macht Geschenke zu Weihnachten und Geburtstagen. Frau Füllemann wünscht sich meistens Bücher und CDs.

11. 1. 31.3. – 2. 21.6. – 3. 22.12. – 4. 3.10. – 5. 11.11. um 11 Uhr 11

KAPITEL 15

1. 1. Von – zur – mit dem 2. seit einem 3. beim 4. zu 5. nach dem – zu 6. aus der – aus den 7. nach der 8. mit dem 9. zum 10. Seit der

2. 1 das Regal 2 das Sofa 3 der Sessel 4 der Tisch 5 der Vorhang 6 das Bild 7 der Stuhl 8 die Lampe 9 die Kaffeemaschine 10 der Kochtopf 11 die Waschmaschine 12 der Herd

3. und – neue – ich – eingezogen – renovieren – und – nächste – Mein – und – schön – meine – die – und – ich – Fenster – habe – viel – Lernen – den – ich – hoffentlich – Computer – rechten – ein – ins – ich – und – paar – Zuerst – gar – auf – legen – will – Vermieterin – Teppich – sagt – die – laut – Teppich – Boden – Tom – Waschmaschine – natürlich – wir – die – Vielleicht – später

4. auf – neben – neben – vor – vor – auf – neben

5. 2. Auf dem Tisch steht eine Vase. 3. In der Vase sind Blumen. 4. Die Zeitschriften liegen neben der Vase. 5. An der Wand hängt ein Bild. 6. Das Regal hat er links hingestellt. 7. Die alte Uhr hat er über die Tür an die Wand gehängt. 8. Sein Hund Max liegt unter dem Tisch.

6   2. kalt 3. klein 4. weit 5. teuer 6. ungemütlich 7. hell 8. altmodisch 9. hässlich 10. praktisch 11. verheiratet 12. unsympathisch

7   2. Die Wohnung ist ziemlich voll, weil ich viele Möbel habe. 3. Meine Lieblingsfarbe ist Weiß, aber ich mag auch Blau und Grün. 4. Mein liebstes Möbelstück ist mein Sessel. Ich habe ihn vom Flohmarkt. 5. Ich habe kein Bett, aber eine Couch. Nachts ist sie ein Bett. 6. Am liebsten bin ich in der Küche, da frühstücke ich auch immer. 7. Ich habe keine Badewanne, aber meine Dusche ist sehr gut. 8. Ich brauche keine Waschmaschine, weil es Waschmaschinen im Keller gibt.

8   2. Wenn ich Geburtstag habe, lade ich euch alle ein. 3. Wenn wir die Prüfung bestanden haben, machen wir ein Fest. 4. Wenn ich einen Sessel finde, kaufe ich ihn sofort. 5. Wenn Sie einen Teppich auf den Boden legen, höre ich die Schritte nicht. 6. Wenn du den Schreibtisch unter das Fenster stellst, hast du mehr Licht. 7. Wenn Sie eine Wohnung mieten, müssen Sie den Mietvertrag genau lesen. 8. Wenn dir das Bild gefällt, kannst du es behalten.

9   1. Er putzt meine Wohnung, wenn ich nicht zu Hause bin. 2. Die Küche ist sauber, wenn ich nach Hause komme. 3. Du bist böse, weil du im Haushalt arbeiten musst. 4. Ich komme morgen spät nach Hause, weil ich noch in die Stadt muss. 5. Er will ein Bett kaufen, wenn er Geld hat. 6. Ich besuche sie am Sonntag, wenn ich Zeit habe. 7. Ich muss einen Teppich haben, weil man sonst die Schritte hört. 8. Er kann bald einziehen, weil er die alte Wohnung schon gekündigt hat.

10a 1a – 2c

10b 2. Magda Malewitsch sucht eine möblierte Wohnung. 3. Magda Malewitsch kann die Waschmaschine benutzen. 4. Magda muss Geschirr und Besteck kaufen.

11 1. Der Teppich ist zu kurz, er passt nicht in den Flur. 2. Wir können nicht sofort einziehen, wir müssen zuerst renovieren. 3. Darfst du auch den Fußboden streichen? 4. Tom sitzt am liebsten auf dem Sofa.

12 links (von oben nach unten): 10 – 9 – 3 – 11 – 12 – 1
    rechts (von oben nach unten): 5 – 6 – 2 – 7 – 8 – 4

TESTTRAINING 5

Hören Teil 1:   1. 3. März – 12 2. nächsten Samstag 3. 05 21 / 67 89 00. 4. Tante 5. 3-Zimmer-Wohnung
Lesen Teil 1:   1a – 2c – 3b – 4a – 5b
Schreiben Teil 1: Empfänger: Bettenhaus Obermeyer – Bank des Empfängers: Berliner Bank 100 200 00
                  Betrag: 325 Euro
                  Kontonummer des Empfängers: 67345667
                  Verwendungszweck: Rechnung Nr. 34/10/04

KAPITEL 16

1   2. nimmt 3. verlässt 4. fährt 5. steigt ... um 6. kommt ... an 7. zieht ... ein 8. packt ... aus 9. trägt 10. trifft 11. helfen 12. essen

2   1. In Deutschland kommen die Kinder mit sechs Jahren in die Grundschule. 2. Man geht meistens nur vormittags in die Schule. 3. Es gibt nur wenige Ganztagsschulen. 4. Nach der 4. Klasse kann man das Gymnasium besuchen. 5. Man kann nach einem Realschulabschluss eine Ausbildung im Betrieb machen. 6. Wenn man die Universität besuchen möchte, braucht man das Abitur. 7. Es gibt für Erwachsene viele Weiterbildungsmöglichkeiten. 8. Wer schon einen Beruf hat, kann an Abendschulen weiterlernen.

3   2. Sie sagt, dass sie später Säuglingsschwester werden möchte. 3. Sie hofft, dass sie einen Ausbildungsplatz bekommt. 4. Sie sagt, dass man zuerst ein Praktikum machen muss. 5. Maria Kempowska sagt, dass sie auf einem Gymnasium war. 6. Sie findet, dass Englisch und Französisch Spaß machen. 7. Sie findet, dass Sprachen heute sehr wichtig sind. 8. Sie hofft, dass sie einen Arbeitsplatz als Europasekretärin bekommt. 9. Rolf Becker findet, dass man heute Abitur machen muss. 10. Er sagt, dass er nach der Schule gejobbt hat. 11. Er findet, dass die Bundeswehr wichtig ist. 12. Er hofft, dass er jedes Jahr vier Wochen Urlaub machen kann.

4   Satzakzente auf: 1. Offi_zier_ 2. _Malerlehre_ – _Betrieb_
    3. _Schwesternschülerin_ – _Säuglingsschwester_

5   1. Schule – Schreinerlehre – Zivildienst – zwei Jahren – Kollegschule – Abitur – Notendurchschnitt – Medizin
    2. seit zwei Monaten – Lkw-Fahrer – Deutsch – Taxischein – Geld – später

6
Ausbildung	Beruf
Abitur – Aufnahmeprüfung – Grundschule – Hausaufgaben – Lehre – Lehrer – Notendurchschnitt – Schulabschluss – Schultüte – Sprachen lernen – Tests	Arbeitszeit – Gehalt – Gehaltsabrechnung – Gleitzeit – Jahresurlaub – Personalbüro – Stundenlohn – Überstunden – Weiterbildung – Wochenendarbeit – Zeitarbeitsfirma

7   2. Er wird mit vielen Menschen Kontakt haben. 3. Er wird jeden Morgen um 7 Uhr 30 anfangen. 4. Sein Gehalt wird nicht schlecht sein. 5. Er wird keine Wochenendarbeit machen. 6. Er wird nachmittags um vier Uhr aufhören. 7. Er wird mit dem Fahrrad zur Arbeit fahren. 8. Er wird sechs Wochen Urlaub im Jahr haben. 9. Seine Frau wird auch an einer Weiterbildung teilnehmen. 10. Sie wird einen Computerkurs machen.

8   1. Peter Schulze sagt, dass er eine Umschulung im Krankenhaus macht / machen wird / gemacht hat. 2. Er sagt, dass er mit vielen Menschen Kontakt hat / haben wird / gehabt hat. 3. Er sagt, dass er jeden Morgen um 7 Uhr 30 anfängt / anfangen wird / angefangen hat. 4. Er sagt, dass sein Gehalt nicht schlecht ist / sein wird / gewesen ist. 5. Er sagt, dass er keine Wochenendarbeit macht / machen wird / gemacht hat. 6. Er sagt, dass er nachmittags um vier Uhr aufhört / aufhören wird / aufgehört hat. 7. Er sagt, dass er mit dem Fahrrad zur Arbeit fährt / fahren wird / gefahren ist. 8. Er sagt, dass er sechs Wochen Urlaub im Jahr hat / haben wird / gehabt hat. 9. Er sagt, dass seine Frau auch an einer Weiterbildung teilnimmt / teilnehmen wird / teilgenommen hat. 10. Er sagt, dass sie einen Computerkurs macht / machen wird / gemacht hat.

9   1. ... seinen Realschulabschluss. 2. In zwei Jahren wird er mit der Ausbildung fertig sein. 3. Herr Boll muss mittwochs immer Überstunden machen. 4. Die Kollegen aus der Buchhaltung treffen sich heute Abend. 5. Das Wochenende beginnt morgen. 6. Montags hat die Stadtbücherei immer geschlossen. 7. Klaus macht seit zwei Wochen einen Kochkurs. Jetzt schmeckt die Pizza richtig gut.

10a 8, 5, 6, 7, 4, 2, 1, 3

11 1. Abitur – Zivildienst 2. mittleren Reife – Jahr 3. Hauptschulabschluss – Lehrstelle

12 D – B – C – A

KAPITEL 17

1. unsere – unser – seiner – eure – unsere – eure – unserem – deiner – ihre – mein – ihre – deiner – Deinen – unsere – unser – mein – Dein – deine – deine – ihre – eurem

2. 1. das Jackett, -s – der Anzug, ¨-e – die ~~Krawatte~~, -n – der Mantel,
   2. der Handschuh, -e – der Schal, -s – die Mütze, -n – der ~~Badeanzug~~, ¨-e
   3. die Jeans, - – die Hose, -n – die Strumpfhose, -n – die ~~Bluse~~, -n
   4. die Armbanduhr, -en – das ~~Unterhemd~~, -en – die Brille, -n – der Gürtel, -
   5. das Kleid, -er – das ~~Hemd~~, -en – die Bluse, -n – der Rock, ¨-e

3a. Im Kasten: jung, schön, grau – lila, beige – praktisch – schnell, klein – orange, kaputt, alt, braun – konservativ – sauber, interessant – kalt, teuer, billig – lang/langsam, dick – gelb, weit, rot – groß, blau – kostenlos, warm – grün, schwarz, schlank

   1. interessant, schön, klein/groß, teuer/billig, lang, groß
   2. konservativ, schön, interessant, alt, jung, schlank, dick
   3. kostenlos 4. praktisch 5. schön, interessant, jung (alt), schlank (dick)
   6. kaputt 7. sauber, klein 8. billig
   9. teuer 10. klein

3b. grau, lila, beige, orange, braun, gelb, rot, blau, grün, schwarz

5.

	Nominativ Das ist/sind ...	Akkusativ Er möchte ...	Dativ Er träumt von ...
Maskulinum der Pullover	(k)ein neuer Pullover	(k)einen neuen Pullover	(k)einem neuen Pullover
Neutrum das Kleid	(k)ein neues Kleid	(k)ein neues Kleid	(k)einem neuen Kleid
Femininum die Hose	(k)eine neue Hose	(k)eine neue Hose	(k)einer neuen Hose
Plural die Schuhe	keine neuen Schuhe	keine neuen Schuhe	keinen neuen Schuhen

6a. (1) blaue – schwarzen – schwarzes – gelben – liebe – gelben – schwarzes – gelbe (2) roten (Pl.; oder auch Sg. = rote) – weißen – weißen – neue – graue – leichten – starke (3) neues – grünes – schicken – neuen – blauen – alten – buntes – rote

6b. 2. Was für ein Jacket möchte er anziehen? Ein schwarzes. 3. Was für Krawatten mag seine Frau nicht? Gelbe. 4. Was für eine Jeans zieht Frau Schuhmann an? Ihre roten (Pl.; oder auch Sg. = rote). 5. Was für einen Schal trägt sie? Einen leichten. 6. Was will Lisa nicht anziehen? Ihr neues grünes Kleid.

7.

	Nominativ Das ist/sind ...	Akkusativ Er möchte ...	Dativ Er träumt von ...
Maskulinum der Pullover	der neue Pullover	den neuen Pullover	dem neuen Pullover
Neutrum das Kleid	das neue Kleid	das neue Kleid	dem neuen Kleid
Femininum die Hose	die neue Hose	die neue Hose	der neuen Hose
Plural die Schuhe	die neuen Schuhe	die neuen Schuhe	den neuen Schuhen

8. 1. Welcher – der blaue – der grüne 2. Welchen – den roten – den weißen 3. welchem – dem roten – dem weißen 4. Welches – das gestreifte – das einfarbige 5. Welches – das gestreifte – das einfarbige 6. welchem – dem gestreiften – dem einfarbigen 7. Welche – die helle – die schwarze 8. Welche – die helle – die schwarze 9. welcher – der hellen – der schwarzen 10. Welche – die braunen – die schwarzen 11. Welche – die braunen – die schwarzen 12. welchen – den braunen – den schwarzen

9. 1. karierte – hellen – dunklen 2. warmen – dicken 3. gelben – hellblauen 4. jüngere – gebrauchten

10. Person A hat: ... einen dicken Bauch und lange Haare.
    Person B hat: eine kleine Nase, einen großen Mund, einen schlanken Bauch und kurze Haare.

12. Supermarkt – Meine – Ich – Strümpfe

13. 1c – 2b, c – 3a, c

KAPITEL 18

1. 2. Passt/Pass auf den neuen Fotoapparat auf. 3. Vergesst/Vergiss nicht den neuen Badeanzug. 4. Ruft/Ruf Peter zu Hause an. 5. Schreibt/Schreib den Großeltern eine Postkarte. 6. Kinder, steht nicht so spät auf. 7. Peter, trink nicht zu viel Wein.

2. 2. Hoffentlich haben sie auf den neuen Fotoapparat aufgepasst.
   3. Hoffentlich haben sie den neuen Badeanzug nicht vergessen.
   4. Hoffentlich haben sie Peter zu Hause angerufen.
   5. Hoffentlich haben sie den Großeltern eine Postkarte geschrieben.
   6. Hoffentlich stehen die Kinder nicht so spät auf.
   7. Hoffentlich trinkt Peter nicht zu viel Wein.

3. 10.3–28.3.

4. A: Über den Wolken (Text 1) – B: Von Passau nach Wien am Fluss entlang (Text 3)

5. Beispiel:
   Winter: Februar, kalt, Mütze, dunkel, Schnee, schneien, Eis, keine Blätter, weiß, glatt
   Frühling: gemischt, grün, Wolke, sonnig, Mai
   Sommer: es blitzt und donnert, viele Blumen, schwitzen, Badeanzug, heiß, Sonne, 32°C
   Herbst: bunte Blätter, Nebel, grau, regnen, neblig, Wind, windig, stürmisch, September, regnerisch, Sturm, Regenschirm, nass, Gewitter

6a. Wetterbericht 2

6b. 1. Sonne 2. minus 6 Grad 3. wenige Wolken 4. Nebel 5. kräftiger Wind

7. (1) Lie<u>be</u> – Gr<u>üße</u> – <u>es</u> – h<u>ei</u>ß – <u>blau</u> – <u>H</u>otel – sch<u>ön</u> – <u>T</u>ag
   (2) Lieb<u>er</u> – <u>en</u>dlich – <u>U</u>rlaub – St<u>un</u>den – schl<u>afen</u> – l<u>ie</u>gen – K<u>in</u>der – <u>T</u>ag – s<u>u</u>p<u>er</u> – e<u>ur</u>en

9. 1B – 2D – 3B/C – 4A

10. 1c – 2a

11. 1b – 2a – 3b – 4a – 5c – 6c

12. 2a – 3d – 4f – 5c – 6h – 7e – 8b

TESTTRAINING 6

Hören Teil 2: 1b – 2b – 3a – 4c – 5a
Lesen Teil 2:   6 falsch – 7 falsch – 8 richtig – 9 richtig – 10 falsch
Schreiben Teil 2, Beispiel:

> Liebe Familie Grabowski,
> ich habe am 26.11. einen anderen Termin und bin gegen 18 Uhr wieder zu Hause. Aber ich komme gern. Wie lange geht die Feier? Mein Mann / Meine Frau kommt auch gerne, aber die Kinder wahrscheinlich nicht.
> Liebe Grüße, …

KAPITEL 19

1 Beispiele:
   Dialog 1:
   ● Kommst du mit ins Kino?
   ○ Wie heißt denn der Film?
   ● "Amelie".
   ○ Wann kommt er?
   ● Heute um 20 Uhr.
   ○ Und wann ist er zu Ende?
   ● Ungefähr um 22 Uhr.
   ○ Oh, tut mir leid, das geht nicht. Da habe ich keinen Babysitter.
   ● Schade. Vielleicht morgen?
   ○ Ja, morgen passt es mir sehr gut.

   Dialog 2:
   ● Kommst du am Wochenende mit ins Schwimmbad?
   ○ Schwimmen? Ich möchte eigentlich lieber Rad fahren.
   ● Das finde ich auch gut. Wann denn?
   ○ Am Samstag, um 8 Uhr.
   ● Also, das ist mir zu früh. Am Samstag möchte ich nämlich gerne ausschlafen.
   ○ Gut, dann vielleicht um 10 Uhr?
   ● O. k. Und wohin fahren wir?
   ○ Ich möchte zum Badesee.
   ● Und wie lange möchtest du da bleiben?
   ○ Ich möchte um 5 Uhr wieder zurück sein.

2 and<u>ere</u> – gega<u>ngen</u> – ha<u>be</u> – Näh<u>kurs</u> – u<u>nd</u> – Koch<u>kurs</u> – ha<u>be</u> – v<u>iele</u> – ke<u>nnen</u> – a<u>uch</u> – e<u>inige</u> – he<u>ute</u> – bes<u>ten</u> – näch<u>sten</u> – wi<u>ll</u> de<u>n</u> – <u>auf</u> – Spiel<u>platz</u> – spie<u>lt</u> – i<u>ch</u> – <u>auf</u> – Ba<u>nk</u> – scha<u>ue</u> – Alle – unter<u>halten</u> – Ich – Zeit<u>ung</u> – hö<u>re</u> – <u>und</u> – tre<u>ffe</u> – m<u>ich</u> – m<u>it</u> – W<u>ir</u> – et<u>was</u> – E<u>ssen</u> – Tri<u>nken</u> – u<u>nd</u> – m<u>it</u> – Kinde<u>rn</u>

3a nur Personen: man, jemand, niemand
    nur Sachen: etwas, nichts
    Personen oder Sachen: einige (Pl.), alle (Pl.), viele (Pl.)

3b 1. etwas – nichts 2. jemand – niemand – jemand 3. alle – einige/alle 4. Man 5. viele (einige) – einige 6. Man 7. einige

4a
	Singular	Plural
Akkusativ	-en	-e
Dativ	-em	-en

4b 2. viele 3. vielen 4. einige 5. einigen 6. jemandem 7. niemanden 8. niemandem 9. jemandem 10. niemanden

5 ○ Nein, das ist nicht meins. Das gehört Helgi.
   ○ Ja, das ist ihre.
   ○ Nein, unsers ist doch rot.
   ○ Ich hab zurzeit keins. Ich hab meins verloren.
   ○ Ich glaube, das ist meiner.
   ○ Vielleicht war das meins.
   ○ Ja, das ist meins.

6 2. arbeitet … bei 3. beginnen … mit 4. mit … sprechen 5. passt … zu 6. hoffen auf 7. sprechen … über 8. mit … sprechen

7 2. mich über … geärgert 3. mich bei … bedanken. 4. mich um … kümmern 5. Freust … dich … auf 6. engagieren sich für 7. uns bei … bedanken 8. mich … um … kümmern 9. Interessierst … für

8 Beispiel:
   Liebe Frau …
   ich kann leider heute Nachmittag nicht zum Picknick in den Park kommen, weil mein Sohn Fieber bekommen hat. Ich muss mit ihm zum Arzt, aber ich melde mich nach dem Arztbesuch noch einmal bei Ihnen.
   Liebe Grüße,
   …

9 1. (17) – 2. (14) – 3. (4), (7), (13), (17), (18) – 4. (7) – 5. (12) – 6. (4) – 7. (8) – 8. (1), (2), (5)

KAPITEL 20

1 1 ÜBERSTUNDEN 2 BRUTTO 3 CHEF 4 FORMULAR 5 STELLE 6 VERDIENEN 7 WOCHENENDE 8 FIRMA 9 CHEFIN 10 ARBEITSZEIT 11 CHANCE 12 VERBINDEN 13 KOLLEGE 14 AUFHÖREN; Senkrecht: STELLENANZEIGE

2a Dialog 1: 1 – 3 – 5 – 4 – 2   Dialog 2: 5 – 3 – 1 – 2 – 4

2b Dialog 1: Abb. F   Dialog 2: Abb. B

3 1. in einem – an der 2. Auf dem 3. in der – von einem 4. in einer 5. bei einer 6. in einer – in der – bei einer – an der

4 1. austragen, lesen, kaufen, suchen, finden, verteilen
   2. lesen, suchen, finden, schreiben, lesen
   3. schreiben, lesen
   4. arbeiten, jobben 5. suchen, finden 6. gehen
   7. arbeiten, jobben

5 2. Der Arzt sagt, dass ich mich ins Bett legen soll. 3. Der Chef sagt, dass ich zu ihm kommen soll. 4. Der Chef sagt, dass ich ihn anrufen soll. 5. Meine Frau sagt, dass ich ihr helfen soll. 6. Mein Kollege sagt, dass ich zu ihm kommen soll. 7. Paul sagt, dass ich ihn heiraten soll. 8. Petra sagt, dass ich mir eine andere suchen soll.

6 2. Wie viel verdient man pro Stunde?
   3. Wie ist die Arbeitszeit?
   4. Muss ich am Wochenende arbeiten?
   5. Wie viel Urlaub habe ich?
   6. Wann kann ich anfangen?

7a 2. Die Firma hat jetzt Pleite gemacht. Die Firma / Sie war erst drei Jahre alt. 3. Ich habe jetzt einen Job. Ich mag ihn / den Job sehr. 4. Das ist die Frau aus dem Kegelclub. Sie / Die Frau arbeitet bei DaimlerChrysler. 5. Ich suche den Herrn. Er / Der Herr ist für die Bewerbungen zuständig.

7b 2. Schreiner ist ein kreativer Beruf, der viel Spaß machen kann. 3. "job.de" ist eine Homepage, die neue Arbeitsstellen anbietet. 4. Herr Kunert ist ein Abteilungsleiter, den ich sehr kompetent finde. 5. Ich habe einen neuen Kollegen, den ich sehr nett finde. 6. Helgi hat einen neuen Freund, den ich schon seit zwei Jahren kenne. / Helgi, die ich schon seit zwei Jahren kenne, hat einen neuen Freund.

8 1. Eine Volkshochschule ist eine Schule, die Kurse für Erwachsene anbietet. 2. Eine Bankkauffrau ist eine Frau, die in einer Bank arbeitet. 3. Das Rote Kreuz ist ein Verein, der Menschen in Not hilft. 4. Ein Mountainbike ist ein Fahrrad, das im Wald fahren kann. 5. Ein Nachtportier ist eine Person, die nachts im Hotel an der Rezeption arbeitet.

9 Beispiele:
Ein Führerschein ist ein Schein, den man braucht man, wenn man Auto fahren will. Einen Lebenslauf schreibt man, wenn man sich bewirbt. Wochenenddienst ist Dienst am Wochenende. Eine Verkäuferin ist eine Frau, die etwas verkauft. Das Arbeitsamt ist ein Amt, das Arbeit vermittelt. Ein Toaster ist ein Gerät, mit dem man Brot toastet. Ein Flaschenöffner ist ein Gerät, mit dem man Flaschen öffnet. Mit einem Korkenzieher kann man Korken aus der Flasche ziehen. Mit einem Dosenöffner öffnet man Dosen. Einen Schraubenzieher braucht man, um Schrauben loszuschrauben oder festzuziehen.

10b Aushilfsarbeit — eine Aushilfsarbeit machen
Bewerbung und Unterlagen — Bewerbungsunterlagen
die Bewerbungsunterlagen abschicken

11a Stelle Nr. 4

11b Richtig: 3, 4

12 1f – 2g – 3d – 4c – 5a – 6e – 7b

KAPITEL 21

1 2. groß – mehr 3. lieber 4. teurer 5. besser – schöner

2 die Bundesrepublik, das Bundesland, der Bundestag, der Bundesminister, die Bundestagswahl, der Bundespräsident, die Bundesregierung, die Bundeshauptstadt, die Bundestagswahl, der Landtag, die Landtagswahl, der Landtagspräsident, der Regierungspräsident, der Ministerpräsident, der Wahltag, die Hauptstadt

3 1f – 2a – 3g – 4j – 5c – 6h – 7e – 8i – 9d – 10b

4 1. A [-] B [+] 2. A [+] B [?] 3. A [+] B [-] 4. A [-] B [+] 5. A [-/?] B [-] 6. A [+] B [-] 7. A [?] B [?] 8. A [+] B [?]

5 Beispiele:
2. Wenn ich reich wäre, dann würde ich genauso viel arbeiten. 3. Das Leben könnte so schön sein, wenn nicht alle so dumm wären. 4. Ich hätte gern einen Ferrari, dann könnte ich meinen Nachbarn ärgern. 5. Ich hätte gern einen interessanteren Job, aber dafür müsste ich eine Weiterbildung machen. 6. Alle Menschen könnten genug zum Leben haben, wenn einige weniger hätten. 7. Wenn ich Arzt wäre, dann würde ich mich selbständig machen. 8. Man könnte viel besser leben, wenn die Wohnungen billiger wären. 9. In Deutschland müsste das Wetter manchmal etwas schöner sein.

6 2. Hättest du einen Moment Zeit für mich?
3. Könntest du mir helfen?
4. Dürfte ich dich etwas fragen?
5. Hätten Sie morgen früh Zeit?
6. Könntet ihr morgen zu mir kommen?

8 hatte/hätte – wurde/würde – Tag/täglich – genug/genügend – Punkt/pünktlich – schon/schön – offen/öffnen – Norden/nördlich

9b wäre – wäre – würd(e) – käm(e) – würd(e) – Würd(e) – wär(e) – Würd(e) – wär(e) – würd(e) – würde – Würd(e) – gäb(e) – würd(e) – gäb(e) – hätte – wäre – wär(e)

9c Wenn Rio Reiser König von Deutschland wäre, dann …
2. (käme er viel rum und) würde er nach USA reisen.
3. würde er Ronny mal wie Waldi in die Waden beißen.
4. würde er die Krone täglich wechseln.
5. würde er zweimal baden.
6. würde er die Lottozahlen eine Woche vorher sagen.

10a 2. Lisa 3. Anna 4. Tukur 5. Waldemar, Lisa 6. Tukur 7. Bekaan

TESTTRAINING 7

Hören Teil 3: 1b – 2a – 3f – 4h – 5i

Lesen Teil 3: 6e – 7X – 8d – 9c – 10h

Schreiben Teil 2, Beispiel:

> Sehr geehrte Frau Mausner,
> zunächst wünsche ich Herrn Schuhmann gute Besserung! Außerdem möchte ich Ihnen mitteilen, dass ich gerne am Ausflug teilnehmen möchte, aber ich muss schon gegen 18 Uhr wieder zu Hause sein. Deshalb kann ich leider nicht mit essen gehen. Kann mein Sohn zu dem Ausflug mitkommen?
> Mit freundlichen Grüßen
> …

Sprechen Teil 3: Mittwoch: Tag und Samstag: Abend

KAPITEL 22

1. 1. eine junge – flexible – unsere – einen – modernen – einem – erfahrenen 2. meine – neuwertige 3. eine – moderne – praktische – preiswerte – kleinen 4. ein stabiles – ein blauer 5. meinen – neuwertigen – schwarze

2. Letzte Woche war mein Auto kaputt und ich musste mit der Straßenbahn zur Arbeit fahren. Das war kompliziert. Ich bin noch nie mit der Straßenbahn gefahren. Am Abend habe ich den Fahrplan angesehen und wollte eine Fahrkarte kaufen. Ich hatte keine Münzen und der Automat hat keine Geldscheine angenommen. Am nächsten Morgen habe ich den Fahrschein gekauft und bin in die Linie 3 eingestiegen. Leider habe ich keinen Sitzplatz bekommen. Am Rathaus bin ich umgestiegen und dann bin ich bis zum Bahnhof gefahren. Vom Bahnhof bin ich mit dem Bus in die Firma gefahren. Ich bin das erste Mal in meinem Leben zu spät gekommen!

3. aussteigen – einsteigen – Fahrkarte – Führerschein – Monatskarte – Motorrad – Parkschein – Strafzettel – Kreuzung – Haltestelle – geradeaus – Fahrschein – Parkhaus – Fahrrad

4. 2. pünktlich 3. Stau 4. kaputt – Platten 5. Monatskarte 6. Radweg 7. Parkplatz 8. Strafzettel 9. abbiegen 10. Benzin – tanken

5a Richtig: 1, 2, 3, 4

5b 1b – 2d – 3a – 4f – 5c – 6e

5c Falsch: 1c – 2b – 3b – 4a

6. kleinen – dem – Schule – der – Kilometer – Ich – mit – die – aber – total – dauert – müsste – Deshalb – mit – das – brauche – Minuten – Stau – ich – der – möchte – ich – Straßenbahn – direkt – Innenstadt – Parken – heute – als – und – bei – Ort – benutze – immer

7. Beispiele:
2. Axel schaltet den Fernseher ein, wenn er nach Hause kommt.
3. Bei Familie Baatz gibt es jedes Mal ein gutes Essen, wenn Axel kocht. 4. Sabine putzt ihre Wohnung, wenn sie am Wochenende Zeit hat. 5. Die Uhr stellt man vor, wenn die Sommerzeit beginnt.
6. Tom kauft einen Blumenstrauß, wenn Helgi Geburtstag hat.

8. 1a Ich bin zu spät gekommen, weil ich den Bus verpasst habe.
1b Ich habe den Bus verpasst. Deshalb bin ich zu spät gekommen. 2a Ich gehe früh schlafen, weil ich morgen eine Prüfung habe. 2b Ich habe morgen eine Prüfung. Deshalb gehe ich früh schlafen.

3a Er wechselt die Versicherung, weil seine Autoversicherung zu teuer ist. 3b Seine Autoversicherung ist zu teuer. Deshalb wechselt er die Versicherung. 4a Sie machen immer in Italien Urlaub, weil sie Sonne und italienisches Essen mögen. 4b Sie mögen Sonne und italienisches Essen. Deshalb machen sie immer in Italien Urlaub. 5a Ihr Fahrrad ist kaputt, weil sie einen Unfall hatte. 5b Sie hatte einen Unfall. Deshalb ist ihr Fahrrad kaputt. 6a Frau Beckmann geht oft in die Bücherei, weil sie gern liest. 6b Frau Beckmann liest gern. Deshalb geht sie oft in die Bücherei. 7a Ich kaufe nur im Schlussverkauf, weil ich wenig für Kleidung ausgeben will. 7b Ich will wenig für Kleidung ausgeben. Deshalb kaufe ich nur im Schlussverkauf.

10. **Interview 1**: Er hat es mit Ferienjobs finanziert. **Interview 2**: Sie hat einen Renault geschenkt bekommen. **Interview 3**: Er hat sich einen neuen Volvo 404 gekauft.

11. 2. Wenn 3. Als (Weil) 4. dass 5. weil 6. Als 7. Wenn (Weil) 8. dass

12. 1. um / gegen / Ohne 2. für 3. ohne / gegen 4. um 5. für 6. durch

13. Brauchst – Benutzt – Schreibst – Darfst – Wünschst

14. 1c 2b (c, d, f) 3d 4e 5b/ e

KAPITEL 23

1. 2. an das – sich gewöhnen an 3. auf die – sich vorbereiten auf 4. bei – jmd. helfen bei 5. über das – wissen über 6. auf meinen – sich freuen auf 7. von – erzählen von 8. um ihre – sich kümmern um 9. bei – sich entschuldigen bei 10. an dem – teilnehmen an 11. über – sprechen über 12. zu meiner – jdn. einladen zu 13. um – sich bewerben um 14. auf den – achten auf 15. an – denken an

2.
	Wer?	Warum?
Nachricht 1	Rüdiger	Terminverschiebung
Nachricht 2	Mutter	vom Bahnhof abholen
Nachricht 3	Firma Winkelmann	Bestellung eingetroffen
Nachricht 4	Mann	Fest bei Uli

3. hören – über – Radio – fast – den – Das– über– Tag – Stunde – laut – für – nehmen – Deutschen – Viertelstunde – Zeitschriften – durchschnittlich – Das – Vergleich – und – keine – Minuten – Deutschen – Internet – dieser – Radio – kann – konsumieren – Tätigkeiten – Deshalb – vielen – Fernseher – Radio – den – Auto – Hausaufgaben – der

4a 2. Ich rufe beim Arzt an, damit ich einen Termin bekomme. Ich rufe beim Arzt an, um einen Termin zu bekommen. 3. Sie trinkt abends Kaffee, damit sie nicht so müde ist. Sie trinkt abends Kaffee, um nicht so müde zu sein. 4. Er geht zu Fuß, damit er fit bleibt. Er geht zu Fuß, um fit zu bleiben. 5. Ich fahre nach Italien, damit ich mein Italienisch verbessere. Ich fahre nach Italien, um mein Italienisch zu verbessern. 6. Er arbeitet in den Ferien, damit er danach in Urlaub fahren kann. Er arbeitet in den Ferien, um danach in Urlaub fahren zu können.

4b 2. Familie Gleiche sucht eine Wohnung mit Garten, damit die Kinder draußen spielen können. 3. Er hilft ihr beim Lernen, damit sie die Prüfung besteht. 4. Peter ist Hausmann, damit Susanne Karriere machen kann. 5. Ich habe ein Handy, damit du mich immer erreichen kannst. 6. Peter gibt den Kindern Vitamine, damit die Kinder / sie nicht krank werden.

5. ○ Ich suche ein Buch für meine Tochter.
● Wie alt ist sie?
○ Vierzehn. Sie mag Pferde.
● Ein Sachbuch?
○ Ich weiß nicht. Vielleicht lieber einen Roman.
● Einen Liebesroman?
○ Ja, das ist sehr gut.

7. 1. Antennen, Kabel oder Satellitenantennen 2. Rundfunkgebühren 3. Werbung 4. Information 5. Satellitantenne oder Kabelanschluss

8 Beispiel:

> ABSENDER   DATUM
>
> Mindener Tageblatt
> - Abonnementabteilung -
> Obermarktstr. 26–30
>
> 32423 Minden
>
> **Kündigung des Zeitungsabonnements Nr. …**
>
> Sehr geehrte Damen und Herren,
> ich möchte mein Zeitungsabonnement zum Jahresende kündigen.
> Bitte schicken Sie mir eine Bestätigung der Kündigung.
>
> Mit freundlichen Grüßen

9 1c – 2b – 3b – 4b

10 1. stundenlang – Computer 2. Gewalt 3. aktueller – in der Zeitung 4. Klassenzimmer – Internetanschluss 5. Medium – Zukunft 6. Freunden – Internetcafé 7. Computer – teuer

KAPITEL 24

1a Akkusativ: durch, für, gegen, ohne, um
    Dativ: aus, bei, mit, nach, von, seit, zu

1b 1. ins – auf 2. zum – Bei 3. an – in – ohne – in 4. am – zum

1c 1. das – dem – den – der – den
    2. den – der – dem – der – im – der – im

2a c – d – b – e – a – f (oder c – e – b – d – a – f)

2b mir – das – mich – Zuverlässigkeit – und – die – respektiere – sie – lassen – ich – paar – Wenn – spät – gibt – auch – Grund – entschuldige – mag – nicht – warten – die – spät

2c hat – angefangen – habe – lesen – ist – gekommen – Kollegen – Urlaub – hatte – gemacht – Abendessen – Wasser – geklingelt – angerufen – gelaufen

3   ● Entschuldigung, wie spät ist es?
    ○ Es ist … Viertel nach fünf – … 13 Uhr 35 – … Viertel vor zehn – … 8 Uhr 50 – … fünf nach zwölf

4   2. Wenn er ins Büro geht, zieht er einen Anzug an. 3. Als sie Geburtstag hatte, hat sie 35 rote Rosen bekommen. 4. Er benutzt einen Helm, wenn er Fahrrad fährt. 5. Als sie in Hamburg gelebt hat, hatte sie viele Freunde.

5a Wann?   Wie oft?
    bald, früher, gestern, gleich,   (fast) immer, manchmal,
    heute, jetzt, morgen, nachher,   meistens, (fast) nie, oft, selten
    sofort, später, übermorgen,
    vorher, vorgestern

6   1. Frau Schmidt wird pünktlich zur Arbeit kommen. 2. Ich gehe eine Stunde spazieren. Ich bin eine Stunde spazieren gegangen. 3. Ich habe Husten und gehe nicht zum Arzt. Ich habe Husten gehabt und bin nicht zum Arzt gegangen. 4. Warum bist du nicht zu meinem Geburtstag gekommen? Warum wirst du nicht zu meinem Geburtstag kommen? 5. Ich nehme nicht am Computerkurs teil. Ich habe nicht am Computerkurs teilgenommen.

7   1. erst 2. erst – schon 3. schon 4. schon 5. erst – schon 6. schon – erst

8   Beispiel:

> ORT, DATUM
>
> Lieber …
> ich kann deine Situation gut verstehen. Ich hatte am Anfang auch große Probleme in Deutschland. Ich denke, das Wichtigste ist, dass du gut Deutsch sprechen lernst. Du musst also erst mal einen Sprachkurs besuchen. Vielleicht kannst du auch in einen Verein gehen. In Deutschland gibt es Vereine für alles. So kannst du Leute kennen lernen und langweilst dich nicht mehr so sehr. An alles andere gewöhnst du dich dann auch sehr schnell. Ich hoffe, dass es dir bald besser geht. Kopf hoch! Schreib mir, wenn du einen Sprachkurs gefunden hast.
> Liebe Grüße
> …

9   1. Naor 2. Ewa 3. Mônica 4. Ewa 5. Naor

10 2. Bevor der Deutschkurs beginnt, muss man einen Einstufungstest machen. 3. Wir warten, bis alle Leute in den Bus eingestiegen sind. 4. Bevor man mit der Straßenbahn fährt, muss man ein Ticket kaufen. 5. Bevor sie eine Lehre anfangen kann, braucht sie einen Realschulabschluss. 6. Er hat mich dreimal angerufen, bis er mich endlich erreicht hat. 7. Es dauert noch drei Minuten, bis der Zug abfährt. 8. Man wartet mit dem Essen, bis alle etwas auf dem Teller haben.

Testtraining 8

Hören Teil 1:	1. 18. Mai / Vormittag 2. 14. April 3. 9723-421 4. Bruder 5. Fahrrad / 35
Hören Teil 2:	1c – 2b – 3a – 4c – 5a
Hören Teil 3:	1c – 2d – 3e – 4g – 5i
Lesen Teil 1:	1a – 2c – 3c – 4b – 5a
Lesen Teil 2:	6 falsch – 7 richtig – 8 richtig – 9 falsch – 10 richtig
Lesen Teil 3:	11a – 12d – 13g – 14x – 15c

Schreiben Teil 1, Beispiel:

> **Printus** – Ihr Fachvertrieb für Bürobedarf
> **Bestellschein**
> Bitte hier Ihre Kundennummer eintragen: 4 5 2 3 1 2 0 0 9 8 1
>
> Name des Bestellers
>
> | Artikelname | Bestellnummer | Preis |
> |---|---|---|
> | Alco Halogenleuchte | 27205486 | 79 |

Schreiben Teil 2, Beispiel:

> Liebe Silke,
> heute Morgen hat mich Ernö angerufen. Er muss zu seinen Eltern fahren und ich soll mich um seine Wohnung kümmern (Post, Blumen). Ich fahre aber auch für fünf Tage weg. Deshalb meine Bitte: Kannst du in Ernös Wohnung nach der Post sehen und seine Blumen zu gießen?
> Vielen Dank und liebe Grüße,
> …

Sprechen Teil 3: Mögliche Termine sind Donnerstag am Tag und Samstagabend

Ausspracheregeln – Vokale und Konsonanten

Buchstaben	Aussprache	Beispiele
Sie lesen / schreiben	Sie hören/sprechen	

Vokale

Vokal + Vokal	lang	St**aa**t, T**ee**, l**ie**gen
Vokal + h	lang	z**eh**n, w**oh**nen, S**ah**ne, f**üh**len
Vokal + 1 Konsonant	lang	T**a**g, N**a**me, l**e**sen, Br**o**t
Vokal + mehrere Konsonanten	kurz	H**e**ft, **O**rdner, k**o**sten, b**i**llig

Konsonanten

-b /-d /-g /-s /-v	„p" / „t" / „k" / „s" / „f" am Wort-/Silbenende	Ver**b**, un**d**, Ta**g**, Hau**s**, Dati**v** a**b**|fahren, au**s**|steigen,
ch	„(a)ch" nach a, o, u, au „(i)ch" nach e, i, ä, ö, ü, ei, eu nach l, r, n	la**ch**en, do**ch**, Bu**ch**, au**ch** se**ch**zehn, di**ch**, mö**ch**ten, lei**ch**t, eu**ch** wel**ch**e, dur**ch**, man**ch**mal
-ig	„ich" am Wortende	fert**ig**
-chs	ks	se**chs**
h	„h" Wort-/Silbenanfang ⚠ kein „h" nach Vokal	**h**aben, wo|**h**er wo**h**nen, U**h**r, Sa**h**ne
r	„r" Wort-/Silbenanfang	**R**ücken, hö|**r**en
-er er-, vor-, ver- Vokal + r	„a" -er Wortende bei Präfix er-, vor-, ver- nach langem Vokal	Fing**er**, Lehr**er** **er**klären, **vor**bereiten, **ver**stehen vie**r**, Uh**r**, wi**r**
s	„s" Wort-/Silbenende „s" 🎵 Wort-/Silbenanfang	Hau**s**, Au**s**|bildung **s**ehr, zu|**s**ammen
ss ß	„s" Doppel-s nach langem Vokal	Wa**ss**er Stra**ß**e
sch	„sch"	**sch**ön
st, sp	„scht", „schp" Wort-/Silbenanfang	**St**adt, auf|**st**ehen, **sp**rechen, Aus|**sp**rache
qu	„kw"	be**qu**em
-t(ion)	„ts"	Informa**tion**
z	„ts"	be**z**ahlen, **z**u

Ausspracheregeln – Akzentuierung

Im Wort:

	Wortakzent	Beispiele
1. einfache „deutsche" Wörter	Stammsilbe	hören, Name
2. nicht trennbare Verben	Stammsilbe	entschuldigen, verkaufen
3. trennbare Verben (+ Nomen)	Vorsilbe	aufgeben, nachsprechen, Aufgabe
4. Nachsilbe -ei	letzte Silbe	Bäckerei, Polizei, Türkei
5. Buchstabenwörter		BRD
6. Endung -ion		Information, Nation
7. Endung -ieren	vorletzte Silbe	funktionieren
8. die meisten Fremdwörter	(vor)letzte Silbe	Idee, Student, Dialog
9. Komposita	Bestimmungswort	Stadt|zentrum, Wein|glas

In der Wortgruppe:

ein˷Schüler   einen˷Computer haben   mit˷Internetanschluss   in˷seinem˷Zimmer

⚠ Wortgruppen spricht man ohne Pausen.

Im Satz:

Man betont das Wort,
– das die wichtigste Information enthält   Tom geht heute ins Kino. (nicht morgen)
– das einen Gegensatz ausdrückt   Das ist nicht meine Mutter, das ist meine Schwester.
– auf das man besonders hinweisen möchte   Die Frau ist aber interessant!

Akzente und Pausen

Sie sprechen langsam und sehr genau: **mehr** Akzente und Pausen

Jeder˷Schüler | hätte˷gern˷einen˷Computer | mit˷Internetanschluss.

Sie sprechen schnell: **weniger** Akzente und Pausen

Jeder˷Schüler hätte˷gern˷einen˷Computer mit˷Internetanschluss.

Alphabetische Wortliste

Diese Informationen finden Sie im Wörterverzeichnis:

In der Liste finden Sie die neuen Wörter aus den Kapiteln 13–24 von *Berliner Platz 2*.

Wörter aus den Lesetexten, den Original-Kleinanzeigen sowie Namen von Personen, Städten und Ländern usw. sind nicht in der Liste.

Bei Verben finden Sie den Infinitiv, von den unregelmäßigen Verben zusätzlich die 3. Person Singular Präsens, Präteritum und Perfekt. Außerdem werden das *haben*- und das *sein*-Perfekt angezeigt (bei regelmäßigen Verben nur das *sein*-Perfekt).
schwimmen, er schwimmt, schwamm, ist geschwommen 11/12
reisen (ist gereist) 11/12

Bei Nomen: das Wort, den Artikel, die Pluralform.
Feiertag, der, -e 21/15

Bei Adjektiven: das Wort, die unregelmäßigen Steigerungsformen.
schwarz, schwärzer, am schwärzesten 53/5

Bei verschiedenen Bedeutungen eines Wortes: das Wort und Beispiele.
Feld, das, -er (1) *(auf dem Feld arbeiten)* 64/4
Feld, das, -er (2) *(Spielfeld)* 72/1

Den Wortakzent: kurzer Vokal • oder langer Vokal –.
Wolke, die, -n 65/9
Leben, das, – 94/11

Wo Sie das Wort finden: Seite/Aufgabennummer.
Frühstück, das, -e 125/2

Fett gedruckte Wörter gehören zum Zertifikats-Wortschatz. Diese Wörter müssen Sie auf jeden Fall lernen.
Vogel, der, "– 135/3

Eine Liste mit unregelmäßigen Verben von *Berliner Platz 2* finden Sie auf Seite 268–269.
Eine Liste der Verben mit Präpositionen finden Sie auf Seite 270.

Abkürzungen und Symbole

"	Umlaut im Plural (bei Nomen)
*, *	keine Steigerung (bei Adjektiven)
Sg.	nur Singular (bei Nomen)
Pl.	nur Plural (bei Nomen)
(+ A.)	Präposition mit Akkusativ
(+ D.)	Präposition mit Dativ
(+ A./D.)	Präposition mit Akkusativ oder Dativ
Abk.	Abkürzung
ugs.	umgangssprachlich

5-Tage-Woche, die *Sg.* 37/1
ab und zu 78
abbiegen, er biegt ab, bog ab, ist abgebogen 115/3
Abbildung, die, -en 78/1
Abendschule, die, -n 42/1
Abfahrt, die, -en 67/13
Abgeordnete, der/die, -n 98
abholen 118/7
Abitur, das *Sg.*
Abkürzung, die, -en 122/2
absagen 92/7
abschaffen 101/5
abschalten 101/5
abschicken 124/1
abschließen, er schließt ab, schloss ab, hat abgeschlossen *(eine Ausbildung abschließen)* 45/6
Abschluss, der, "-e 42/1
Abschlusszeugnis, das, -se 50/2
Abschnitt, der, -e 32/15
Abteil, das, -e 70/3
A-capella-Aufnahme, die, -n 111/4
Ach ja!? 28/4

achten (+ auf + *A.*) 31/11
äh 39/3
Aktivität, die, -en 78/1
aktuell 96/2
Alles Liebe! 64/5
Alltagsbeschreibung, die, -en 125/2
Altenpflegeheim, das, -e 92/7
Alter, das *Sg.* 42/1
altmodisch 30/9
Amateurfunker/-funkerin, der/die, –/-nen 82/8
amüsieren (+ sich) 9/10
anbieten, er bietet an, bot an, hat angeboten *(Kurse anbieten)* 92/7
ändern (+ sich) 11/12
anders *(Was ist anders?)* 9/8
Angabe, die, -n 126/4
angeben, er gibt an, gab an, hat angegeben *(Bedingungen angeben)* 31/12
Angebot, das, -e 83/12
angeln 82/10
angewöhnen 146/5
Angst, die, "-e 116/4

ängstlich 71/6
anhalten, er hält an, hielt an, hat angehalten 115/3
ankommen, er kommt an, kam an, ist angekommen *(Wann kamt ihr an?)* 38/2
Ankunft, die *Sg.* 67/13
anmachen 39/3
anmelden 71/5
annehmen, er nimmt an, nahm an, hat angenommen *(eine Einladung annehmen)* 18/5
Anrede, die, -n 76/5
Anrufbeantworter, der, – 124/1
anschalten 124/1
anschauen 39/3
Anschreiben, das, – 96/2
anschreiben, er schreibt an, schrieb an, hat angeschrieben *(Ich habe einige Firmen angeschrieben.)* 92/7
anstrengend 54/6
Antenne, die, -n 128/9
anwesend 91/5
April, der *Sg.* 21/13

259

Arbeit, die, -en 18/5
Arbeiter/Arbeiterin, der/die, –/-nen 37/1
Arbeiterpartei, die, -en 103/8
Arbeitgeber/Arbeitgeberin, der/die, –/-nen 91/6
Arbeitnehmer/Arbeitnehmerin, der/die, –/-nen 91/6
Arbeitsamt, das, "-er 89/1
Arbeitsberater/Arbeitsberaterin, der/die, –/-nen 90/4
Arbeitskleidung, die Sg. 96/1
Arbeitslosengeld, das Sg. 108/1
Arbeitsuchende, der/die, -n 93/9
Arbeitszeugnis, das, -se 96/2
Architektur, die Sg. 147/6
Ärger, der Sg. 114
ärgerlich 71/6
ärgern (+ sich) 9/9
Argument, das, -e 129/12
Art, die, -en (Autos aller Art) 121/13
Artikel, der, – (Artikel im Grundgesetz) 106/5
Arztbesuch, der, -e 116/4
Atomenergie, die Sg. 102/8
Atomkraftwerk, das, -e 101/5
Aufbauseminar, das, -e 122/1
aufgeben, er gibt auf, gab auf, hat aufgegeben (eine Anzeige aufgeben) 90/3
aufgeregt 74/2
aufhalten, er hält auf, hielt auf, hat aufgehalten (die Tür aufhalten) 140/14
aufhängen (den Mantel aufhängen) 142/1
Aufnahmeprüfung, die, -en 44/4
aufnehmen, er nimmt auf, nahm auf, hat aufgenommen (einen Film aufnehmen) 128/10
aufregend 111/4
Aufstieg, der, -e 93/10
Aufstiegsmöglichkeit, die, -en 93/10
August, der Sg. 21/13
Aupairmädchen, das, – 47/11
ausdrücken (Zukunft ausdrücken) 46/9
Ausflug, der, "-e 67/14
Ausflugsziel, das, -e 75/3
ausgeben, er gibt aus, gab aus, hat ausgegeben (Geld ausgeben) 101/5
ausgehen, er geht aus, ging aus, ist ausgegangen 36/1
Ausgleich, der Sg. (körperlicher Ausgleich) 148/9
aushelfen, er hilft aus, half aus, hat ausgeholfen 92/7
Aushilfe, die, -n 89/2
auskennen (sich), er kennt sich aus, kannte sich aus, hat sich ausgekannt 106/3
Ausland, das Sg. 47/11
Ausländer/Ausländerin, der/die, –/-nen 82/8
Ausländerbeauftragte, der/die, -n 103/10
Ausländerpolitik, die Sg. 100/3
Ausländervertretung, die, -en 103/10
ausländisch 82/8
Aussage, die, -n 13/16
ausschalten 124/1
Außenminister/-ministerin, der/die, –/-nen 108/1
außerhalb (außerhalb des Kurses) 112/6

Äußerung, die, -en 13/16
ausstellen 111/4
aussuchen 80/3
austragen, er trägt aus, trug aus, hat ausgetragen (Zeitungen austragen) 89/2
ausüben (einen Beruf ausüben) 92/7
auswählen 10/11
Auszubildende, der/die, -n 56/10
Autobahnfahrt, die, -en 122/1
Babysitten, das Sg. 75/2
baden 63/3
BahnCard, die, -s 66/10
Bahnsteig, der, -e 115/3
Bahnübergang, der, "-e 121/13
Ball, der, "-e 81/7
Band, die, -s (Musik-Band) 111/4
Bart, der, "-e 55/8
Bau, der, -ten 89/2
bauen 101/5
Baujahr, das, -e 122/2
Baum, der, "-e 119/9
Baumwolle, die Sg. 53/3
beantworten 69/16
bedanken (sich) 9/9
Bedingung, die, -en 31/12
begeistert 71/6
begreifen, er begreift, begriff, hat begriffen 138/10
begründen 101/4
behaupten 9/8
Behinderte, der/die, -n 86/1
beid- (Viel Glück für euch beide!) 16/1
Beileid, das Sg. 24/2
beitreten, er tritt bei, trat bei, ist beigetreten 99
bekannt 110/4
Bekannte, der/die, -n 78
Bekanntenkreis, der, -e 137/9
Bekenntnis, das, -e 106/5
bekommen, er bekommt, bekam, hat bekommen (Besuch bekommen) 19/8
belegen (einen Kurs belegen) 47/11
beliebt 68
bemalen 16/1
Benimmregel, die, -n 137/9
Benzin, das Sg. 114
Benzinkosten Pl. 116/4
bequem 116/4
Berg, der, -e 63
Bergsteiger/Bergsteigerin, der/die, –/-nen 109/2
berichten 11/14
Berufsabschluss, der, "-e 50/2
Berufsausbildung, die, -en 43/2
Berufsbiografie, die, -n 92/7
Berufsfachschule, die, -n 43/1
Berufskolleg, das, -s 43/1
Berufswunsch, der, "-e 93/10
Berufsziel, das, -e 42/1
berühmt 57/12
Beschäftigung, die, -en 92/7
Bescheid geben, er gibt Bescheid, gab Bescheid, hat Bescheid gegeben 18/4
Beschreibung, die, -en 30/9

besetzt, *, * (Telefon) 124/1
besonders 40/4
besorgen (Was du heute kannst besorgen, verschiebe nicht auf morgen.) 134
besprechen, er bespricht, besprach, hat besprochen 91/5
Besserung, die, -en (meist Sg.) 24/2
bestehen (+ aus + D.), er besteht aus, bestand aus, hat bestanden aus 148/9
bestehen, er besteht, bestand, hat bestanden (das Abitur bestehen) 42/1
besuchen (die Schule besuchen) 42/1
Besucher/Besucherin, der/die, –/-nen 98
Betrieb, der, -e 42/1
Bettcouch, die, -en 28/4
bevor 137/6
bewerben (+ sich) er bewirbt sich, bewarb sich, hat sich beworben 92/7
Bewerbungsmappe, die, -n 90/3
Bewerbungsunterlagen Pl. 89/1
bewölkt 65/6
Beziehung, die, -en 8/7
Biken, das Sg. (Mountainbike fahren) 92/7
bilden (eine Regierung bilden) 99
Bildung, die Sg. 102/7
Bildungspolitik, die Sg. 100/3
Biografie, die, -n 52/1
blass 65/9
Blickkontakt, der, -e 40/4
blitzen 65/6
blöd 39/3
blond 58/15
bloß (Bloß keinen Streit!) 149/10
Blumenstrauß, der, "-e 21/12
Bock, der Sg. (ugs. keinen Bock haben = keine Lust haben) 114
Boden, der, "– 28/4
Boutique, die, -n 56/10
Brauch, der, "-e 37/1
Braut, die, "-e 17/2
Brautkleid, das, -er 16/1
breit 117/5
bremsen 115/3
Briefkasten, der, "– 125/2
Briefmarkensammler/-sammlerin, der/die, –/-nen 82/8
buchen 67/11
Bücherei, die, -en 111/4
Bücherregal, das, -e 27/2
Buchhalter/Buchhalterin, der/die, –/-nen 109/2
Buchhaltung, die, -en 109/2
Buchhändler/Buchhändlerin, der/die, –/-nen 111/4
Buchstabe, der, -n 31/11
Bund, der, "-e (hier: Sg.) 98
Bundesadler, der Sg. 98
Bundesbahn, die Sg. 69/17
Bundeskanzler/Bundeskanzlerin, der/die, –/-nen 98
Bundesland, das, "-er 42/1
Bundespräsident/-präsidentin, der/die, -en/-nen 99

Bundesregierung, die, -en 98
Bundesrepublik, die, -en 98
Bundesstaat, der, -en 98
Bundestag, der *Sg.* 98
bunt 54/5
Bürger/Bürgerin, der/die, –/-nen 99
Bürgermeister/Bürgermeisterin, der/die, –/-nen 101/5
Bürokauffrau/Bürokaufmann, die/der, Bürokaufleute 47/11
Busfahrt, die, -en 68
Busführerschein, der, -e 45/7
Bußgeld, das, -er 122/1
Busunternehmen, das, – 68/16
CD-Sammlung, die, -en 39/3
CD-Spieler, der, – 19/9
Chips *Pl.* 129/12
Chor, der, "-e 110/4
christlich 103/8
Clique, die, -n 75/2
cm (= Zentimeter, der, –) 70/2
Collage, die, -n 56/11
Comic, der, -s 127/7
Computerkenntnisse *Pl.* 47/11
Contra, das, -s 129/12
Couch, die, -en 29/7
Couchtisch, der, -e 28/4
Cousin/Cousine, der/die, -s/-n 7/2
daher 123/3
damals 46/10
damit (2) 129/12
daneben *(Und wer steht daneben?)* 8/6
daran 116/4
darauf kommen, er kommt darauf, kam darauf, ist darauf gekommen 9/9
darüber 10/11
darum 123/3
Datum, das, Daten 21/13
Dauer, die *Sg.* 67/13
davor 28/4
decken *(den Tisch decken)* 39/3
Definition, die, -en 93/9
Demo, die, -s (= Demonstration, die, -nen) 111/4
demokratisch 99
depressiv 63
derselbe, dasselbe, dieselbe 44/4
deshalb 99
deswegen 123/3
Deutsche Rote Kreuz, das *Sg.* *(Abk.* DRK) 82/10
deutschsprachig 111/4
Dezember, der *Sg.* 21/13
Dialektik, die *Sg.* 138/10
dick 55/8
diesmal 18/4
Discman, der, -s 78
diskutieren 103/10
Dokument, das, -e 96/1
dokumentieren 147/6
donnern 65/6
Doppelzimmer, das, – 68/15
Dorf, das, "-er 103/10

draußen 129/12
Drei-Länder-Eck, das *Sg.* 74/2
Dreirad, das, "-er 118/8
drin sein, er ist drin, war drin, ist drin gewesen *(Was ist im Koffer drin?)* 147/8
Duft, der, "-e 139/12
dumm, dümmer, am dümmsten 129/12
dunkel 30/9
durchblättern 39/3
Durst, der *Sg.* 74/2
DVD, die, -s *(engl.: digital versatile disc)* 126/5
DVD-Spieler, der, – 127/6
eben 39/3
ebenfalls 40/4
egal *(Das ist doch egal.)* 74/2
Eierbecher, der, – 39/3
eigen- *(ein eigener Malerbetrieb)* 42/1
Eigenschaft, die, -en 109/2
eigentlich 74/2
eilen *(ist geeilt)* 114
eindrucksvoll 147/6
einfach 66/11
Einfahrt, die, -en 121/13
einfarbig, *, * 53/3
eingehen, er geht ein, ging ein, ist eingegangen 128/9
Einheit, die *Sg. (die deutsche Einheit)* 99
Einladung, die, -en 18/4
einlegen *(eine CD einlegen)* 39/3
einnehmen, er nimmt ein, nahm ein, hat eingenommen 75/3
einrichten *(eine Wohnung einrichten)* 30/8
Einrichtung, die, -en *(hier: Wohnungseinrichtung)* 27/2
eintreffen, er trifft ein, traf ein, ist eingetroffen 146/5
eintreten, er tritt ein, trat ein, ist eingetreten (+ für + A.) 102/8
Einwohner/Einwohnerin, der/die, –/-nen 83/10
einziehen, er zieht ein, zog ein, ist eingezogen 26/1
Eis, das *Sg. (Schnee und Eis)* 63
Eisenbahnnetz, das, -e 68
elegant 52/2
Emotion, die, -en 40/4
emotional 65/9
empfangen, er empfängt, empfing, hat empfangen *(ein Programm empfangen)* 124/1
Empfehlung, die, -en 90/4
Energiesparen, das *Sg.* 102/8
engagieren (+sich) 82/8
Enkel/Enkelin, der/die, –/-nen 7/2
entdecken 147/6
Entfaltung, die *Sg.* 106/5
entscheiden, er entscheidet, entschied, hat entschieden 42/1
Erdnuss, die, "-e 129/12
Ereignis, das, -se 109/2
Erfahrung, die, -en 141/15
erfinden, er erfindet, erfand, hat erfunden 52/1
Erfolg, der, -e 24/2

erfolgreich 112/6
erfragen 86/1
erfreut 71/6
Erhöhung, die, -en *(Gehaltserhöhung)* 93/10
Erholung, die *Sg.* 64/4
Erinnerung, die, -en 17/2
erlauben 57/14
erlebnisreich 75/3
Erlebnis-See, der, -n 75/3
Ermäßigung, die, -en 66/10
erneuern 146/5
erraten, er errät, erriet, hat erraten 119/11
erreichen (1) *(einen Bildungsabschluss erreichen)* 42/1
erreichen (2) *(telefonisch erreichen)* 129/12
erst 14/2
erstaunt 71/6
Erste-Hilfe-Schein, der, -e 122/1
ertragen, er erträgt, ertrug, hat ertragen 114
Erwachsene, der/die, -n 42/1
Es tut mir Leid. 71/4
Essgewohnheit, die, -en 137/7
Esstisch, der, -e 27/2
etwa 83/10
etwas *(etwas lernen)* 44/3
Examen, das, – 95/15
experimentieren 40/4
Fabrik, die, -en 89/2
Fachabitur, das *Sg.* 50/1
Fachhochschule, die, -n 43/1
Fachhochschulreife, die *Sg.* 42/1
Fachoberschulreife, die *Sg.* 50/1
Fahrausweis, der, -e 122/1
Fahrbahn, die, -en 121/13
Fahrkarte, die, -n 66/11
Fahrkartenschalter, der, – 66/10
Fahrplan, der, "-e 115/3
Fahrpreis, der, -e 66/11
Fahrradwerkstatt, die, "-en 92/7
Fahrschein, der, -e 119/9
Fahrstunde, die, -n 122/1
Fahrt, die, -en 136/5
Fahrtrichtung, die, -en 121/13
Fahrverbot, das, -e 122/1
falls 116/4
Familienfest, das, -e 10/11
Familienmitgliedschaft, die, -en 86/1
Familienpolitik, die *Sg.* 100/3
Familienwagen, der, – 118/8
fangen, er fängt, fing, hat gefangen 135/3
Farbe, die, -n 30/10
farbenprächtig 146/5
Fassade, die, -n 147/6
Fastnacht, die *Sg.* 21/14
faxen 124/1
Februar, der *Sg.* 21/13
Feier, die, -n 137/6
Feierabend, der, -e 74/2
feiern 11/14
Feiertag, der, -e 21/15
Feld, das, -er (1) *(auf dem Feld arbeiten)* 64/4

Feld, das, -er (2) *(ein Spielfeld)* 72/1
Fenster, das, – 28/4
Fensterplatz, der, "-e 66/10
Ferien *Pl.* 11/14
Fernsehgewohnheit, die, -en 128/10
Fernsehprogramm, das, -e 127/7
Fernsehsender, der, – 128/10
Festspiel, das, -e 74/2
Festtag, der, -e 24/2
Fettnäpfchen, das, – 137/9
Feuerwehrmann/Feuerwehrfrau, der/die,
 "-er/-en 94/12
finden, er findet, fand, hat gefunden
 (einen Job finden) 31/12
flexibel 91/5
Flitterwochen *Pl.* 16/1
föhnen 39/3
fordern 111/4
Forderung, die, -en 37/1
Form, die, -en 30/9
formulieren 80/3
Forschung, die, -en 146
Fortschritt, der, -e 112/6
Fotografiekurs, der, -e 79
fotografieren 82/10
Fotomotiv, das, -e 147/6
Fotosafari, die, -s 147/6
Fragebogen, der, – 112/6
Freiheit, die, -en 103/8
Freilichtbühne, die, -n 75/3
Freizeitaktivität, die, -en 78/1
Freizeitmöglichkeit, die, -en 83/12
Freizeitzentrum, das, -zentren 92/7
fremd 89/1
Fremdsprachenkenntnisse *Pl.* 96/1
freuen (+ sich) 9/9
Freundeskreis, der, -e 78
freundlich 54/6
Freundschaftsgesellschaft, die, -en 82/8
Friede, der *Sg.* 139/12
friedlich 99
Friseur/Friseurin, der/die, -e/-nen 56/ 10
Frisur, die, -en 52/2
froh 16/1
fröhlich 16/1
früh 135/3
Frühstück, das *Sg.* 125/2
führen *(Führen Sie ein Telefongespräch!)* 91/6
Führerschein, der, -e 47/11
Führerscheinaufgabe, die, -n 121/14
Führerscheinprüfung, die, -en 120/12
Führung, die, -en *(eine Führung machen)* 147/7
furchtbar 9/10
fürchterlich 64/5
Fußball, der *Sg. (das Spiel)* 79/2
Fußballspiel, das, -e 68/15
Fußgängerüberweg, der, -e 121/13
Gang, der, "-e *(Möchten Sie am Fenster oder am
 Gang sitzen?)* 67/11
ganz- *(die ganze Woche)* 9/10
Ganztagsschule, die, -n 47/13

gar *(gar nicht)* 28/4
Garage, die, -n 116/4
garantieren 75/3
Garderobe, die, -n 142/1
Gast, der, "-e 137/6
Gastgeber/Gastgeberin, der/die, –/-nen 142/1
Gasthaus, das, "-er 110/4
Gebet, das, -e 110/4
gebraucht 28/4
Gebrauchtwagen, der, – 119/11
Geburtstagsgeschenk, das, -e 9/9
Geburtstagsparty, die, -s 16/1
Gedicht, das, -e 138/10
gefallen, er gefällt, gefiel, hat gefallen 19/9
Gefühl, das, -e 138/10
gegen *(gegen Atomenergie)* 102/8
Gegensatz, der, "-e 8/4
gegenseitig, *, * 39/3
Gehaltserhöhung, die, -en 93/10
gehen, er geht, ging, ist gegangen
 (Die Uhr geht falsch.) 39/3
Gehhilfe, die, -n 118/8
Gehirn, das, -e 114
gehören 10/11
Geldbuße, die, -n 122/1
gelten, es gilt, galt, hat gegolten 39/3
Gemeinde, die, -n 98
Gemeinderat, der, "-e (1) *(das Gremium)* 98
Gemeinderat, der, "-e (2) *(die Person)* 103/10
gemischt 65/5
gemustert 53/3
gemütlich 30/9
Generation, die, -en 92/7
Genießer/Genießerin, der/die, –/-nen 110/4
genug *(Das ist genug.)* 21/12
genügend 101/6
geographisch, *, * 110/4
gepflegt 56/10
gepunktet, *, * 53/3
gerade 20/11
Gerät, das, -e 27/2
Geräusch, das, -e 64/4
Gerechtigkeit, die *Sg.* 102/8
Gesamtschule, die, -n 42/1
Gesangverein, der, -e 83/11
Geschäft, das, -e 56/10
Geschenk, das, -e 16/1
Geschichte, die, -n (1) *(eine Geschichte
 erzählen)* 38/ 3
Geschichte, die *Sg.* (2) 111/5
geschieden *, * 6
geschlossen 121/14
Geschmack, der, "-e 60/3
Geselligkeit, die, -en 82/8
Gesellschaft, die, -en 102/8
Gesetz, das, -e 99
Gespräch, das, -e 112/6
Gestik, die *Sg.* 40/4
gestreift 53/3
Gesundheitspolitik, die *Sg.* 100/3
Gewerkschaft, die, -en 102/8

Gewinner/Gewinnerin, der/die, –/-nen 74/2
Gewissen, das *Sg.* 106/5
Gewitter, das, – 65/8
gewöhnen (+ sich) 116/4
glatt 70/2
Glaube, der *Sg.* 106/5
glauben 9/8
gleich *(gleich bleibend)* 21/12
gleichzeitig, *, * 39/3
Gleis, das, -e 70/3
glücklich 74/2
Glückwunsch, der, "-e 16/1
Gold, das *Sg.* 135
golden, *, * 6
Grad, der, -e *(aber: Es sind heute 30 Grad/30°.)*
 76/4
Gratulation, die, -en 76/5
gratulieren 74/2
grillen 78
Großeltern *Pl.* 6
Großraum, der, "-e 70/3
Großstadt, die, "-e 146/5
großzügig 30/9
gründen *(einen Verein gründen)* 82/8
Grundgesetz, das *Sg.* 106/5
Grundrecht, das, -e 106/5
Grundschule, die, -en 42/1
Grundversorgung, die *Sg.* 128/9
Grußbotschaft, die, -en 40/4
grüßen 40/4
gültig 122/1
Gymnasium, das, Gymnasien 42/1
halb- *(eine halbe Stunde)* 56/10
Halskette, die, -n 57/13
Handelszentrum, das, -zentren 110/4
hängen *(er hängt, hängte, hat gehängt)* 29/7
hässlich 30/9
Hauptsache, die *Sg.* 74/2
Hauptschule, die, -n 42/1
Hauptthema, das, -themen 102/8
Hausarbeit, die, -en 93/9
Haushalt, der, -e 11/12
Haushaltsgerät, das, -e 31/14
Haushaltshilfe, die, -n 93/9
Hausmeister/Hausmeisterin, der/die,
 –/-nen 92/7
Hausschuh, der, -e 74/2
Haustür, die, -en 75/2
heftig 39/3
Heimatland, das, "-er 50/2
Heimwerker/Heimwerkerin, der/die, –/-nen 33/16
heiraten 7/1
hell 56/10
Helm, der, -e 116/4
Herbstlaub, das *Sg.* 139/12
herrlich 63
herum *(um den Park herum)* 119/9
herunterladen, er lädt herunter, lud herunter, hat
 heruntergeladen 124/1
herzlich 16/1
heutig, *, * 99

zweihundertzweiundsechzig

Himmel, der *Sg.* 65/6
hin und zurück 66/11
hineinschneien 64/4
hineinstürmen (ist hineingestürmt) 64/4
hinfahren, er fährt hin, fuhr hin, ist
   hingefahren 147/8
hinmüssen, er muss hin, musste hin, hat hingemusst
   147/8
hinschicken *(Ich habe meine Bewerbungsunterlagen hingeschickt.)* 92/7
hinten 90/3
hinter (+ A./D.) 29/6
hinterherschauen 75/2
Hinterhof, der, "-e 147/6
Hirn, das, -e *(ugs. für das Gehirn/der Kopf)* 114/
Hobby, das, -s 80/3
höchstens 81/6
Hochzeit, die, -en 6
Hof, der, "-e 146/5
hoffen 47/12
hoffentlich 28/4
Höhe, die, -n 75/3
Hotel, das, -s 46/8
Hotelkauffrau/Hotelkaufmann, die/der,
   Hotelkaufleute 45/7
Huhn, das, "-er 83/10
Hundezüchter/-züchterin, der/die, –/-nen 82/8
Hupen, das *Sg.* 114
ICE, der, -s (= Intercityexpress, der *Sg.*) 66/10
Illustration, die, -en 100/3
im Voraus 40/4
Info, die, -s (= Information, die, -en) 122/1
Informatikkurs, der, -e 47/11
Informationsbroschüre, die, -n 83/12
Informationsplakat, das, -e 83/12
Infotext, der, -e 43/2
Institut, das, -e *(wissenschaftliche Institute)* 146/
Instrument, das, -e 111/4
Interesse, das, -n 85/14
Internetanschluss, der, "-e 101/5
Internetcafé, das, -s 128/11
Internet-Projekt, das, -e 75/3
irgendwann 28/4
irgendwie 111/4
irgendwo 76/5
Irrtum, der, "er 114
Jackett, das, -s 53/5
Jahrhundert, das, -e 111/4
jährlich, *, * 111/4
Januar, der *Sg.* 21/13
je ... desto 85/15
jemand 78
jobben 47/11
Jobsuche, die *Sg.* 88
Journalist/Journalistin, der/die, -en/-nen 13/16
Jugendliche, der/die, -n 130/13
Juni, der *Sg.* 21/13
Kabel, das, – *(hier: Fernsehen über Kabel statt
   Antenne)* 128/9
Kaffeefilter, der, – 111/4
Kaffeehaus, das, "-er 111/4

Kaiser/Kaiserin, der/die, –/-nen 134
Kalender, der, – 21/14
kämmen (+ sich) 9/10
Karneval, der, -e *(meist Sg.)* 63
Karnevalist/Karnevalistin, der/die, -en/-nen 82/8
Karre, die, -n *(ugs. für Auto, das, -s)* 114
Karriere, die, -n 104/11
Karrieremöglichkeit, die, -en 92/7
Käsekuchen, der, – 19/9
Kassierer/Kassiererin, der/die, –/-nen 89/2
Kegelclub, der, -s 68/16
kegeln 82/10
kein- 81/7
kennen lernen 55/9
Kerze, die, -n 21/12
Kilometer, der, – *(Abk.* km) 116/4
Kindermärchen, das, – 139/12
Kinderwagen, der, – 118/8
Kinn, das, -e 55/8
Kinogutschein, der, -e 19/9
klasse, *, * 74/2
Klasse, die, -n (1) *(Schulklasse)* 42/1
Klasse, die, -n (2) *(Fahrkarte 1. oder 2. Klasse)*
   67/11
klassisch 111/4
kleben 74/2
kleiden (+ sich) 52/2
Kleiderordnung, die, -en 140/14
Kleidungsstück, das, -e 53/3
klein 89/2
Kleintierzuchtverein, der, -e 83/10
Klima, das *Sg.* 127/7
km (= Kilometer, der, –) 116/4
Koch/Köchin, der/die, "-e/-nen 46/8
Kochkurs, der, -e 20/11
Kochtopf, der, "-e 20/11
Koffer, der, – 147/8
komplett 90/3
Kompliment, das, -e 57/13
Komponist/Komponistin, der/die, -en/-nen 110/4
König/Königin, der/die, -e/-nen 103/9
Konsequenz, die, -en 117/6
konservativ 52/2
Konsumgut, das, "-er 111/4
Kontaktadresse, die, -n 103/10
Kontrast, der, -e 146/5
Kontrolle, die, -n 103/8
Kopftuch, das, "-er 53/3
Kopie, die, -n 96/2
körperlich *(körperlicher Ausgleich)* 148/9
Körperpflege, die *Sg.* 56/10
Korrektur, die, -en 40/4
Kosmetik, die *Sg.* 57/12
Kosmonaut/Kosmonautin, der/die, -en/-nen 40/4
Kosten *Pl.* 85/14
kostenlos, *, * 42/1
Krabbelgruppe, die, -n 92/7
Kraftfahrzeug, das, -e 121/13
Krankenschwester, die, -n 13/16
kreisen (ist gekreist) 40/4
Kreistag, der, -e 98

Krieg, der, -e 139/12
kriegen *(Durst kriegen)* 74/2
kritisch 55/8
Küchenhilfe, die, -n 89/2
Küchenregal, das, -e 27/2
Kulturpolitik, die *Sg.* 100/3
kümmern (sich + um + A.) 82/8
Kursort, der, -e 68/15
Kurve, die, -n 119/9
Kurzinformation, die, -en 110/4
Kurzreise, die, -n 67/14
Küssen, das *Sg.* 139/12
lachen 39/3
Lage, die, -n *(die geographische Lage)* 110/4
Lagerarbeit, die, -en 92/7
Lagerarbeiter/Lagerarbeiterin, der/die, –/-nen 89/2
Land, das, "-er (= Bundesland) 98
Landesparlament, das, -e 99
Landesregierung, die, -en 98
Landtag, der, -e 98
längst 39/3
langweilen (+ sich) 9/10
lassen, er lässt, ließ, hat lassen/gelassen 40/4
Lastkraftwagen, der, – *(Abk.* Lkw, der, -s) 121/14
laufen, er läuft, lief, ist gelaufen 29/6
laut (+ D.) *(laut Statistik)* 126/4
Leben, das, – *(meist Sg.)* 94/11
Lebendige, der/die, -n 40/4
Lebensform, die, -en 12/15
Lebenslauf, der, "-e 89/1
Leder, das *Sg.* 53/3
ledig, *, * 109/2
leer 114
Lehre, die, -n 42/1
leicht 54/7
leuchten 16/1
liberal 103/8
Licht, das, -er 16/1
lieb *(Anrede: Lieber Fred!)* 18/4
Lieblingsmöbelstück, das, -e 30/10
Lied, das, -er 17/2
liegen, er liegt, lag, hat gelegen *(Auf dem Boden
   liegt ein Teppich.)* 28/4
Lippenstift, der, -e 57/12
Lkw, der, -s (= Lastkraftwagen, der, –) 121/14
loben 135
locker 52/2
logisch 130/13
Logo, das, -s 128/9
lohnen, (+ sich) *(Die Reise lohnt sich.)* 147/8
Lohnsteuerkarte, die, -n 96/1
löschen 122/1
lösen 36/1
losfahren, er fährt los, fuhr los, ist losgefahren
   118/7
Macht, die, "-e 99
Mädchen, das, – 44/4
Mai, der *Sg.* 21/13
Maibaum, der, "-e 37/1
Mail, die, -s (= E-Mail) 124/1
mailen 124/1

Make-up, das, -s 56/10
Mal, das, -e *(Bis zum nächsten Mal!)* 80/4
Malerbetrieb, der, -e 42/1
Maloche, die *Sg. (ugs. für die [schwere] Arbeit im Beruf)* 114
man 10/11
manch(-) *(manche anderen Kulturen)* 60/3
Mappe, die, -n 90/4
Marmelade, die, -n 21/12
März, der *Sg.* 21/13
Maschine, die, -n 93/9
Maschinenbau, der *Sg.* 92/7
Material, das, -ien 53/3
Mauer, die, -n *(hier: die Berliner Mauer)* 99
Maus, die, "-e 29/6
Medienalltag, der *Sg.* 124
Medium, das, Medien 126/4
Medizin, die *Sg. (Medizin studieren)* 45/7
Mehrfachlösung, die, -en 120/12
Mehrheit, die, -en 99
mehrmals 126/5
meinen 9/8
Meinung, die, -en 44/3
meistens 56/10
Messe, die, -n 110/4
Messegelände, das, – 111/4
Messestadt, die, "-e 110/4
Mief, der *Sg.* 63
Mikrowelle, die, -n 27/2
Militär, das *Sg.* 101/5
Militärdienst, der *Sg.* 45/6
Millionär/Millionärin, der/die, -e/-nen 107/8
Mimik, die *Sg.* 40/4
Minderheit, die, -en 102/8
mindestens 6
Minister/Ministerin, der/die, –/-nen 98
minus 65/8
mischen 65/5
mitarbeiten 103/8
Mitarbeiter/Mitarbeiterin, der/die, –/-nen 70/3
Mitbürger/Mitbürgerin, der/die, –/-nen 82/8
miteinander 75/2
Mitglied, das, -er 73/1
Mitgliedsbeitrag, der, "-e 86/1
mitlesen, er liest mit, las mit, hat mitgelesen 138/11
mitnehmen, er nimmt mit, nahm mit, hat mitgenommen 63
Mitspieler/Mitspielerin, der/die, –/-nen 73/1
Mittagessen, das, – 75/3
Mitte, die *Sg.* 39/3
Mittelalter, das *Sg.* 110/4
Mittelklassewagen, der, – 118/8
mittler-, *, * *(die mittlere Reife)* 43/1
mittlerweile 146/5
Möbelstück, das, -e 37/1
mobil 114
Mobilität, die *Sg.* 116/4
Mode, die, -n 56/10
Modell, das, -e 76/5
Modezeitschrift, die, -en 56/10

modisch 52/2
mögen, er mag, mochte, hat mögen/ gemocht 82/10
möglich 120/12
möglichst 125/3
Mond, der, -e 139/12
Mondlicht, das *Sg.* 139/12
morgen 81/6
Morgenstund(e), die, -n 135
Moschee, die, Moscheen 11/14
Motorrad, das, "-er 139/12
Mountainbike, das, -s 92/7
multikulturell 102/8
Museumsstadt, die, "-e 146
Musik, die, -en *(meist Sg.)* 17/2
Muster, das, – 53/3
Mustermesse, die, -n 111/4
Muttersprachler/Muttersprachlerin, der/die, –/-nen 40/4
na ja 100/3
nachfragen 90/4
nachher 55/8
Nachricht, die, -en 125/2
nachschlagen, er schlägt nach, schlug nach, hat nachgeschlagen 40/4
nachsprechen, er spricht nach, sprach nach, hat nachgesprochen 21/12
Nachteil, der, -e 117/5
Nachtfahrt, die, -en 122/1
Nachtschicht, die, -en 47/11
Nähkurs, der, -e 79
nass 65/6
Nationalfeiertag, der, -e 99/1
Natur, die *Sg.* 64/4
Nebel, der, – 64/5
neblig 70/2
Neffe, der, -n 7/1
nehmen, er nimmt, nahm, hat genommen *(den Zug nehmen)* 66/11
nehmen, er nimmt, nahm, hat genommen *(in den Arm nehmen)* 75/2
Netz, das, -e *(hier: Internet)* 124/1
Neujahr, das *Sg.* 24/2
Neupreis, der, -e 122/2
nicht nur ... sondern auch 85/15
Nichte, die, -n 7/2
Nichtraucher, der, – *(hier für Nichtraucherabteil)* 67/11
Nichtraucherabteil, das, -e 66/10
niedrig 103/8
niemand 75/2
normal 36/1
Normalpreis, der, -e 67/11
Note, die, -n 44/3
Notendurchschnitt, der, -e 46/8
November, der *Sg.* 21/13
o.k. (= okay) 74/2
obwohl 95/15
öffentlich 110/4
öffentlich-rechtlich, *, * *(öffentlich-rechtliche Sender)* 128/9

Oktober, der *Sg.* 21/13
Oktoberfest, das, -e 63
Opa, der, -s 6
Oper, die, -n 75/3
Opposition, die *Sg.* 98
Orchester, das, – 110/4
Ordinalzahl, die, -en 21/13
organisieren 21/12
Ostern, das, – 8/6
paar 28/4
Papier, das, -e 142/2
Paps, der *Sg. (wie* Papi *Koseform für* Vater, Papa*)* 75/2
Paradies, das, -e 64/4
Parfum, das, -s 139/12
Parkhaus, das, "-er 115/3
Parkschein, der, -e 115/3
Parlament, das, -e 98
Partei, die, -en 98
Partner/Partnerin, der/die, –/-nen 30/8
Party, die, -s 17/2
Passfoto, das, -s 89/1
Pay-TV-Programm, das, -e 128/9
PC, der, -s (= Personalcomputer, der, –) 90/4
Personal, das *Sg.* 49/17
persönlich 14/2
Pfanne, die, -n 27/2
Pfingsten, das *Sg.* 21/14
Pflanze, die, -n 138/10
Picknick, das, -s 78
Pilot/Pilotin, der/die, -en/-nen 95/14
Plakat, das, -e 109/2
planen 68/15
Platten *(einen Platten haben)* 115/3
Platz, der, "-e *(ein Sitzplatz im Zug)* 66/10
Pleite, die, -n 92/7
Politikquiz, das *Sg.* 99/1
Politikwort, das, "-er 98
politisch 82/8
Popgruppe, die, -n 111/4
Popsong, der, -s 111/4
Porträt, das, -s 110
Post, die *Sg.* 74/2
Poster, das, – 29/7
prägen *(christlich geprägt)* 103/8
Präsident/Präsidentin, der/die, -en/-nen 103/9
Preisausschreiben, das, – 74/2
privat 128/9
Privatsache, die, -n 129/12
Pro, das, -s 129/12
Probezeit, die, -en 122/1
Promille, das, – 122/1
Prospekt, der, -e 89/2
Protest, der, -e 110/4
Prozent, das, -e 36/1
Prüfung, die, -en 24/2
Prüfungsangst, die, "-e 148/9
Publikum, das *Sg.* 40/4
Punktekonto, das, -konten 122/1
pünktlich 39/3
Pünktlichkeit, die *Sg.* 134

pur *(Natur pur!)* 64/4
Putzhilfe, die, -n 89/2
qm (= Quadratmeter, der, –) 28/4
Qualifikation, die, -en 50/1
Quatsch, der *Sg.* 39/3
Rabatt, der, -e 67/11
Rad, das, "er 118/8
Radiowecker, der, – 125/2
Radtour, die, -en 116/4
Radweg, der, -e 115/3
rasieren (+ sich) 9/10
Rat, der *Sg.* 135
ratlos 75/2
Ratschlag, der, "-e 83/11
Raucher, der, – *(hier für Raucherabteil)* 67/11
Raum, der, "-e 30/10
raus *(Mal raus hier!)* 74/2
Realität, die, -en 101/5
Realschule, die, -n 42/1
recht- *(an der rechten Wand)* 28/4
Recht *Sg.* (1) ohne Artikel *(Du hast Recht!)* 101/4
Recht, das, -e (2) *(demokratische Rechte)* 102/8
Rechtsanwalt/Rechtsanwältin, der/die, "-e/-nen 52/1
Recyclingwahn, der *Sg.* 140/14
reden 75/2
Redewendung, die, -en 134/1
Regal, das, -e 28/4
Regel, die, -n 21/13
regeln 129/12
Regen, der *Sg.* 63
Regenzeit, die, -en 65/8
regieren 103/9
Regierung, die, -en 98
Regierungspartei, die, -en 98
regional 21/15
Regionalexpress, der *Sg.* 66/10
regnen 65/6
regnerisch 64/5
Reiche, der/die, -n 101/5
Reichstagsgebäude, das *Sg.* 99
Reife, die *Sg.* *(hier die mittlere Reife)* 43/1
reinkommen, er kommt rein, kam rein, ist reingekommen 39/3
Reise, die, -n 17/2
Reiseführer, der, – *(hier ein Buch)* 147/7
Reisemöglichkeit, die, -en 68/15
reisen (ist gereist) 11/12
Reiseunternehmen, das, – 68
relativ *(ein relativ schlechtes Gehalt)* 92/7
religiös 106/5
rennen, er rennt, rannte, ist gerannt 39/3
renovieren 26/1
Rentner/Rentnerin, der/die, –/-nen 13/16
Republik, die, -en 99
reservieren 66/10
Reservierung, die, -en 67/11
Rest, der, -e 31/14
retten 116/4
Revolution, die, -en 99
richten (+ sich + nach + D.) 122/1

Ritual, das, -e 146/5
Rolle, die, -n 146
Rollenspiel, das, -e 67/14
Roman, der, -e 124/1
romantisch 139/12
Rückfrage, die, -n 127/8
Rückseite, die, -n 96/2
Ruhe, die *Sg.* 129/12
Runde, die, -n *(Kommt in unsere Runde!)* 38/2
Rundfunkgebühren *Pl.* 128/9
Rutsch, der *Sg.* *(Einen guten Rutsch!)* 24/2
Sache, die, -n 81/5
sachlich 138/11
Sänger/Sängerin, der/die, –/-nen 111/4
Sanitäter/Sanitäterin, der/die, –/-nen 95/14
Satellit, der, -en 128/9
Satellitenantenne, die, -n 128/9
satt: etwas satt haben *(ugs. für etwas nicht mehr wollen)* 114
sauber 39/3
sauber machen 39/3
sauer 39/3
Sauwetter, das *Sg.* 64/4
Schach, das *Sg.* *(das Spiel)* 82/9
Schachbrett, das, -er 79
Schachclub, der, -s 79
Schatz, der, "-e *(hier Koseform für Liebling o.Ä.)* 75/2
Scheidung, die, -en 17/2
scheinen, sie scheint, schien, hat geschienen *(Die Sonne scheint.)* 65/8
Schichtdienst, der, -e 91/5
schick 9/9
schicken 90/4
schlank 52/1
schließen, er schließt, schloss, hat geschlossen 121/14
schlimm 137/9
Schloss, das, "-er *(das Bauwerk)* 146/6
Schluck! 28/4
Schluss, der, "-e (meist *Sg.*) 75/2
schminken (+ sich) 9/10
schmücken 16/1
Schnäppchen, das, – 119/9
Schnee, der *Sg.* 63
schneien 64/5
schnell 78
Schokolade, die *Sg.* 17/2
Schokoladenhase, der, -n 16/1
schon *(Das ist schon wichtig.)* 6
schon wieder 18/4
Schönheit, die *Sg.* 56/10
Schranke, die, -n 121/14
schrecklich 92/7
Schreibtisch, der, -e 27/2
Schrift, die, -en *(die Freiheit von Wort und Schrift)* 106/5
Schritt, der, -e 28/4
Schrottkiste, die, -n *(ugs. für altes Auto)* 118/8
Schulabschluss, der, "-e 42/1

Schulabschlusszeugnis, das, -se 96/2
Schulart, die, -en 43/2
Schüler/Schülerin, der/die, –/-nen 101/5
Schuljahr, das, -e 43/1
Schulzeit, die, -en 44/3
Schütze/Schützin, der/die, -n/-nen 82/8
schützen 100/3
Schwager/Schwägerin, der/die, "-/-nen 6
schwarz, schwärzer, am schwärzesten 53/5
Schwiegersohn, der, "-e 14/1
Schwiegertochter, die, "– 14/1
schwierig 40/4
schwimmen, er schwimmt, schwamm, hat/ist geschwommen 11/12
Secondhand-Laden, der, "– 56/10
See, die *Sg.* 63
Sehnsucht, die, "-e 147/8
Sehtest, der, -s 122/1
Seide, die *Sg.* 53/3
seitdem 116/4
Selbsterkenntnis, die *Sg.* 9/8
Seligkeit, die, -en 147/8
Semester, das, – 79
Senat, der, -e 99
senden 128/9
Sender, der, – *(Radio-, Fernsehsender)* 128/9
Sendung, die, -en *(Radio-, Fernsehsendung)* 128/9
Senior/Seniorin, der/die, Senioren/Seniorinnen 92/7
Seniorenheim, das, -e 92/7
September, der *Sg.* 21/13
seriös 55/8
Serviette, die, -n 39/3
setzen (+ sich) (1) *(sich auf die Couch setzen)* 29/7
setzen (+ sich) *(Setzen Sie sich mit uns in Verbindung!)* 74/2
Sinn, der *Sg.* *(Köln hab ich im Sinn.)* 63
sitzen, er sitzt, saß, hat gesessen 29/7
Sitzplatz, der, "-e 67/11
so genannt- 128/9
so weit *(Endlich ist es so weit.)* 28/4
Sofa, das, -s 27/2
sogar 116/4
Solaranlage, die, -n 101/5
sollen, er soll, sollte, hat sollen/gesollt 90/4
Sommernacht, die, "-e 147/8
Sommerzeit, die *Sg.* 39/3
Sonne, die, -n 63
Sonnenschein, der *Sg.* 64/4
sonnig 64/5
sonst 6
sonstig 83/12
sorgen (+ für + A.) 18/4
sozial 102/8
Soziale, das *Sg.* 83/12
Sozialpolitik, die *Sg.* 100/3
Sozialversicherungsausweis, der, -e 96/1
spannend 147/6
Spektakel, das, – 146/5
Spieler/Spielerin, der/die, –/-nen 36/1
Spielfigur, die, -en 36/1
Spielfilm, der, -e 128/9

Spielplatz, der, "-e 78
Spielzeugauto, das, -s 118/8
Sportart, die, -en 80/3
sportlich 52/2
Sportwagen, der, – 118/8
Sprichwort, das, "-er 134/1
springen, er springt, sprang, ist gesprungen 29/6
Staat, der, -en 99
staatlich, *, * 42/1
Staatsausgabe, die, -n 103/8
Staatschef/Staatschefin, der/die, -s/-nen 103/9
Staatsoberhaupt, das, "-er 99
Staatspartei, die, -en 103/8
Stadtfahrt, die, -en 122/1
Stadtrat, der, "-e *(das Gremium)* 98
Stadtrundfahrt, die, -en 68/15
Stadtteil, der, -e 146/5
stammen (+ aus + *D.*) 102/8
Standesamt, das, "-er 16/1
ständig 146/5
Standort, der, -e 146/
stark, stärker, am stärksten 103/8
stattfinden, er findet statt, fand statt, hat stattgefunden *(Die Kurse finden abends statt.)* 92/7
Stau, der, -s 114/
Steckbrief, der, -e 42/1
Stehlampe, die, -en 27/2
steif *(Die Deutschen sind steif.)* 140/14
Stelle, die, -n *(hier: Körperstelle)* 55/8
Stelle, die *Sg. (An deiner Stelle würde ich Sport machen.)* 107/8
Stellungnahme, die, -n 140/15
still 147/8
stimmen *(Stimmen die Zeiten?)* 76/5
Stimmung, die, -en 138/11
stören 129/12
Strafe, die, -n 119/9
Strafzettel, der, – 115/3
streichen, er streicht, strich, hat gestrichen 28/4
Streit, der *Sg.* 39/3
streiten, er streitet, stritt, hat gestritten 75/2
streng 140/14
stressig 54/7
streuen 16/1
Studium, das, Studien 45/6
Stundenlohn, der, "-e 91/5
stürmen 64/5
stürmisch 64/5
Süße, das *Sg. (etwas Süßes)* 31/11
sympathisch 6
Szene, die, -n 110/4
tabellarisch 89/1
Tagesausflug, der, "-e 68/15
tanken 115/3
Tanzabend, der, -e 92/7
tanzen 9/10
tapezieren 28/4
Tasche, die, -n (1) *(hier* Manteltasche*)* 54/7
Tasche, die, -n (2) 73/1
tauschen 127/7
Taxi, das, -s 18/7

Taxischein, der, -e 46/8
Taxiunternehmen, das, – 89/2
Team, das, -s 54/7
Teambesprechung, die, -en 91/5
teilen 75/2
Teilnahmepflicht, die *Sg.* 122/1
Teilzeitarbeiter/-arbeiterin, der/die, –/-nen 93/9
Telefongespräch, das, -e 74/2
Temperatur, die, -en 76/4
Teppich, der, -e 27/2
Textabschnitt, der, -e 111/4
Theaterstück, das, -e 110/4
theoretisch 120/12
These, die, -n 129/12
Tier, das, -e 82/10
Tischdecke, die, -n 39/3
Tischdekoration, die, -en 137/6
Tischtennis, das *Sg. (das Spiel)* 78
Toast, der, -s *(Toastbrot)* 39/3
Tod, der, -e *(meist Sg.)* 24/2
tolerant 109/2
Tor, das, -e 146/6
Tote, der/die, -n 40/4
totschlagen, er schlägt tot, schlug tot, hat totgeschlagen *(die Zeit totschlagen)* 135
Touristeninformation, die, -en 111/5
traditionell 110/4
tragen, er trägt, trug, hat getragen *(einen Anzug tragen)* 52/1
trainieren 85/15
Training, das, -s 75/2
Traum, der, "e 139/12
Traumberuf, der, -e 73/1
träumen 54/5
träumerisch 138/11
Traumpaar, das, -e 59/16
treffen, er trifft, traf, hat getroffen 6
Trockenzeit, die, -en 65/8
tun, er tut, tat, hat getan *(Was tust du für dein Aussehen?)* 57/12
Turnier, das, -e 79
Turnverein, der, -e 82/8
Typ, der, -en 55/8
U-Bahn, die, -en 116/4
überall 127/7
überfliegen, er überfliegt, überflog, hat überflogen *(einen Text überfliegen)* 130/13
überholen 121/14
Überholverbot, das, -e 121/13
Überlandfahrt, die, -en 122/1
überlegen 40/4
übernachten 18/4
Überschrift, die, -en 48/14
Umfrage, die, -n 137/9
umgehen (+ mit + *D.*), er geht um, ging um, ist umgegangen 129/12
umschalten 124/1
Umwelt, die *Sg.* 82/9
Umweltpolitik, die *Sg.* 100/3
umziehen (+ sich), er zieht sich um, zog sich um, hat sich umgezogen 137/7

unabhängig 116/4
unantastbar 106/5
unbegrenzt 122/1
unbekannt 120/12
unbeschrankt, *, * 121/13
Unfall, der, "-e 24/2
ungeduldig 143/6
ungemütlich 30/9
ungesund, ungesünder, am ungesündesten 129/12
ungewöhnlich 94/12
unmodisch 56/10
Unsinn, der *Sg.* 39/3
unten 28/4
unter (+ *A./D.*) 28/4
Untergang, der, "-e 139/12
unterhalten (+ sich) er unterhält, unterhielt, hat unterhalten 9/10
Unterhaltung, die *Sg.* 128/9
Unterschrift, die, -en 96/2
unverletzlich 106/5
unwichtig 101/4
unzufrieden 92/7
up to date 56/10
Urenkel/Urenkelin, der/die, –/-nen 7/2
Urgroßeltern *Pl.* 14/1
Urgroßmutter, die, "– 14/1
Urgroßvater, der, "– 14/1
Urlaubsbericht, der, -e 65/6
usw. (= und so weiter) 83/10
variieren 39/3
verändern 55/8
verbessern 40/4
verbieten, er verbietet, verbot, hat verboten 129/12
Verbindung, die *Sg.* 74/2
Verbindung, die, -en *(Zugverbindung)* 66/11
Verbot, das, -e 121/13
verbringen, er verbringt, verbrachte, hat verbracht *(Zeit verbringen)* 80/3
verdecken 55/8
Verdruss, der *Sg. (ugs. für* Ärger*)* 114
Verein, der, -e 80/3
verengen 121/13
Verfassung, die, -en 108/1
verfolgen 82/9
vergehen, er vergeht, verging, ist vergangen *(vergangene Zeiten)* 147/8
vergessen, er vergisst, vergaß, hat vergessen 8/7
Vergnügung, die, -en 138/10
Verhandlungsbasis, die *Sg.* 122/2
Verkaufspreis, der, -e 122/2
Verkehr, der *Sg.* 73/1
Verkehrsmittel, das, – 114/2
Verkehrspolitik, die *Sg.* 100/3
Verkehrsregel, die, -n 122/1
Verkehrssünderdatei, die, -en 122/1
Verkehrszeichen, das, – 121/13
Verlag, der, -e 110/4
verletzen 60/3
verlieren, er verliert, verlor, hat verloren 81/7
Veröffentlichung, die, -en 111/4
verreisen (ist verreist) 68

verschicken 92/7
verschieben, er verschiebt, verschob, hat
	verschoben 134
verschieden - 40/4
Verspätung, die, -en 66/10
verstehen (+ sich), er versteht, verstand,
	hat verstanden 9/9
Verstoß, der, "-e 122/1
verteilen 67/14
Verwandte, der/die, -n 6
Verwandtschaft, die, -en 10/11
Verwarnung, die, -en 122/1
verwenden 121/14
VHS, die (= Volkshochschule, die, -n) 47/11
Video, das, -s 126/4
Vielfalt, die Sg. 75/3
vielfältig 68
Vier-Gänge-Menü, das, -s 74/2
Vogel, der, "– 135/3
Volk, das, "-er 111/4
voll *(eine volle Stelle)* 90/3
Volleyball Sg. ohne Artikel *(das Spiel)* 78
vor allem 137/6
Voraussetzung, die, -en 122/1
vorbei sein, es ist vorbei, war vorbei, ist
	vorbei gewesen 31/12
vorbeifahren, er fährt vorbei, fuhr vorbei, ist vor-
	beigefahren 121/14
vorbereiten 39/3
Vorhang, der, "-e 27/2
vorher/vorher 55/8
vorschreiben, er schreibt vor, schrieb vor, hat vorge-
	schrieben 121/13
vorsichtig 60/3
Vorsitzende, der/die, -n 68/16
vorstellen 39/3
Vorteil, der, -e 117/5
vortragen, er trägt vor, trug vor, hat
	vorgetragen *(einen Song vortragen)* 111/4
vorwärts *(Stau: Es geht nicht vorwärts.)* 114
Wagen, der, – *(hier Auto)* 119/9
Wahl, die, -en *(Parlamentswahl)* 98
Wahlplakat, das, -e 102/8
wahrscheinlich 28/4
Wand, die, "-e 28/4
wandeln (sich) (= ändern) 111/4
Wanderer/Wanderin, der/die, –/-nen 82/8
wandern (ist gewandert) 63/3
Wandzeitung, die, -en 111/5
Wappentier, das, -e 98
Ware, die, -n 111/4
warten 8/6
Wechsel, der, – 138/10
weder ... noch 85/15
wegbleiben, er bleibt weg, blieb weg, ist
	weggeblieben 11/14
wegen (+ G., auch D.) 91/5
weggehen, er geht weg, ging weg, ist
	weggegangen 11/12
weglegen 74/2
wegnehmen, er nimmt weg, nahm weg, hat wegge-
	nommen 72/1
Wegwerfmentalität, die Sg. 140/14
wehen 64/5
Weihnachten, das, – 16/1
Weihnachtsbaum, der, "-e 16/1
Weile, die Sg. 114
Weise, die, -n *(auf diese Weise)* 147/8
weiter- *(Finden Sie weitere Beispiele.)* 19/10
Weiterbildung, die Sg. 46/8
Weiterbildungsmöglichkeit, die, -en 42/1
weiterlernen 42/1
weiterspielen 72/1
Welt, die, -en 75/3
weltanschaulich 106/5
weltbekannt, *, * 110/4
Weltkrieg, der, -e 99
Werbefachmann/Werbefachfrau, der/die, -leute
	56/10
werfen, er wirft, warf, hat geworfen 16/1
Werksbesichtigung, die, -en 74/2
Wetter, das Sg. 64/4
Wetterbericht, der, -e 76/4
Wetterkarte, die, -n 76/4
wieder 18/4
Wiederholungsspiel, das, -e 36/1
Wiedervereinigung, die, -en 111/4
Wievielte, der/das/die Sg. *(Der Wievielte ist heute?)*
	21/14
Wind, der, -e 64/5
windig 65/6
Winterzeit, die Sg. 39/3
wirken *(Der Hals wirkt schlanker.)* 55/8
wirklich 9/8
Wirtschaft, die Sg. 102/7
Wirtschaftspolitik, die Sg. 100/3
Wissenschaft, die, -en 146
wissenschaftlich 146/
Wochenenddienst, der, -e 67/14
Wochenendticket, das, -s 69/17
Wochentag, der, -e 85/14
Wohnraum, der, "-e 30/8
Wolke, die, -en 65/9
wolkenlos 65/6
Wolle, die Sg. 53/3
Worterklärung, die, -en 114
Wortfeld, das, -er 7/2
wörtlich 135/3
wunderschön, *, am wunderschönsten 9/10
Wunschauto, das, -s 119/11
Würde, die Sg. 106/5
Würfel, der, – 36/1
Wurm, der, "-er 135/3
z.B. (= zum Beispiel) 42/1
z.T. (= zum Teil) 11/14
zahllos, *, * 146
Zank, der Sg. 149/10
zappen 124/1
Zeitgefühl, das Sg. 136/5
Zeitpunkt, der, -e 137/8
Zeitschrift, die, -en 56/11
Zeitstrahl, der, -en 131/13
Zeitungsanzeige, die, -n 85/14
Zentimeter, der, – *(Abk.* cm) 65/6
Zeppelin-Rundflug, der, "-e 74/2
zerfallen, er zerfällt, zerfiel, ist zerfallen
	(zerfallene Häuser) 147/6
Zettel, der, – 127/7
Zeug, das Sg. 74/2
Zeugniskopie, die, -n 89/1
ziehen, er zieht, zog, hat/ist gezogen 36/1
Zielgruppe, die, -n 128/9
ziemlich 64/5
Zivildienst, der Sg. 46/8
zoologisch, *, * *(zoologischer Garten)* 146/5
züchten 83/10
Zugtyp, der, -en 66/11
Zuhörer/Zuhörerin, der/die, –/-nen 143/6
Zukunft, die Sg. 46/8
Zukunftsplan, der, "-e 45/7
zurückfahren, er fährt zurück, fuhr zurück,
	ist zurückgefahren 66/10
zurückgrüßen 40/4
zurückmögen, er mag zurück, mochte zurück, hat
	zurückgemocht 68/15
zurückrufen, er ruft zurück, rief zurück, hat zurück-
	gerufen *(Telefon)* 124/1
zurückschauen 114
zurückstellen 39/3
zurzeit 146/5
zusammengehören 13/17
zusammenklappen 39/3
zusammenstellen *(ein Menü zusammenstellen)*
	137/6
zusätzlich, *, * 86/1
zuschauen 78
Zuschauer/Zuschauerin, der/die, –/-nen 98
Zustand, der, "-e 122/2
zustimmen 44/3
zwar 63
zwischen (+ A./D.) 29/6

Unregelmäßige Verben

Die Liste enthält die unregelmäßigen Verben aus *Berliner Platz*, Band 1 und Band 2. Bei Verben mit trennbaren Vorsilben ist nur die Grundform aufgeführt: *aufschreiben* siehe *schreiben*, *anrufen* siehe *rufen* usw. Das *sein*-Perfekt ist grün markiert.

abbiegen	er biegt ab	bog ab	ist abgebogen
begreifen	er begreift	begriff	hat begriffen
beginnen	er beginnt	begann	hat begonnen
behalten	er behält	behielt	hat behalten
beitreten	er tritt bei	trat bei	ist beigetreten
bekommen	er bekommt	bekam	hat bekommen
besprechen	er bespricht	besprach	hat besprochen
bestehen	er besteht	bestand	hat bestanden
bewerben (sich)	er bewirbt sich	bewarb sich	hat sich beworben
bieten	er bietet	bot	hat geboten
bitten	er bittet	bat	hat gebeten
bleiben	er bleibt	blieb	ist geblieben
brauchen	er braucht	brauchte	hat brauchen/gebraucht
brechen	er bricht	brach	hat gebrochen
bringen	er bringt	brachte	hat gebracht
denken	er denkt	dachte	hat gedacht
dürfen	er darf	durfte	hat dürfen/gedurft
eintreffen	er trifft ein	traf ein	ist eingetroffen
eintreten	er tritt ein	trat ein	ist eingetreten
einziehen	er zieht ein	zog ein	ist eingezogen
empfangen	er empfängt	empfing	hat empfangen
empfehlen	er empfiehlt	empfahl	hat empfohlen
erkennen	er erkennt	erkannte	hat erkannt
entscheiden	er entscheidet	entschied	hat entschieden
erfinden	er erfindet	erfand	hat erfunden
erraten	er errät	erriet	hat erraten
ertragen	er erträgt	ertrug	hat ertragen
essen	er isst	aß	hat gegessen
fahren	er fährt	fuhr	ist gefahren
fallen	er fällt	fiel	ist gefallen
fangen	er fängt	fing	hat gefangen
finden	er findet	fand	hat gefunden
fliegen	er fliegt	flog	ist geflogen
geben	er gibt	gab	hat gegeben
gefallen	er gefällt	gefiel	hat gefallen
gehen	er geht	ging	ist gegangen
gelten	er gilt	galt	hat gegolten
genießen	er genießt	genoss	hat genossen
gewinnen	er gewinnt	gewann	hat gewonnen
haben	er hat	hatte	hat gehabt
heißen	er heißt	hieß	hat geheißen
halten	er hält	hielt	hat gehalten
helfen	er hilft	half	hat geholfen
kennen	er kennt	kannte	hat gekannt
kommen	er kommt	kam	ist gekommen
können	er kann	konnte	hat können/gekonnt

268

zweihundertachtundsechzig

Infinitiv	3. Person Singular	Präteritum	Perfekt
laden	er lädt	lud	hat geladen
lassen	er lässt	ließ	hat lassen/gelassen
leihen	er leiht	lieh	hat geliehen
laufen	er läuft	lief	ist gelaufen
lesen	er liest	las	hat gelesen
liegen	er liegt	lag	hat gelegen
lügen	er lügt	log	hat gelogen
nennen	er nennt	nannte	hat genannt
mögen	er mag	mochte	hat mögen/gemocht
müssen	er muss	musste	hat müssen/gemusst
nehmen	er nimmt	nahm	hat genommen
rennen	er rennt	rannte	ist gerannt
rufen	er ruft	rief	hat gerufen
scheinen	er scheint	schien	hat geschienen
schlafen	er schläft	schlief	hat geschlafen
schlagen	er schlägt	schlug	hat geschlagen
schließen	er schließt	schloss	hat geschlossen
schneiden	er schneidet	schnitt	hat geschnitten
schreiben	er schreibt	schrieb	hat geschrieben
schwimmen	er schwimmt	schwamm	ist/hat geschwommen
sehen	er sieht	sah	hat gesehen
singen	er singt	sang	hat gesungen
sollen	er soll	sollte	hat sollen/gesollt
sprechen	er spricht	sprach	hat gesprochen
springen	er springt	sprang	ist gesprungen
stattfinden	er findet statt	fand statt	hat stattgefunden
stehen	er steht	stand	hat gestanden
steigen	er steigt	stieg	ist gestiegen
streichen	er streicht	strich	hat gestrichen
streiten	er streitet	stritt	hat gestritten
tragen	er trägt	trug	hat getragen
treffen	er trifft	traf	hat getroffen
trinken	er trinkt	trank	hat getrunken
tun	er tut	tat	hat getan
überfliegen	er überfliegt	überflog	hat überflogen
umziehen (sich)	er zieht sich um	zog sich um	hat sich umgezogen
unterhalten (+ sich)	er unterhält sich	unterhielt sich	hat sich unterhalten
verbinden	er verbindet	verband	hat verbunden
verbieten	er verbietet	verbot	hat verboten
verbringen	er verbringt	verbrachte	hat verbracht
vergehen	er vergeht	verging	ist vergangen
vergessen	er vergisst	vergaß	hat vergessen
vergleichen	er vergleicht	verglich	hat verglichen
verlieren	er verliert	verlor	hat verloren
verschieben	er verschiebt	verschob	hat verschoben
verstehen	er versteht	verstand	hat verstanden
werfen	er wirft	warf	hat geworfen
waschen	er wäscht	wusch	hat gewaschen
wissen	er weiß	wusste	hat gewusst
wollen	er will	wollte	hat wollen/gewollt
widersprechen	er widerspricht	widersprach	hat widersprochen
zerfallen	er zerfällt	zerfiel	ist zerfallen
ziehen	er zieht	zog	hat gezogen

Verben mit Präpositionen

Mit Akkusativ

achten	auf	Ich achte sehr auf gute Kleidung.
antworten	auf	Antworte bitte auf meine Frage!
sich ärgern	über	Ich habe mich am Freitag so über Herbert geärgert.
sich bedanken	für	Wir möchten uns für Ihr Geschenk herzlich bedanken.
berichten	über	Die Zeitung berichtet über das Konzert.
bitten	um	Darf ich Sie um etwas bitten?
danken	für	Ich danke dir für deine Hilfe.
diskutieren	über	Morgen diskutiert der Bundestag über die Umweltpolitik.
eingehen	auf	Du musst auf meine Argumente auch eingehen.
einsteigen	in	Sie können jetzt in das Flugzeug einsteigen.
eintreten	für	Amnesty International tritt für die Menschenrechte ein.
sich engagieren	für	Ich möchte mich beim Roten Kreuz engagieren.
sich freuen	auf	Freust du dich schon auf die Sommerferien?
sich freuen	über	Ich habe mich über das Geschenk sehr gefreut.
glauben	an	Du musst an dich glauben, dann schaffst du die Prüfung!
sich gewöhnen	an	An den deutschen Winter kann ich mich nicht gewöhnen.
sich interessieren	für	Meine Frau interessiert sich für Politik, aber ich nicht.
informieren	über	Frau Wohlfahrt hat uns über die Prüfung informiert.
sich informieren	über	Hast du dich schon über die neuen Strompreise informiert?
sich kümmern	um	Nachmittags muss ich mich um die Kinder kümmern.
lachen	über	Über diesen Witz kann ich nicht lachen!
legen	auf	Leg das Buch bitte auf meinen Schreibtisch.
reagieren	auf	Du musst auf den Brief reagieren. Schreib gleich morgen.
reden	über	Können wir über das Problem reden?
sein	für	Ich bin für ein Kursfest im Juni.
sein	gegen	Warum bist du gegen ein Kursfest? Das macht doch Spaß.
sich setzen	auf	Setz dich doch auf das Sofa, da hast du genug Platz.
sprechen	über	Gerade haben wir über dich gesprochen.
steigen	auf	Ich bin noch nie auf einen Berg gestiegen.
sich unterhalten	über	Wir haben uns den ganzen Abend über Männer unterhalten.
warten	auf	Ich warte jetzt schon eine halbe Stunde auf dich!
ziehen	nach	Boris ist nach Potsdam gezogen. Er hat dort einen Job.

Mit Dativ

ändern	an	Man kann an der Situation etwas ändern, wenn man sich bemüht.
ausreisen	aus	Wir sind im Jahr 2002 aus Russland ausgereist.
sich bedanken	bei	Hast du dich schon bei Samira bedankt?
sich bewerben	bei	Ich will mich bei der BASF bewerben.
berichten	von	Berichte doch mal von deiner Reise, war sie schön?
bestehen	aus	Wasser besteht aus Wasserstoff und Sauerstoff.
einladen	zu	Wir wollen euch zu unserer Hochzeit einladen.
erzählen	von	Hab ich dir schon von meinem neuen Freund erzählt?
fragen	nach	Jemand hat heute nach dir gefragt. Hier ist die Telefonnummer.
gratulieren	zu	Wir möchten euch herzlich zu eurer Hochzeit gratulieren.
hören	von	Hast du etwas von Helgi gehört? Sie soll jetzt in Wien wohnen.
liegen	auf	Herbert liegt schon den ganzen Tag auf der Couch und liest.
sich richten	nach	Du musst dich schon nach den Verkehrsregeln richten.
schmecken	nach	Der Wein schmeckt nach Seife, den kann ich nicht trinken.
sprechen	von	Kannst du mal von was anderem sprechen als von deiner Arbeit?
stammen	aus	Samira stammt aus dem Libanon.
telefonieren	mit	Ich muss morgen mit meinen Eltern im Iran telefonieren.
sich treffen	mit	Ich treffe mich morgen mit meinen Eltern.
sich unterhalten	mit	Er würde sich gern mit dir unterhalten.
sich verstehen	mit	Heute verstehe ich mich gut mit meinen Eltern, früher nicht so.
umgehen	mit	Ich kann mit Leuten nicht umgehen, die nicht ehrlich sind.
umziehen	nach	Nächstes Jahr werde ich nach Frankfurt umziehen

Quellenverzeichnis

Fotos, die im Folgenden nicht aufgeführt sind: Vanessa Daly
Umschlagfoto oben: IFA Bilderteam, München; Umschlagfoto unten: A. Pfeifer
Karte auf der vorderen Umschlaginnenseite: Polyglott-Verlag, München

S. 12	2 Grafiken: © GLOBUS Infografik GmbH, Hamburg
	Foto Mitte: Th. Scherling
S. 14	Zeichnung: Th. Scherling
S. 17	Foto 1: Mit freundlicher Genehmigung von Familie Hoyer
	Foto 3: L. Rohrmann
	Foto 6: © Archiv Bild & Ton
S. 23	Plakat 1. Mai: © Archiv der sozialen Demokratie der Friedrich Ebert Stiftung
S. 30	Fotos C und D: L. Rohrmann
S. 40	„Grußbotschaften für Dieter Kerscheck" aus: *Der neue Zwiebelmarkt. Gedichte*, hrsg. W. Sellin/M. Walter, Berlin 1988 – Mit freundlicher Genehmigung des Autors, Peter Wawerzinek
	Foto: Mit freundlicher Genehmigung von Heidi Baatz
S. 41	2 Fotos: A. Köker
S. 42	Foto Kind mit Schultüte: Ch. Lemcke
S. 48	Foto zu Text B: © M. Sturm
S. 62	Foto Ostseestrand: A. Köker
	Foto Alpen im Winter: A. Pfeifer
	Foto Bodensee: H. Funk
	Foto Hängematte: L. Rohrmann
S. 64	Foto A: L. Rohrmann
	Foto C: Süddeutscher Verlag, Bilderdienst, München
	Foto Leuchtturm: A. Köker
S. 68	Foto Reisebus: L. Rohrmann
S. 69	Foto Neuschwanstein: © Archiv Bild & Ton
S. 75	Foto links: Mit freundlicher Genehmigung des Pressereferats der Stadt Friedrichshafen; Foto Mitte: Mit freundlicher Genehmigung der Säntis-Schwebebahn AG, Schwägalp, Schweiz; Foto rechts: Mit freundlicher Genehmigung von Axel Renner, Bregenzer Festspiele GmbH, Bregenz, Österreich
S. 76	Wetterkarte A: © www.sfdrs.ch/meteo - Mit freundlicher Genehmigung der Meteo, SF DRS; Wetterkarte B: Mit freundlicher Genehmigung der austro Control, Österreichische Gesellschaft für Zivilluftfahrt, Wien
S. 77	Foto Schachspiel: L. Rohrmann
S. 78-79	Plan des Luisenparks Mannheim: Mit freundlicher Genehmigung der Stadtpark Mannheim GmbH
S. 80	Fotos Picknick und Schwimmbad: L. Rohrmann
S. 82	Foto Vereinsheim: L. Rohrmann
S. 84	Fotos: L. Rohrmann
S. 94	Fotos: Rupert Rasenberger
S. 98	Foto Reichstag: Andrea Bienert © Bundesbildstelle Berlin
S. 99	Foto Brandenburger Tor: Süddeutscher Verlag, Bilderdienst, München
S. 100	Fotos Armin und Angela: L. Rohrmann
	Foto Volkan: A. Köker
S. 102	Plakate CDU und CSU: © Konrad Adenauer Stiftung e.V., Archiv für Christlich-Demokratische Politik (ACDP), Plakatsammlung; Plakat SPD: Mit freundlicher Genehmigung des SPD-Parteivorstands, Berlin; Plakat FDP: Mit freundlicher Genehmigung der Friedrich-Naumann-Stiftung, Archiv des Liberalismus, Gummersbach; Plakat PDS: Mit freundlicher Genehmigung der Bundesgeschäftsstelle der PDS; Plakat Bündnis 90/Die Grünen: Mit freundlicher Genehmigung der Partei „Bündnis 90/Die Grünen; Logo „Graue Panther": Mit freundlicher Genehmigung des Bundesvorstands DIE GRAUEN – Graue Panther, Wuppertal
S. 103	Foto: S. Reisdorff-Dahlke
S. 108	Foto Mitte: L. Rohrmann
S. 109	Foto: L. Rohrmann
S. 110	Kartenausschnitt Leipzig: Polyglott-Verlag, München; Plakat Leipziger Buchmesse: Mit freundlicher Genehmigung der Leipziger Buchmesse; Foto Montagsdemonstration: Süddeutscher Verlag, Bilderdienst, München
S. 111	Foto Gewandhausorchester Leipzig unter Leitung von Herbert Blomstedt im Großen Saal des GWH Leipzig, © D. Fischer - stadtphoto.de Foto Auerbachs Keller: Mit freundlicher Genehmigung von Auerbachs Keller; Logo Leipziger Messe: Mit freundlicher Genehmigung der Leipziger Messe GmbH, Abteilung Öffentlichkeitsarbeit; Firmenlogo Melitta: Mit freundlicher Genehmigung der Unternehmensgruppe Melitta
S. 112	Foto „Die Prinzen": Mit freundlicher Genehmigung von BMG, Stefano Boragno
S. 115	Foto Straßenbahnhaltestelle: L. Rohrmann
	Foto Fahrradkuriere: Ch. Lemcke
S. 116	Foto A: P. Rademacher
S. 119	Fotos: L. Rohrmann
S. 120/121	Auszüge aus „Fahren lernen", B. Prüfbogen. Auflage 12/2002: Mit freundlicher Genehmigung des Verlages Heinrich Vogel GmbH, http://www.fahren.lernen.de
S. 126	Statistik Mediennutzung pro Tag: Mit freundlicher Genehmigung des Bayerischen Rundfunks, HA Multimedia; www.br-online.de/medienforschung2002
S. 130	Foto Fernsehstube: Süddeutscher Verlag, Bilderdienst, München
S. 134-135	Foto Uhr: A. Pfeifer
S. 137	Foto: L. Rohrmann.
S. 138	Bertolt Brecht, Gedicht „Vergnügungen" aus: *Werke. Große kommentierte Berliner und Frankfurter Ausgabe*, Band 15, © Suhrkamp Verlag, Frankfurt 1993
	Gemälde oben: Oskar Kokoschka „Der Marktplatz zu Bremen", 1961, © VG Bild-Kunst, Bonn 2003
	Gemälde darunter: Gabriele Münter „Staffelsee", 1932, © VG Bild-Kunst, Bonn 2003
S. 141	Foto Joschka Fischer: Süddeutscher Verlag, Bilderdienst, München
S. 142	Foto Gäste/Einladung: L. Rohrmann
S. 145	Foto 3: L. Rohrmann
S. 146	Foto 1: Süddeutscher Verlag, Bilderdienst, München
S. 146	Welcome Card – Mit freundlicher Genehmigung der Berlin Tourismus Marketing GmbH
S. 147	Foto 4: © Archiv Bild & Ton; Foto 5: Ch. Lemcke
	Foto 6: © Tanja Koch, Berlin Tourismus Marketing GmbH
	Foto 7: Ch. Lemcke
	Foto 8: © Archiv Bild & Ton
	Foto rechte Spalte unten, Hildegard Knef: dpa, München
	„Ich hab noch einen Koffer in Berlin": Musik: Ralph Maria Siegel, Text: Aldo von Pinelli © 1951
	RALPH SIEGEL MUSIKEDITION NACHFOLGER KG, Alle Rechte für die Welt.
S. 149	Gedicht „Friede" von Josef Reding: Mit freundlicher Genehmigung des Autors
S. 156	Fotos: L. Rohrmann
S. 162	Foto: L. Rohrmann
S. 163	Foto: L. Rohrmann
S. 165	Foto: L. Rohrmann
S. 169	Landshuter Zeitung: Mit freundlicher Genehmigung – Straubinger Tagblatt / Landshuter Zeitung, Straubing, anzeigen@idowa.de
S. 173	Foto aus *Start Deutsch – z. Deutschprüfungen für Zugewanderte. Trainingsvideo für Prüfende*, © Goethe Institut Internationes / WBT Weiterbildungstestsysteme GmbH
S. 186	Foto A: Süddeutscher Verlag, Bilderdienst, München
	Foto B: L. Rohrmann
S. 188	Wetterkarte: © WNI meteo consult GmbH
	Foto Strand: © Archiv Bild & Ton
S. 189	Foto: A. Köker
S. 190	Prospekt „Wer früher plant": Mit freundlicher Genehmigung der Deutsche Bahn AG
S. 193	Foto: Süddeutscher Verlag, Bilderdienst, München
S. 201	Fotos Verden: © Monika Jäger
S. 207	Foto: Mit freundlicher Genehmigung von F. Lutter
S. 208	Foto: Süddeutscher Verlag, Bilderdienst, München
S. 211	Lied „KÖNIG VON DEUTSCHLAND", Musik & Text: Rio Reiser © George Glueck Musik GmbH, c/o Sony/ATV Music Publishing (Germany) GmbH
	Fotos: Süddeutscher Verlag, Bilderdienst, München
S. 213	Text „Internet-Handel bricht alle Rekorde": © Süddeutsche Zeitung, Meite Tiede, 9.12.2002
S. 225	Statistik: s. S. 126
S. 227	Logo „Mindener Tageblatt": Mit freundlicher Genehmigung des Mindener Tageblatts
S. 234	Foto links: Mit freundlicher Genehmigung von Mônica Krausz-Bornebusch; Foto Mitte: A. Ringer – Mit freundlicher Genehmigung von Noor Mohammad Gullabzada
	Foto rechts: © F. Gerbert
S. 239	Text „Frauen halten sich für bessere Fahrer": © AP Associated Press GmbH, Frankfurt/M.
S. 240	Foto ALCO Leuchte: Mit freundlicher Genehmigung der Firma Printus Fachvertrieb für Bürobedarf GmbH, Offenburg
S. 241	Foto: s. S. 173

Nachschlagen · Lernen · Verstehen

Das umfassende einsprachige Wörterbuch für alle, die Deutsch lernen, jetzt noch informativer und benutzerfreundlicher:

- rund 66.000 Stichwörter und Wendungen
- jedes Stichwort in Blau
- zahlreiche neue Info-Fenster zu deutscher Landeskunde und Grammatik
- lernergerechte, leicht verständliche Erklärungen
- ausführliche Angaben zu Grammatik und Wortzusammensetzungen
- über 2.100 Extra-Hinweise zum korrekten Sprachgebrauch

Herausgegeben von
Prof. Dr. D. Götz, Prof. Dr. G. Haensch und Prof. Dr. H. Wellmann
1254 Seiten
Hardcover: 3-468-49027-5,
Broschur: 3-468-96705-5

CD-ROM

- schnelle Stichwort- und Volltextsuche
- vielfältige Bearbeitungsmöglichkeiten
- zahlreiche Links zu weiteren Informationen etc.

ISBN 3-468-90954-3

Infos & mehr
www.langenscheidt.de

Langenscheidt
...weil Sprachen verbinden